名著再会

「絵のある」岩波文庫への招待

坂崎重盛

芸術新聞社

まえがき

ほとんど本を読む子供ではなかったくせに、絵のたくさん入っている本には手が伸びた。中学生のころには、雑誌や新聞の切り抜きをはじめていた。挿し絵（挿画）の添えられた連載のカコミものなどを切り抜いては、いただき物の菓子の空箱に貯め込んだりしていた。

とくに東京の街や風物を描いた挿画に心ひかれ、木村荘八、風間完、小絲源太郎という画家の名を憶えた。

子供のころとはうって変わって、本が、かけがえのない友達となってから、ちょっとした、あることが気にかかるようになった。

その、あることとは「絵のある」文庫本の存在である。

文庫本を手に取ってパラパラとページをめくったとき、ところどころに挿し絵や図版が目に入ってくると、その本を担当した編集者や著者が、いかにも楽しみながら本づくりしたように思えてくるのだった。

「絵のある」文庫本は、好ましい。

それに気づいてからは、「絵のある」文庫本集めの日々がはじまる。と、いっても眼の色をかえて、というようなものではなく、（おや、こんな文庫に、こんな絵や図版が）と目にとまると（ま、買っておこうか）というくらいの気分での収集。

ちくま文庫、河出文庫、そして中公文庫――。

しかし、私の心をもっとも強く捕らえたのは岩波文庫だった。

意外だったのだ。

岩波文庫といえば、和洋の古典、古今の名著の殿堂、のイメージがある。知識人御用達？　といった気配もある。その岩波文庫が、じつは、文中に挿し絵や図版を挿入する本づくりに、とても意識的であったことに、改めて気づかされたのだ。

本はただ、テキストを読むだけのものではないでしょう。ときに元本にあった挿画や図版が再録され、読者に供される。その恩恵をこうむって、手にした「絵のある」岩波文庫、約百二十タイトル、冊数にして約百九十冊。

「絵のある」岩波文庫の八、九割には達したでしょうか。

知ってました？　あの名作、名著に、こんな素敵な図版や挿画が添えられていたことを。あなたの愛読書や懐かしい本もきっとあるでしょう。

さあ、「絵のある」岩波文庫の世界の幕開けです。

ようこそ！　この豊饒な文と絵の森、ワンダーランドに――。

名著再会「絵のある」岩波文庫への招待 ● 目次

まえがき　1

◎幕開け
意外？　岩波文庫は多彩で充実した貴重な挿し絵の展示館　15

Chapter I

◎池内紀 編訳『ホフマン短篇集』『ウィーン世紀末文学選』
この四冊の「絵のある」岩波文庫の共通点は？　22

◎シャミッソー（池内紀 訳）『影をなくした男』 池内紀 編訳『カフカ寓話集』
「目玉」と「望遠鏡」の芋づる式連続に呆然！　28

◎谷崎潤一郎『蓼喰う虫』 芳賀徹 編『小出楢重随筆集』
大谷崎とがっぷり四ツ　小出楢重描く〝大切な雰囲気〟　34

◎谷崎潤一郎『幼少時代』
谷崎の執拗な女体礼賛を淡々と描いた清方の筆　40

明治東京への深い情愛　清方の随筆は日本人への遺産　46
◎山田肇編『鏑木清方随筆集』『随筆集 明治の東京』
ルナールの『博物誌』の挿画をあの二人の画家が競作　52
◎ルナール（辻昶訳）『博物誌』
『ダフニスとクロエー』の挿画家・ボナールにどっぷり漬かる　58
◎ロンゴス（松平千秋訳）『ダフニスとクロエー』
物理学者にして俳文的随筆の名手 寺田寅彦の挿画を楽しむ　64
◎寺田寅彦『柿の種』
メランコリーな〝文理〟両道の巨人 木下杢太郎の素描の技倆　70
◎木下杢太郎（前川誠郎編）『新編 百花譜百選』
リアの詩画によるナンセンス イギリスは妙チキリン　76
◎エドワード・リア（柳瀬尚紀訳）『完訳 ナンセンスの絵本』
女子は『あしなが おじさん』　男子は『にんじん』？　82
◎ルナアル（岸田国士訳）『にんじん』 ウェブスター（遠藤寿子訳）『あしなが おじさん』

Chapter Ⅱ

◎鈴木牧之編撰（京山人百樹 刪定　岡田武松 校訂）『北越雪譜』

春の前ぶれの雪の日々　江戸の奇書『北越雪譜』を読む　90

◎堀内敬三　井上武士編『日本唱歌集』　与田準一編『日本童謡集』

「どこかで春が生まれてる」季節に『日本唱歌集』『日本童謡集』　96

◎勝尾金弥編『鈴木三重吉童話集』

純文学ならぬ「純童話」の創造者『赤い鳥』の鈴木三重吉　102

◎桑原三郎　千葉俊二編『日本児童文学名作集』（上・下）

明治・大正・昭和の児童文学を通観できる〝お得な〟名作集　108

◎千葉俊二編『新美南吉童話集』

ようこそ新美南吉の〝埒外〟の世界へ、挿画は谷中安規と棟方志功　114

◎モーパッサン（水野亮 訳）『脂肪の塊』

娼館をきりもりするマダム「脂肪の塊」に心寄せて　120

◎モーパッサン（河盛好蔵訳）『メゾン テリエ（他三篇）』
『メゾン テリエ』も『脂肪の塊』同様〝朝日のあたる家〟の物語 126

◎ツルゲーネフ（神西清 池田健太郎訳）『散文詩』
ツルゲーネフの晩年の断章『散文詩』を飾るナイーブな挿画 132

Chapter Ⅲ

◎正岡子規『仰臥漫録』（その①）
余命一年という死の床にあって迫真の俳文俳画日記に感動！ 140

◎正岡子規『仰臥漫録』（その②）
あれだけ「自然界を見たがった」子規ならではの写生画 146

◎永井荷風（磯田光一編）『摘録 断腸亭日乗』（上・下）
『断腸亭日乗』のスケッチに「好奇心の人荷風」を見た 152

◎永井荷風『濹東綺譚』
現代挿画史に残る不朽の名作 荘八描く『濹東綺譚』 158

荘八の東京愛がひしひしと伝わる必携の傑作画文集　164
◎木村荘八（尾崎秀樹編）『新編 東京繁昌記』（その①）
手元にダブリ本があると思った『新編 東京繁昌記』だが……　170
◎木村荘八（尾崎秀樹編）『新編 東京繁昌記』（その②）
不思議な縁で再度「伝達」されたブレイクの詩と絵の世界　176
◎松島正一編『対訳 ブレイク詩集 イギリス詩人選（4）』
誇大妄想狂か美の使徒か 岸田劉生の周辺逍遥　182
◎酒井忠康編『岸田劉生随筆集』
日比谷公園花壇を写生する荘八 その後ろに立った劉生　188
◎岸田劉生（酒井忠康編）『摘録 劉生日記』（その①）
劉生晩年、余技（?）の傑作「新古細句銀座通」　194
◎岸田劉生（酒井忠康編）『摘録 劉生日記』（その②）
漱石も脱帽した画・文の冴え 岡本一平の世界　200
◎清水勲編『岡本一平漫画漫文集』

Chapter Ⅳ

◎ジュール・ヴェルヌ（朝比奈弘治 訳）『地底旅行』
19世紀後半刊『地底旅行』画文の底力に呆然 208

◎ジュール・ヴェルヌ（鈴木啓二 訳）『八十日間世界一周』
「科学の世紀」の幕開けの冒険譚『八十日間世界一周』 214

◎ワイルド（福田恆存 訳）『サロメ』
ビアズレー描く「絵のある」岩波文庫、屈指の一冊 220

◎ビュルガー 編（新井皓士 訳）『ほらふき男爵の冒険』
ドレーによる なんたる描写力 なんたるナンセンス！ 226

◎ユーゴー（豊島与志雄 訳）『レ・ミゼラブル』
『ああ無情』とも訳された、この物語は一種の超人伝説 234

◎ウィンパー（浦松佐美太郎 訳）『アルプス登攀記』（上・下）
ただの若き画家が前人未踏の「魔の山」を制覇してしまう偉業と惨事 242

◎メルヴィル（阿部知二訳）『白鯨』
なんなんだ、この〝悪態小説〟と〝鯨の宇宙誌的〟偉大なる合体文芸は！ 250
◎マーク・トウェイン（西田実訳）『ハックルベリー・フィンの冒険』
これぞ心うつハードボイルドの萌芽 ハック少年に脱帽 258
◎ディケンズ（藤岡啓介訳）『ボズのスケッチ』（上・下）
一人の大作家が誕生する瞬間と、その作品 266
◎ハイネ（井上正蔵訳）『歌の本』（上・下）
これは意外!? ハイネの恋愛詩には死と墓のイメージが満ち満ちていた 274

Chapter V

◎尾崎紅葉『多情多恨』
トンデモ主人公による喜劇？ 泣き男の『多情多恨』 280
◎坪内逍遥『当世書生気質』
逍遥の「近代小説宣言」の実作だというのだが、はたして…… 286

◎清水勲編『ワーグマン日本素描集』
明治の画壇に多大な影響を与えたポンチ絵師・ワーグマン 292
◎清水勲編『ビゴー日本素描集』（正・続）
親日家ビゴーその諷刺精神ゆえに日本滞在を困難にする 298
◎松村昌家編『『パンチ』素描集』
〝パンチ〟の効いた諷刺雑誌、ご本家イギリス『パンチ』誌 304
◎サッカレ（平井呈一訳）『床屋コックスの日記　馬丁粋語録』
傑作小説も書けば挿画も描く、対する翻訳がまたお見事！ 310
◎清水勲編『近代日本漫画百選』
絶妙の諷刺漫画でたどる近代日本世相史 316
◎山口静一　及川茂編『河鍋暁斎戯画集』　ジョサイア・コンドル（山口静一訳）『河鍋暁斎』
近年、脚光を浴びる奇才・暁斎の二冊の岩波文庫 322
◎志賀重昂（近藤信行校訂）『日本風景論』
明治中葉にデビューした画期的日本列島地形型録 328

◎赤松宗旦（柳田国男 校訂）『利根川図志』
読んで楽しい、見て驚きの文学的地誌『利根川図志』 334
◎長谷川時雨『旧聞日本橋』
これぞ明治生まれ下町女の気風 長谷川時雨にぞっこん 340
◎アンデルセン（大畑末吉 訳）『絵のない絵本』
タイトルに嬉しい裏切りあり 本当は絵のある『絵のない絵本』 346
◎［あとがき］の前に……
目の前には積み残された「絵のある」岩波文庫が 352
あとがき 356
人名索引 363（iv） 書名索引 366（i）

※本書は「彷書月刊」（二〇〇七年二月〜二〇一〇年一〇月号）《新刊・旧刊「絵のある」岩波文庫を楽しむ》、芸術新聞社〈Web版〉の連載に加筆・構成したものです。

名著再会「絵のある」岩波文庫への招待

カバー銅版画　山本容子
ブックデザイン　十河岳男

◎幕開け

意外？　岩波文庫は多彩で充実した貴重な挿し絵の展示館

少しウキウキしている。

ついに、この時がやってきた。

これまでポツポツと買い集めてきた岩波文庫、それも中に挿画、イラストレーションが入っている「絵のある」岩波文庫を一冊ずつ、手にとって、読み、ながめる機会がめぐってきた。いよいよという感じである。

そんなに「絵のある」岩波文庫が読みたいんだったら、勝手にどんどん読めばいいじゃないか、と言われそうだが、そういうものではないでしょう。

新刊書店や古書店の棚や台をのぞき込んでページをめくり、絵が入っていることを確認しては入手し、部屋の片隅に海外作品と日本の作品とに分けてツインタワーのように積んできた岩波文庫だが、本というものは買ったからといって、そうサクサクと読めるものではない。

日々、必要に迫られて、あるいは衝動のおもむくままに、とにかく先に読まなければならない本が山とある。

それでも、いつか読みたい、あるいは読めるかもしれない本は、できるかぎり買っておく。私も人並みに積《つ》ん読《どく》派である以前に〝買っ読《とく》〟派なのだ。

「絵のある」岩波文庫も、買い込んできたけれども、その十分の一もちゃんと読んでいない。それが、この連載をすることになって、やっと端から一冊ずつ読み進めることができるというわけだ。

本の内容、あるいは挿入されているイラストレーションを読者に紹介し、語る目的のある読書は、孤独な読書ではない。読者と一緒に本を手に取り、一緒にページをめくり、一緒に挿画をながめる気持ちになれる。

それがうれしい。

もともと文学少年でもなければ文学青年でもなかった。子供のころは、家の中にいるよりも、いつも町の中で遊んでいた。それに下町の小売り酒屋の親は、子供が本にしがみついている様子が気に入らなかったふしがある。「本を読みすぎるとノイローゼになる」などと言っていたくらいだから。

とにかく、ちょっとした本好きなら誰もが読んでいるような世界の名作もほとんど読んでこなかった。**『あしながおじさん』**も**『アンデルセン童話集』**も読んでない。**『ハックルベリー・フィンの冒険』**も読んでいなければ**『八十日間世界一周』**も読んでいない。

そんな私が、たまたまその本に「絵がある」というだけで、この年になって、ロンゴスの**『ダフニスとクロエー』**（画／ボナール）やモーパッサンの**『メゾン テリエ』**（画／シャス・ラボルト他）やルナール

『完訳 アンデルセン童話集6』挿画

の**『博物誌』**（画／ロートレック）を読もうというわけである。

「この年になって」といったが、「この年になって」こういう本を読める自分が一層うれしい。

こんな機会でもなければ、つまり、「絵のある」岩波文庫との接点がなければ、ユーゴーの**『ライン河幻想紀行』**とかゴットヘルフの**『黒い蜘蛛』**とか、サッカレの**『床屋コックスの日記　馬丁粋語録』**（平井呈一訳！）といった本など、一生、手に取らなかったにちがいない。

ゴットヘルフ作『黒い蜘蛛』（G・ベーメルによる挿画）

『馬丁粋語録』にしても、チラッと目に入ったとしてもこれを「ばていすいごろく」と平気で読んでいたにちがいない。ちなみに、これは「べっとうすごろく」と読むそうです。奥付にもルビがふってある。

これまでの、自分の興味や関心からではなく、ただ「絵のある」というコードで無作為に本を選択したために、こういう余得にあずかる、ということがおきる。新しい、未知の世界が私の目の前にプレゼントされることとなる。

これがウキウキせずにいられよか。

もともと挿画、挿し絵、イラストレーションには関心を抱いてきた。新聞などの連載やちょっとしたカットを、小学生のころから切り抜いて最中《もなか》の空箱なんかに入れていた。

石井鶴三、木村荘八《しょうはち》、初山滋《しげる》、鈴木信太郎、風間完、岩田専太郎といった名前が思い出される。

本棚をながめると『芸術生活』特別増大号「挿しえの黄金時代」（昭和四十九年八月）や『大衆文学研究』特集「挿絵史の問題点」（昭和四十二年一月）や『月刊・絵本』特集「抒情画の系譜」（昭和五十二年九月）といった、昔入手した、挿し絵関連の特集をした雑誌が目に入る。

　また、明治以降の挿画史にふれた鏑木清方《かぶらききよかた》の『こしかたの記』（とくに続編）や木村荘八の『近代挿絵考』をいそいそと手に取りたくなる。

　そういえば、岩波文庫に、この木村荘八の『**新編東京繁昌記**』がある。それこそ、挿し絵満載の「絵のある」岩波文庫の一冊。そうそう、木村荘八といえば永井荷風の『**濹東綺譚**《ぼくとうきたん》』の挿し絵も忘れるわけにはいかない。これは現代挿画史の中でもひときわ光を放つ傑作。

　この木村荘八が挿画史上の先達と仰ぐ、鏑木清方も岩波文庫に収められている。『**鏑木清方随筆集**』。この文庫本にも清方の清々しい描線による挿し絵が添えられている。

　いや、木村荘八や鏑木清方ばかりではない。谷崎潤一郎『**蓼**《たで》**喰う虫**』の小出楢重《こいでならしげ》の挿画がまた、すごい。筆のタッチを生かしながらモダンかつアバンギャルド。

　この画家の随筆集が文庫で読めるのもありがたい。『**小出楢重随筆集**』がそれ。

　谷中安規《たになかやすのり》も岩波文庫に登場する。『**新美南吉**《にいみなんきち》**童話集**』や『**日本児童文学名作集**』下巻の中の内田百閒《ひやっけん》「影法師」の挿し絵を描いている。

『**鈴木三重吉**《みえきち》**童話集**』の中の深沢省三の挿し絵も美しい。エロティックでもある。

『**ワーグマン日本素描集**』や『**ビゴー日本素描集**』（正・続）や、清水勲編による『**近代日本漫画百選**』、また、異能の絵師で、あのジョサイア・コン

清水勲編『近代日本漫画百選』（小杉未醒による挿画）

『鈴木三重吉童話集』（深沢省三による挿画）

ドルが弟子入りした狂斎・『河鍋暁斎画集《かわなべきょうさい》』やコンドル自身の著による『河鍋暁斎』も近代挿画史を知るためには傍に置いておきたい。

他に『**利根川図志**』がある、『**日本風景論**』がある、あるいは西鶴、一九《いっく》などの江戸の浮世草子物や戯作物にも木版による挿し絵が添えられている。

まさに「絵のある」岩波文庫は、これをズラリと並べて見渡せば、小さな、しかし多彩で充実した貴重な「挿し絵展示館」となる。

しばらく前、雑誌『sumus』別冊「まるごと一冊中公文庫」（平成十五年六月）に私は『「絵のある中公文庫」50冊+αを楽しむ』と題する一文を寄せた。

このときも、手元の「絵のある」中公文庫を一望したとき、めくるめくような快感を味わったが、岩波文庫は量・質ともに中公文庫に勝るとも劣らない。

シャミッソー作『影をなくした男』(E・プレートリウスによる本文中挿画)

『利根川図志』(北斎の弟子筋？ による挿画)

いや、挿し絵、挿画、イラストレーションに対する意識は従来から岩波文庫編集部が群を抜いている。

一般に〝お固い〟？ と思われているフシのある岩波文庫が、ビジュアルの楽しさを一番重視し編集しているのだ。

その恩恵を存分にこうむって私の「絵のある」岩波文庫とのピクニックは開始する。さて、一回目はどんな本を取り上げるか。

よし、これで行こうと手に取ったのが四冊。**『ホフマン短篇集』『影をなくした男』『ウィーン世紀末文学選』『カフカ短篇集』**。もちろんこの四冊ともイラストレーション入り。その面子《メンツ》がすごい、すごい！

ご期待あれ。いや、他ならぬ私自身、大いに楽しみなのです。

Chapter I

柿の種
寺田寅彦著
アンデルセン童話集
小出楢重随筆集
影をなくした男
鏑木清方随筆集
明治の東京
ナンセンスの絵本
ウィーン世紀末文学選
新編 百花譜百選
サロメ
モーパッサン
ドン・キホーテ
前篇(一)
セルバンテス作／牛島信明訳
ダフニスとクロエー
劉生日記
岸田劉生随筆集
利根川
地底旅行
ハックルベリー・フィンの冒険
上
ボズのスケッチ
短篇小説篇(上)
新編 山と渓谷
レ・ミゼラブル
河鍋暁斎
多情多恨
尾崎紅葉作
白鯨
上
河鍋暁斎戯画集
虚栄
「パンチ」素描集
カフカ短篇集
続ビゴー日本素描集
にんじん
近代日本漫画百選
新編 近代美人伝(上)
岩波文庫

◎池内紀《おさむ》 編訳『ホフマン短篇集』『ウィーン世紀末文学選』

この四冊の「絵のある」岩波文庫の共通点は？

「幕開け」の文章末尾に「さて、一回目はどんな本を取り上げるか。よし、これで行こうと手に取ったのが四冊。『ホフマン短篇集』『影をなくした男』『ウィーン世紀末文学選』『カフカ短篇集』。もちろんこの四冊ともイラストレーション入り。その面子がすごい、すごい！」――うんぬん、と予告したのですが『カフカ寓話集』と書くべきを思いちがいで『カフカ短篇集』としてしまった。

『寓話集』も『短篇集』も去年共に増刷され、新刊あつかいで書店に並んでいたのを入手したものだ。**『カフカ短篇集』**にもジィギー・シェンクによる版画の挿画は入っているが、それは扉・口絵のみ。私が触れたかった『寓話集』には――知っていました？　なんと、カフカ自身によるイラストレーションが七点入っている！

あらためて列記すると**『ホフマン短篇集』『影をなくした男』『ウィーン世紀末文学選』『カフカ寓話集』**、この四冊。

ここで問題です。さて、この四冊に関する共通点は？　もちろん、それは「絵が入っている」以外のことで。

答えは――すべて訳者が「池内紀」である――

ということ（『カフカ短篇集』も訳・池内紀）。

まずは『ホフマン短篇集』。池内紀編訳（初版一九八四年）。前にも新刊で入手したはずだが、いま読んでいるのは第二刷の一九八四年版、「絵のある」岩波文庫を意識しはじめてから古本屋の棚で購入したもの。

ペラペラとページをめくり、挿入されているイラストレーションをチェックする。その絵は、ボロ糸くずというか、天井裏のおびただしい蜘蛛の巣のような線。ペン画だろうか。不吉で不安な雰囲気。惨事の予感もある。いや予感ではなかった。これは凶々しい惨事そのものだ。「砂男」に添えられたイラストレーション。

望遠鏡をのぞいていたのが……。（クービンによる「砂男」の挿画）

「砂男」を読もう。ホフマンといえばとりあえず「砂男」だろう。

いや、その前に気になるのは、この挿画家だ。扉の対向ページにクレジットが見える。Illustration by A. Kubin。

クービン？　聞いたことのある名だ。絵も思い浮かぶ。階段にひざまずき登ろうとするやせた男の絵。

私、ここ三十年ほど、ポツポツと階段の絵やイメージを集めてきたので、その中の一点に、このクービンの絵もまぎれ込んでいた。

「砂男」のような線によるデッサンではなく、吹きつけによる点描のような絵だったような気がする。

なにを描いているのか定かならぬが？
どうやら暗い階段を下る人影が……。
（「砂男」）

たしか画集も出ていたはず。神保町をまわってみよう。

さて、「砂男」、物語を説明しても仕方がない。キーワードを拾ってみる。まず、ズバリ、砂男。そして「目玉」・「火を使った実験（制作？）」・「自動人形」・「望遠鏡」・「レンズの中の恋」などなど。しかし、一つだけ、となればそれは、「目玉」だ。

「砂男」は眼球譚《たん》である。

「眼球譚」といえば——バタイユ。ちょうどバタイユの新訳が文庫で出たばかり。光文社の「古典新訳文庫」のシリーズの中の一巻。『マダム・エドワルダ／目玉の話』。訳者は中条省平。その中の、

　シモーヌの毛むくじゃらの陰唇のあいだから、マルセルの青白い目玉が見えて、尿の涙を流しながら私を見かえしてきたのです。

という一節は、フランス象徴主義の画家オディロン・ルドンの作品——あの一度見たら、決して忘れられない、肉の穴にはめこまれたような大きな目玉だけの絵を思い出させてくれる。因《ちな》みにこの石版画のタイトルは『起源・おそらく花の中には最初の視覚が試みられた』（傍点、坂崎）という。ルドンが描いたのは、バタイユと奇しくも同じ「花の中の目玉！」の作品なのだ。

脇き道にそれはじめると、これが楽しくて、どこへ迷いこんでゆくかわからない。

『ホフマン短篇集』をひとまず脇に置いて、次の一

冊『ウィーン世紀末文学選』池内紀編訳（初版一九八九年）を手に取る。

まず、この「絵のある」岩波文庫には二十一点の挿画が収められている。著名な画家もいれば、私など初めて名を知る画家もいる。もちろんいずれもウィーン世紀末の時代の絵描きにちがいない。

ともかく、その名前だけでも登場順に列記してみよう。

シャオカル「ダンディ、ならびに……」の文中に添えられたJ・アオヘンタラーによる挿画。

K・モーザー二点、クリムト三点、J・ホフマン、A・ロラー、ヘルツマノフスキ＝オルランド、J・アオヘンタラー各一点、M・ユンク二点、ココシュカ二点、B・レフラー、M・リカルツ＝シュトラウス、E・クーン、F・クノップフ、クービン、E・マリーナ各一点、シーレ二点の計二十一点。

この『ウィーン世紀末文学選』には十六編の作品が収録されている。

編訳者・池内紀による「ウィーン世紀末文芸案

フリーデル「オーストリア気質」に添えられたM・ユンクによる挿画。

内」ともいえる「解説」から引こう。

つまるところ、訳者がこれまで、永らく親しんできたこの時代の作家たちの作品から、面白いと思うものを選んだわけである。小説とならんでエッセイ風の小品、パロディ、戯文調のものがかなりを占めているのは、あきらかに訳者の好みを示している。

とし、続けて編者としての企てを吐露する。

とともに、ひそかな願望といったものがなくはなかった。

時代を横に切るアンソロジーを編んでみたい。小説にかぎらず、他のスタイルの作品も取り入れたい。

それによって、一つの都市を軸にした知的断面図が見えてこないか。

その豊かさをすくいとれないものだろうか。

と、「ウィーン世紀末にみのった粒よりの果実」を選りすぐり、われわれの前に提示してくれているのである。

ところで、この本の中にちりばめられた二十一点のイラストレーションのほとんどは、厳密にいうと挿画、いわゆる挿し絵ではない。文章を補足するものでも、文章のイメージに触発されて描かれたものでもない。

編訳者、あるいは編集部のサービス心によって

この絵を見て、内田百閒の『東京日記』のワンシーンを思い出した。野村太郎（編集・解説）『クービンの素描』より。

『ウィーン世紀末文学選』のそれぞれの作品にふさわしいとおもわれるものを選び、付け合わせたものである。

いずれにせよ、文章もたっぷり、ビジュアルもふんだん。ページをフルフルフルとめくるだけで、なるほどこれがウィーンの世紀末の雰囲気なのか、と門外漢にも、その余香はかぎとれる。

そうそう、先の『ホフマン短篇集』に登場の画家、クービンがここにも顔を出す。ここでのクービンはペン画にぼかしと吹きつけで描いたもの。悪夢の中の光景のように不快で、グロテスクで、恐怖心をわきたたせるあまり、私など、つい微笑んでしまう作品だ。

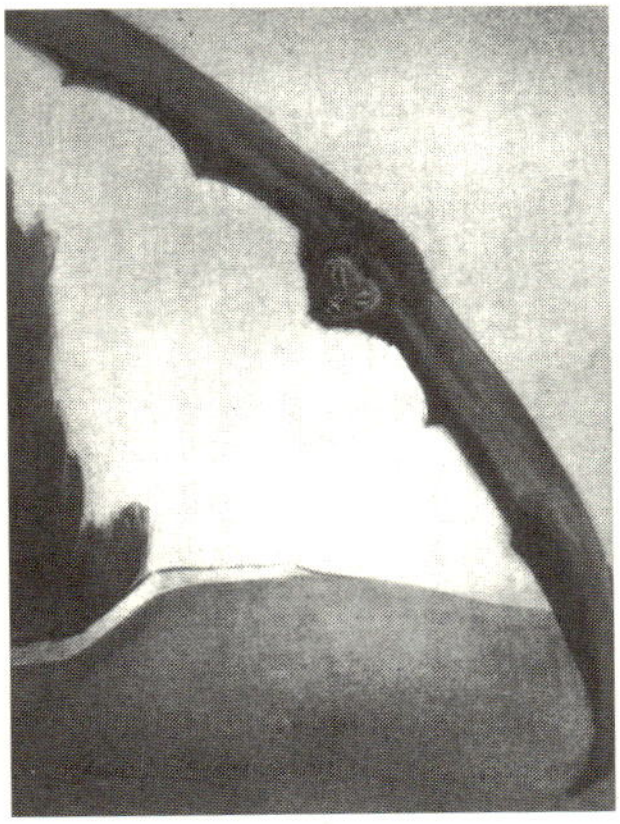
ベーア＝ホフマン「ある夢の記憶」に添えられた「墓地の壁」と題するクービンの挿画。この怪鳥のような獣はコウモリか。

ところで、じつはクービンの画集は、神保町であっけないくらいすぐに見つかったのです。

新刊特価本店の美術関連の本のコーナーをのぞいてみると……、さがしている本とこんなに簡単にぶつかるのもめずらしい。野村太郎（編集・解説）『クービンの素描』（岩崎美術社、一九九四年刊）。

さてさて、四冊のうちの二冊、それもざっとながめているうちに枚数が尽きた。『影をなくした男』と『カフカ寓話集』は次回ということに。

この二冊の「絵のある」岩波文庫にも、ほんのちょっとした共通項があるのが、またご一興。

◎シャミッソー（池内紀 訳）『影をなくした男』 池内紀 編訳『カフカ寓話集』

「目玉」と「望遠鏡」の芋づる式連続に呆然！

「知らぬが仏《ホトケ》」という譬えもあるが、本当に、知らないことが楽しい興奮を呼ぶことが多い。

前回、池内紀編訳『**ホフマン短篇集**』にふれて、ホフマンの「砂男」は眼球譚であるとし、そこから、バタイユの中条省平による新訳「目玉の話」に寄り道をし、目玉といえば、ということでオディロン・ルドンの描いた巨大な目玉を思い出す、——という連想遊びで一人、悦に入っていたのだが……。

先日、「踏切趣味」のIさんと東京都現代美術館での『中村宏／図画事件1953〜2007』を見ての帰り（途中から『世界の車窓から』のプロデューサーO氏割り込む）、門前仲町の居酒屋はしごの途中、一軒の古書店の前を通りかかった。（おや、こんなところに本屋さんができたんだ）と、当然、入っていって棚をながめていると、一冊の本が目に飛び込んできた。池内紀氏の本。

そのタイトルが、なんと『眼玉のひっこし』。しかも函に印刷された絵は、これがオディロン・ルドンの、気球のように宙に浮く巨大目玉の素描だったのである。

池内紀〜ホフマン〜バタイユ〜ルドンという〝目ん玉つながり〟（本当いうと、水木しげるの「ゲゲゲの鬼太郎」の目玉まで遠出したかったのだが、それは差し控えた）を見つけ出したつもりで、ホクホクしていたのだが、なんてことはない、この、『眼玉のひっこし』という解答がすでに出ていたのである。

ところでこの本、布装、函入り、ハードカバー。本表紙のイラスト、背、題簽《だいせん》ともに一冊一冊貼り込み。昭和五十四年冥草舎刊。本文二百五十六頁で三千五百円。

ほぼ三十年ほど前の著作。三千五百円の定価設定と造本から察すると限定本に近い少部数の出版だったのではなかろうか。

深川・門前仲町の初めて入った新装開店の古書店にルドンの巨大な目玉が。しかも著者は池内紀。

この『眼玉のひっこし』は、章だてが「Ⅰの眼玉」「Ⅱの眼玉」「Ⅲの眼玉」と続く。さらに「Ⅰの眼玉」の章の第一項は「ヤヌスの眼玉――（ダンテ）」、と眼玉が続出するのだが、その帯には「完璧な幻覚を生み出すためにも、方法としての覗き穴の装置（傍点・坂崎）が定まってなくてはならぬ」というコピーが掲げられている。

なるほど、〝覗き穴の装置か〟――覗き穴の装置、たとえば望遠鏡――となると、これはもうズバリ、「砂男」ではないか。

いや「砂男」もそうだったが、もっと最近……いや、つい今しがた……、そうだ！　門仲の古書店で『眼玉のひっこし』に出合う一時間ほど前、「中村宏展」で見た中村宏の作品の重要なモチーフは、セーラー服の女子学生と目玉、そして望遠鏡をのぞきこんだレンズ上の光景、だったではないか！

なんなんだ、この芋づる的な、イメージの縁《えにし》のつながり具合は。目玉と望遠鏡の惑星直列ではないか！

「絵のある」岩波文庫に戻ろう。

前回語り残したシャミッソー『**影をなくした男**』と『**カフカ寓話集**』。すでに記したように両方とも池内紀訳、また編訳。

前回の文末で私は――この二冊の「絵のある」岩波文庫にも、ほんのちょっとした共通項があるのが、またご一興――などと、縁日の香具師《ヤシ》の口上じみたセリフをのべたのだが、その共通項とは。

『影をなくした男』を手に取る。挿画はエミール・プレートリウス。私の知らない画家だが、カバー絵を見ただけでも腕の達者なイラストレーターであることがわかる。

じつは、この文庫本は、別の理由で入手していた。

「あなたのその影をおゆずりいただくわけにはまいらないものでしょうか」と、この物語は始まる。

かつて私は「影のイメージ」の収集をしていて、集めた影のあれこれの図版を掲げながら「僕の〝影〟狩り」と題する一文を『話の特集』という雑誌に寄せたことがある。

『影をなくした男』という文庫の存在とその中のプレートリウスの〝影のある〟挿画を知ったのは、その後のことだったが、影のコレクションの一つとして追加しておいたのだった（「僕の〝影〟狩り」はちくま文庫『蒐集する猿』に収録。必買有理、絶版目前）。

ところで、もう一冊の『カフカ寓話集』を取る。カバーにフェンシング？をする男のデッサンが添えられている。扉・口絵の中の一つだ。これがなんと、カフカ自筆の素描なのである。

池内紀による、カフカの絵についての一文を読もう。

　カフカは絵を描いた。ペン画、あるいは鉛筆による戯画風に、ノートや日記、手紙、勤め先の官庁用紙にも描いていた。意味を問われると、ごく私的な「象形文字」だと答えた。人に見られると、くしゃくしゃに丸めて屑かごに捨てた。かなりの数がのこされている。本書には七点を収めた。

なるほど、口絵の人物像は、いずれも棒のようで「象形文字」のようにも見える。さらに、巻末の解説の書き出しが印象的である。

　背が高くて痩せていた。脚が長く、顔もほっそりしている。遠くからみると細長い一本の棒のようだった。風が強い日は、その棒が左右にゆれた。

ここでまたしても私は、呆然というか、ほとんど途方にくれる。右のカフカの風体は、ほとんど、シャミッソーの『影をなくした男』の人物そのものではないか。私は、『カフカ寓話集』の解説の一文と『影をなくした男』のカバーの絵（P30下段）を、くりかえし見くらべずにはいられない。

——という二冊の間の共通項。

なんだ、そんなことか、と思われる読者がいるだろう。では、オマケをもう一つ。こちらの共通項の

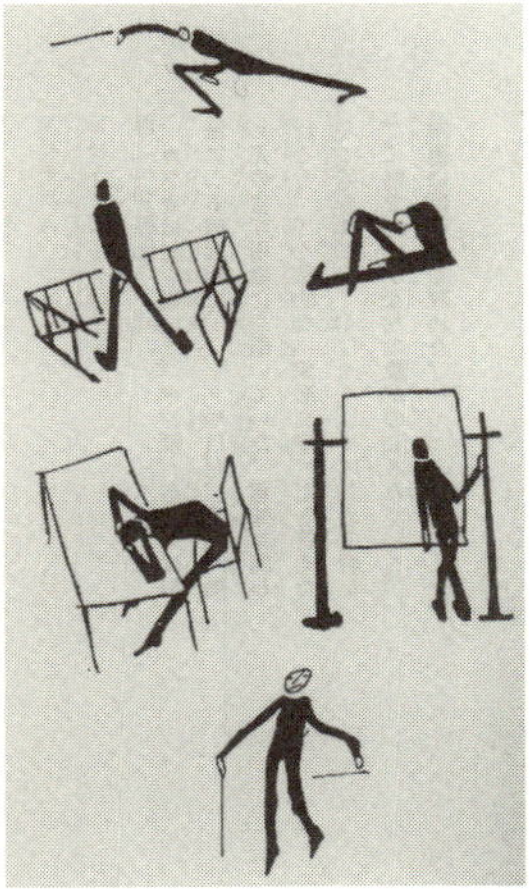

アバンギャルドなアニメーションのようなカフカ自身が描いた素描だ。

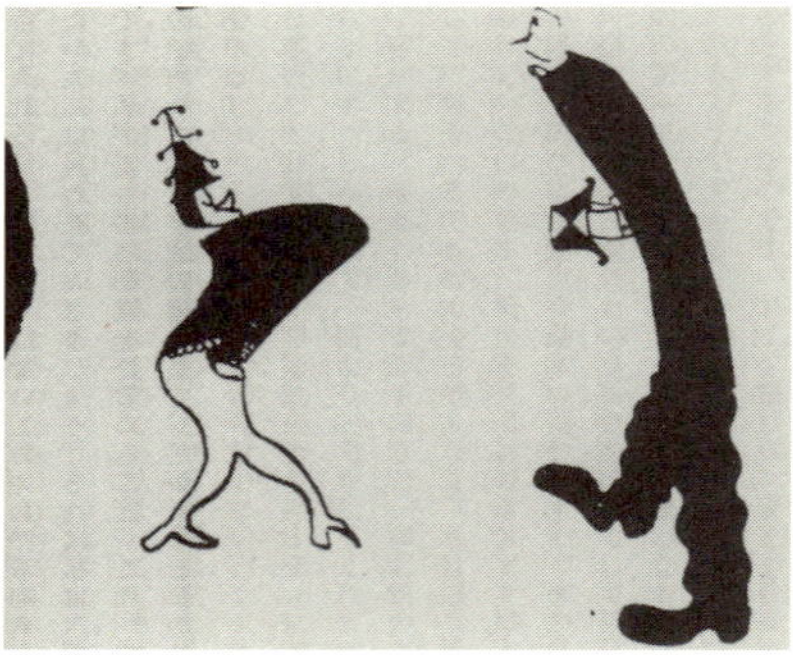

この、カフカによるデッサンを見て『彷書月刊』のMさんは「アンリ・ミショーの糸人間を思った」という。

ほうではいかが？

『影をなくした男』の中の一節、

望遠鏡は順ぐりに手から手へと渡されましたが、もとの所有者のところにはもどりませんでした。（中略）いったいあの小さなポケットから、こんな大きな望遠鏡をどうして取り出したりできるのでしょう。

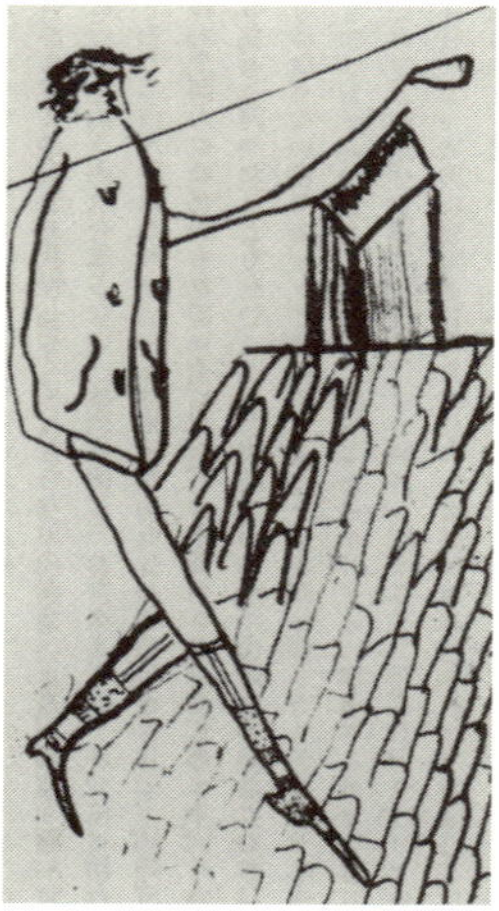

と、すると、この素描はヴェルレーヌがランボーを描いたのに似てる？

と、望遠鏡が登場する。

ところが、おあつらえのように『カフカ寓話集』の中にも望遠鏡がでてくる。「ロビンソン・クルーソー」と題する、日本語訳でたった二百二十六文字の作品。

超短編なので、都合のいい部分だけを引用、紹介する気になれない。興味を持たれた方は岩波文庫を求めて下さい。

そういえば『ホフマン短篇集』の解説も望遠鏡のことから始まる。訳者・池内氏自身の子供のころの望遠鏡にまつわるエピソードも語られる。「ホフマンと三冊の古い本」と題する解説は、それ自体がステキな一篇のエッセーである。

『ホフマン短篇集』に限らない。『**ウィーン世紀末文学選**』にせよ『影をなくした男』にせよ、また『カフカ寓話集』『カフカ短篇集』にせよ、文芸の名ソムリエ・池内紀の解説があるだけで、その本を手に取りたくなる。

『カフカ寓話集』の解説では、――孤独に書いて、ひっそりと死んでいった聖なる人物、死後にはじまった名声に、だれよりも驚いているカフカ――そんな「カフカ伝説」に対して池内紀は

> だが、くわしく生涯をみていくと、べつの肖像が浮かんでくる。カフカはたえず発表を意図して書いた。（中略）永らくつき合ってきた友人が、草稿類の焼却をいわれても、きっとそのとおりにしないことを、カフカはよく知っていたのではなかろうか。

と、カフカの実像に迫っている。

焼却を依頼された友人が、カフカの願いを〝無視〟したことにより、『アメリカ』『審判』『城』他、カフカの全貌が彼の死後、陽の目をみることとなる。

一見、謙虚な人物とつかずはなれず、ひとり自作の意味を確信していたカフカがいる。いずれ自分の時代がくると、固く心に期していたもの書きであって、いわば野心家カフカだ。

池内紀氏の解説を読んで、私はこの一文への返歌として、回文を試みることにした。

そこを見たい
素直なカフカ
名を成す
痛みを、こそ

そこをみたい
すなおなカフカ
なおなす
いたみを、こそ

◎谷崎潤一郎『蓼喰《たで》う虫』　芳賀徹 編『小出楢重随筆集《こいでならしげ》』

大谷崎とがっぷり四ツ 小出楢重描く〝大切な雰囲気〟

前稿までホフマン、シャミッソー、カフカｅｔｃ、と翻訳物ばかりとりあげてきたが、もちろん日本物の「絵のある」岩波文庫もある。沢山ある。

さて、どれにしようかな、と頭の中であれこれ考えているときに、渡辺千萬子《ちまこ》著『落花流水』が贈られてきた。

サブタイトルに「谷崎潤一郎と祖父関雪の思い出」とある。岩波書店の新刊。

「千萬子」といえば『瘋癲《ふうてん》老人日記』のヒロイン「颯子《さつこ》」のモデル、というのは文壇裏話的常識（?）。下世話大好きな私、ワクワクしながらページを繰ってゆくと、やはりでてきました。モデル問題。

ご自身は、「確かにこれは私だなと思う情景も多々ありますが」とことわったうえで、自分が「颯子」のモデルだと思ったことはない、「作品は谷崎が描き出したフィクションです」といっている。

しかし、そのすぐ後に、「仏足石《ぶつそくせき》」のこと、と題された文章が続く。どうしても引用したくなる。

それは話をしている最中に突然、まるで五体投地のように目の前にばたっとひれ伏して、頭を踏んでくれと言われた時のことです。ほんとうに奇妙なことに、この時の「頭」と「足の裏」

だけが谷崎と私が肉体的に接触した初めての（そして最後の）経験でした。（中略）ただ覚えているのは、私は非常に醒めていて冷静であったということです。言われるままに踏んだのですが、片脚で立った不安定な姿勢でぐらぐらしながら、もしバランスを崩して、うっかりぎゅっと踏みつけたら谷崎は死んでしまうかもしれない、大変なことになるなどと心配していました。

穏やかな話ではない。「大谷崎、松子夫人の実子の若嫁に頭を踏んづけられて即死」なんて……。しかし、ひょっとして、というか、多分、いや絶対、谷崎は、こういう死をこそ望んでいたのではないだろうか。

（谷崎だなあ。立派なものだなあ。自分の欲情をまったくコントロールできないあたり。そうだ、谷崎で行こう！）ということで、今回は「絵のある」谷崎潤一郎の岩波文庫。

本来なら、「瘋子」つながりでいえば、まずは棟《むな》方志功《かたしこう》挿画による『瘋癲老人日記』をとりあげたいが、こちらは中公文庫なので今回はパスして、近代挿画史の傑作といわれている小出楢重描く『**蓼喰う虫**』をのぞいてみよう。

となると同じく「絵のある」岩波文庫『**小出楢重随筆集**』も傍らに置いておかなくてはならない。

私の本箱には「画家・漫画家の随筆集」という棚があり、そこから小出楢重の『油繪新技法』（昭和五年、アトリヱ社刊）と『大切な雰圍氣』（昭和十一年、昭森社刊）を抜き出す。

『蓼喰う虫』は、それぞれ心は他に向いている夫婦が、妻の父親と大阪・弁天座へ文楽を見に行くという場面から始まる。

その同じ桝席《ますせき》には、義父の若き愛人、いや妾が同席している。楢重の描く、その桝席四人の、それぞれの視線の方向がじつに微妙なのだ。

「なるほど、人形浄瑠璃というものは妾のそばで酒を飲みながら見るもんだな」と本文にありますが、人形浄瑠璃にかぎらず、枡席は歌舞伎でも相撲でも「妾」とはいわなくてもせめて女友達が交じらないと……。男だけではねぇ。

視線の交叉《こうさ》とは、肚のさぐり合いであり、心理的葛藤であるにちがいない。

『蓼喰う虫』の楢重の挿画における登場人物の、視線の交叉（あるいはスレ違い）は、ざっと数えただけでも十数点はある。

たとえば、先の文楽の枡席のシーン、この小さな挿画一点が、もう、それだけで、ちょっとした心理ドラマといってもいい。

文の谷崎に対して、画の楢重は、一歩も譲らない。舞台は楢重の地元の関西。楢重が、小さいころから関西文化、たとえば文楽に親しむ環境にあったことは『小出楢重随筆集』（以下『随筆集』）の「春眠雑談」「煙管《きせる》」「下手もの漫談」他で知れる。

『蓼喰う虫』の楢重の挿画は、洋画家ならではの、たっぷりと肉厚の筆でありながら、浮世絵的なモダニズムがスッキリと快い。

浮世絵といえば楢重は『随筆集』の巻頭「裸婦漫談」で「日本人の裸を最もうまく描いたものは、何といっても浮世絵だと思う」と語り、また「全く浮世絵師の作は、それがどんな無名の作家であってさえも、その手足の姿態のうまさにおいて、私は感心するのである」といっている。

このことは巻末の「挿絵の雑談」でも繰り返し語

られる。
浮世絵師の手になる挿絵に私は全く感心する。人物の姿態のうまさ、実感でない処の形の正確さ、そして殊に感服するのは手や足のうまさである。（中略）
挿絵のみならず、油絵や日本画の大作を拝見する時、その手足を見ると、その画家の技量と修業の深浅を知る事が出来るとさえ私は思っている。

と語る楢重は『蓼喰う虫』で自らも手を描く。表情豊かに、あるいはドーンとアップで肉感的に。いや、足も描いている。それも文と画で。『随筆集』の中の「足の裏」と題する項。
千日前の芝居小屋、看板につられて入った海女のショーを見ての感想。

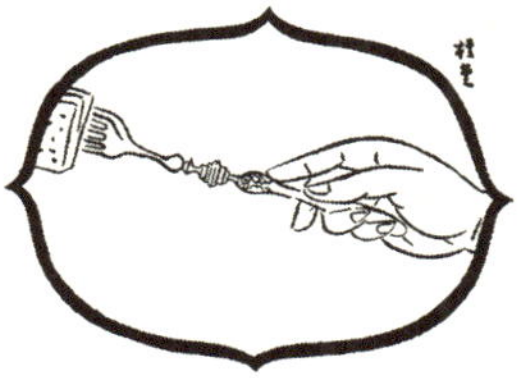

手の表情の描写にこだわった小出楢重の『蓼喰う虫』挿画のうちの二点。

「私は以来、足の裏が気にかかって仕方がない、美しい女を見ても、すぐ足の裏を思い出す」（本文より）。これは芝居小屋の「海女のショー」。物めずらしさと、お色気で人を集めようとした出し物か。

私は以来、足の裏が気にかかって仕方がない、美しい女を見ても、すぐ足の裏を思い出す、洋装の裾から出た二本の立派な足のその裏を考える。坐せる婦人を見るとその足を覗いて見る。

おや、「足の裏」――それはまごうかたなき足フェチの谷崎が渇望した「仏足石」ではないか！

ここでも楢重は谷崎と四ツに組み合ったことになる。

さきほどチラッとふれた『随筆集』の巻末の「挿絵雑談」を見てみよう。この、文庫版で五ページほどの随筆は、昭和五年刊の『油繪新技法』と昭和十一年刊の『大切な雰圍氣』の両方に収録されている。

この中で、楢重は『蓼喰う虫』の挿画を引き受けたことに関して、

谷崎潤一郎氏の「蓼喰う虫」だが、これは谷崎氏が私の家から近いのと、背景が主として阪神地方に限られている点から私は引受けても大丈夫だと考えた。

つまり、楢重にとっては、勝手知ったる世界での表現ができると思ったのである。

昭和十一年刊の『大切な雰圍氣』は、じつは彼の死から五年たってから出版されたものだが、その「序」は他ならぬ谷崎潤一郎が寄せている。

故人は私からどのやうな影響を受けたか、恐らく何も受けなかつたであらうが、反對に故人の藝術が私に及ぼした感化の跡は可なり大きい。あの「蓼喰ふ蟲」の挿繪時代に、遲筆の私が故人のかゞやかしい業績に勵まされつゝ筆を執つた一事を回想するだけでも、思ひ半に過ぎるのである。

と、谷崎のこの作品と楢重の挿画の関係を回想しているが、これはあながち、よくある序文の外交辞令《ヨイショ》ではないだろう。

「この満身にお白粉を塗った歓喜天の肉体が薄桃色に染めかえられ」（本文より）——ルイズという外人娼婦のもとに通う「要」。一方、妻は妻で愛人がいる。ま、蓼喰う虫も好き好きとはいうものの……。

今、入手できる一九七〇年の改版以後の岩波文庫『蓼喰う虫』は、本文挿し絵を一九三六年刊の創元社版から収録している。この挿画は、新聞連載時のものをさらに画き改めた「決定版」という。

ところで、関東大震災以降、東京を去り、関西人となってしまったような谷崎だが、出身はよく知られるように東京の日本橋。明治の面影の残る下町の空気の中で育った。

関西に移ってからの谷崎の作品には楢重がよく似合う。しかし、日本橋での幼少時代となると——これも「絵のある」岩波文庫の『**幼少時代**』の挿画は、鏑木清方となる。

明治の婦人を描いた傑作『築地明石町』の清方だ。

『小出楢重随筆集』が刊行された一九八七年八月十七日、もう一冊の「絵のある」随筆集が出版されている。つまり、二冊同時刊行となるのだが、そのもう一冊が『**鏑木清方随筆集**』。

素晴らしい！　岩波文庫。

次の稿は清方描く『幼少時代』から、岩波文庫の清方の挿画を見ていこう。

語る言葉のトーンは静かだが、清方の挿画に対する情熱も並みではない。

◎谷崎潤一郎『幼少時代』

谷崎の執拗な女体礼賛を淡々と描いた清方の筆

前の稿で、谷崎の『**蓼喰う虫**』の挿画を担った小出楢重の仕事に対して、谷崎が、挿画に励まされて執筆が進んだ、とのべていることを紹介したが、谷崎はもう一度似たようなことを他の画家に対しても書いている。

その画家とは、鏑木清方《かぶらききよかた》。

谷崎の『**幼少時代**』の挿画に関連した一文。岩波文庫『幼少時代』の「はしがき」から引用する。

『文藝春秋』に連載中鏑木清方画伯が毎号カットと二葉の挿絵《さしえ》を揮毫《きごう》して下すったことに対し、厚くお礼を申し述べたい。実は私は、明治二十年代の東京の人情風俗に通暁している画家は氏を措《お》いて他にないと思い、是非ともこの挿絵は画伯を煩《わずら》わしたいと望みながら、氏の現在の地位と高齢とに鑑《かんが》み、押してお願いに上る勇気もなかったのであるが、氏はこのことを聞かれて快く承諾して下すった。

昭和初期の、それも関西を舞台とした『蓼喰う虫』の場合は、小出楢重。明治中期の、東京懐古ならば、自分と同じ東京下町育ちの鏑木清方。

なんと谷崎は挿画家に恵まれていたことか。岩波文庫ではないが『人魚の嘆き・魔術師』の水島爾保《にお》布《う》や、晩年の『瘋癲老人日記』や『鍵』における棟方志功の挿画も、日本近代挿画史に残るありがたい財産である（ともに中公文庫に収録）。

『幼少時代』は、明治二十年代から三十年代前半、谷崎潤一郎が東京・日本橋で育ったころの思い出をつづったものだが、このなかに〝絵を描く〟子供のころの谷崎の様子が一度ならず登場する。これは、人形町にあった絵双紙屋についての記述中、

「絵双紙の大関にされていた」というほどの美人の評判高かった谷崎の母。

> 分けても私は年方の絵が最も好きで、清水屋の店先で図柄を覚え込んで来ては、熱心にその真《ま》似《ね》をして描いた。

絵双紙屋に売られている絵柄を眼に焼きつけては描いていた、というのだから、なかなかのものではないか。

ちなみに、年方《としかた》（水野年方）は、鏑木清方の師である。神田明神の社殿裏には年方の灯籠型の美しい碑が立つ（必見です）。

もう一つ、〝絵を描く〟谷崎少年の姿を紹介したい。幼少時代から生涯の親友となった中華レストラン・偕楽園の笹沼源之助氏の「わが友谷崎を語る」からの引用として、

「私はそもそも谷崎を初めて見た時の感じを今でも憶えているんですが、……小学校一年に入ったその日だったか、翌日だったか、谷崎が石盤に武者絵を描いているんですね。……谷崎は

八つ、私は七つです」とあり、「……それを消すと、こんどはあね様の絵を描《か》いたんです。谷崎はよく武者絵とあね様を描いたもんです」とある。なるほど、そういわれると、私はよく学校の休憩時間に、教室の机に腰かけて石盤に武者絵を画いた覚えがある。

谷崎の諸作品が挿画家や装丁家に恵まれたのは、幼少からの〝絵ごころ〟がもたらせたものかもしれない。

そんな谷崎の『幼少時代』に清方が絵を添える。若いころは文筆家になろうと思ったという清方は、出しゃばらず、ひっそりと、谷崎の育った、明治の人や風景を淡々と描いてゆく。

まるで谷崎の幼少時代を目のあたりにしていたかのように。

『幼少時代』には谷崎の母恋いがつづられている。それは女体礼賛の脈動でもある。

私はよく、母が美人に見えるのは子の慾目《よくめ》ではないか知らん、誰でも自分の母の顔は綺麗《きれい》に見えるのではなかろうか、と、そう思い〳〵した。顔ばかりでなく、大腿部《だいたいぶ》の辺の肌が素晴らしく白く肌理《きめ》が細かだったので、一緒に風呂に這入《はい》っていて思わずハッとして見直したこともたびたびであった。

という一節の近くに、清方は、着物を脱がせられる子と美しい母親の姿を描いている（P41上段挿画）。

もう一カ所、「私」と母の肉体の接触で、とても印象的な部分がある、それを見てみよう。明治二十七年に起きた地震のときの思い出。

私たちが抱き合って立っている地点から、一丁ほど先の突き当りにある人形町の大通りが、高く上ったり低く沈んだりするように見えた。私の顔は母の肩よりなお下にあったので、襟《えり》をはだけた、白く露《あら》わな彼女の胸が私の眼の前を塞《ふさ》いでいた。見ると私は、さっきは確かに氷あずきを食べていて、地震と同時にそれを投げ捨てて戸外へ走り出たはずだのに、いつの間に何処《どこ》でどうしたのか、右手にしっかりと習字用の毛筆を握っていた。そして四つ角のまん中で相抱《あいいだ》きつつよろめき合っている間に、私は母の胸の

「白く豊かな胸」にしがみつく谷崎少年。谷崎の異性愛は母なる女性の胸に抱かれる愛か。

上へ数条の墨痕《ぼっこん》を黒々と塗りつけていた。

「襟をはだけた、白く露わな彼女の胸」「相抱きつつよろめき合っている間」「数条の墨痕を黒々と塗りつけていた」

等々といった記述は、地震の恐怖というよりは、それがきっかけとしてもたらされた、美しい母という女体との抱擁、その甘美な思い出を語っているとしか思えない。

フロイトならずとも、幼い子の母子相姦への願望を思わせるシーンではないか。

この幼な子は、また、本家の叔父の妾（「寿美」）にも眼を走らせている。

幼い私より外に見ている者がないせいか、お寿美も祖母や母などの前とは全く違う伝法《でんぽう》な言葉づかいをした。私は、恰好《かっこう》だけは甲斐々々《かいがい》しい襷《たすき》がけをした彼女の、体のこなしや手足の動作に、母や伯母たちに見出したことのない阿娜《あだ》

「湯殿の裏の戸を開けて、お寿美がはあはあ息を切らして手桶に一杯水を汲んで来た」（本文より）

っぽさがあるのを感じて、芸者というものはさすがにしろうとの女とは違ったところがあるのを知った。

というのだから、なかなか油断のならない子である。梅檀《せんだん》は双葉《ふたば》より芳《かんば》し。

年上の女人に対する憧憬の描写はまだある。こちらは谷崎自身が、明らかに自分の肉体の中に「性の眼ざめ」を意識していたという、彼が十歳を少し越したころの話。

少年の眼には年上の女の歳は判定しにくいので、その人はいくつぐらいであったか確かには分らなかったが、多分十八、九歳より上ではなかったであろう。（中略）しかし少年の厚かましさで、その令嬢の容貌《ようぼう》の上に繰り返し〳〵凝視をつづけた。いや、容貌だけでなく、髪から、襟元《えりもと》から、歯並びから、手の指から、足袋《たび》の先まで、一つ一つを丹念に飽くことなく、何回も執拗に眺めた。

という。両親との旅行中、車中でたまたま出会った令嬢の思い出である。

肉体の中に明らかに性のめざめを意識していながら、自ら少年という隠れ蓑をはおっていることもちゃんとわかっていて、年上の令嬢の肉体の細部までを、まるで値ぶみするかのように「執拗に眺め」る

「山の手式の美人というのはこういうものかと思って、我を忘れて恍惚境に惹き込まれていると……」（本文より）

少年。

　そのしたたかな心の内を告白的に記している。

　ところで、「絵のある」岩波文庫の一冊に、これも谷崎の『吉野《よしの》葛《くず》・蘆刈《あしかり》』がある。『吉野葛』には吉野周辺の写真が、『蘆刈』には北野恒富《つねとみ》による挿画が添えられているが、そのカバーのコピーを読んでみよう。

　終生のテーマである母性思慕の情感が、吉野の風物や伝説と溶けあい、清冽な抒情性をたたえた名作「吉野葛」は、谷崎「第二の出発点」となったもので、美しい女人への父子二代にわたる男の思慕と愛着の物語「蘆刈」とともに谷崎中期の傑作である。

とある。この『吉野葛』の執筆動機に関して、谷崎自身が『幼少時代』でふれている。

　私の昭和六年の作に「吉野葛」というものがあるのは、母と共に見た団十郎の葛の葉から糸を引いていることは、争うべくもない。

　そんな谷崎の『幼少時代』を生ぐさくなることなく、明治中期の一情景として描いた清方に「絵のある」岩波文庫、『**随筆集　明治の東京**』と『**鏑木清方随筆集**』がある。

　次の稿はある作家から「泉鏡花より上」と評された清方の文と挿画を見てみたい。

◎山田肇 編『鏑木清方《かぶらききよかた》随筆集』『随筆集 明治の東京』

明治東京への深い情愛 清方の随筆は日本人への遺産

前稿の文章の終わりに、清方の文章は泉鏡花より上、と〝ある作家〟が評していた、と書いた。

実名を出さず、〝ある作家〟などとしたのは、なにも、もったいをつけてのことではない。そのメモが見つからず、この原稿を書くまでとぼけようと思ったからである。

しかし、やっぱりメモは見つからない。アタリをつけた本をあれこれめくったが、ない。

メモがないので確かなことは言えないのだが、この〝ある作家〟とは、たしか、大仏次郎《おさらぎ》だったのではないかと、自分の頭にはある。

清方と大仏次郎の関係は……ある。第二次『苦楽』のスポンサーは大仏次郎。

ご存知のように、この『苦楽』の表紙絵を清方は描いている。因みに、安藤鶴夫の『落語鑑賞』、また平山蘆江《ろこう》の『東京おぼえ帳』は、『苦楽』で連載がスタートしている。

〝ある作家〟は――キラキラと飾り物が多い鏡花の文章よりも清方の文章の方が上――というようなことを言っていたのだ。

出典不明でごめんなさい。ともかく、その清方の随筆にあたってみよう。

清方の文に最初に接したのは岩波文庫ではない。中公文庫の『こしかたの記』『続こしかたの記』でもない。『築地川』だった。

昭和十一年双雅房刊。高校三年のころか、墨田区の吾嬬町（現・立花）の家から自転車に乗って、よく自転車散歩や古本屋めぐりをしていた。そのうちの一つの古本屋は、吾妻橋のたもと、今のフラムドールよりも少し下ったところにあった。土地柄、江戸東京本の多かった、ごひいきのお狩場。

『築地川』は、この吾妻橋の店で買った。

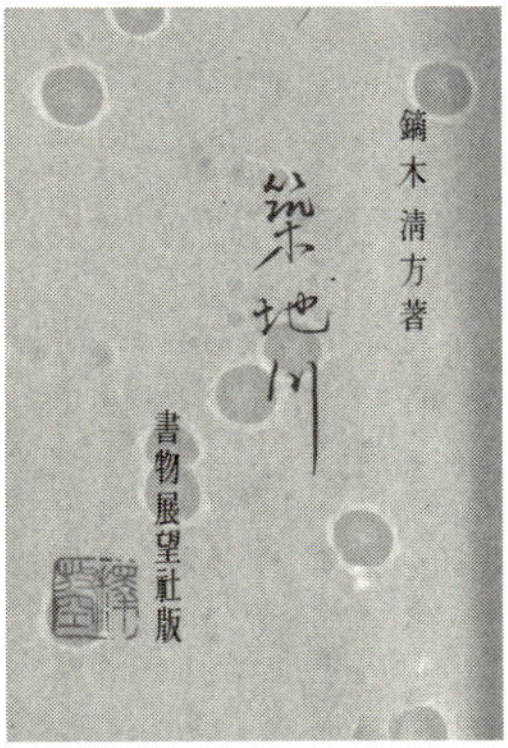

扉は水色の地に雨粒が落ちたような紋。「築地川」のタイトルは金赤。著者・出版社名は墨。その左下に「釋迢空」の蔵書印が。

清方の『築地川』は、まずは装丁の美しさに放心した。表紙は雲母《キラ》刷り、築地川と銀箔押された文字の、品のよさと色っぽさ。

美しい……しかし、本文に心うばわれた記憶はない。このころ、人並みにダダやシュールレアリスムに関心を持ちはじめていたので清方の文章は、あまりにも淡々としているように思えたのだろう。

ところで、それから三昔ぐらいの時が過ぎてから、もう一冊の『築地川』を買う。

もう一冊、あったのだ。もちろん、豪華本や特装本ではなくて。

こちらは、双雅房版の二年前の昭和九年、書物展望社版。装丁も少し異なる。函入り、ボール装で、清方の好きな紫陽花《あじさい》の花が銀箔押しされている。

やや？　扉に所蔵印が押してある。「釋迢空《しやくちようくう》」と読める。ふーむ、折口信夫《しのぶ》が所蔵していた清方本だったのか。

ところで、この昭和九年の書物展望社刊の『築地川』が、なぜ二年後の昭和十一年、双雅房から、ほとんど似たような形で出版されたのか。発行者はどちらも、岩本和三郎。今、手元に資料がないのだが、書物展望の斎藤昌三《しょうぞう》と岩本和三郎が別れたのは、ちょうど、この時期だったのか。

と、話は、また横道にそれかかる。

清方の随筆本は、『銀砂子《ぎんすなご》』（昭和九年）や『褪春記《たいしゅんき》』（昭和十二年）といった美しい造りの本はもちろん、戦時下で用紙が制限された『連翹《れんぎょう》』や『柳小紋』（ともに昭和十八年）、といった控えめな（というより、はっきり言って粗悪な用紙による）本でも、手に取って、カバーをめくり表紙をながめたり、見返しや扉を確めたり、と清方本と戯れていると、あっというまに時間が過ぎてしまう。

そんな清方の随筆集が文庫になっているのはありがたい。元本をポケットに入れて歩くわけにはいかないが、文庫本なら、どこでも読める。バーのあかりの下で清方の文をひろい読みするなんて……格好よすぎるか。

「絵のある」岩波文庫、『**鏑木清方随筆集**』（山田肇編）。「東京の四季」とサブタイトルが付けられている。この中の「菖蒲湯《しょうぶゆ》」と題する、短篇小説の気配もある一編。

きのうの夜なかから降り出したのが、もうかれこれ昼近くなろうというのにまだなかなかやみそうもない。雲母地《きららじ》へ銀砂子《すなご》をまいたように川づら一ぱいに初夏の雨。（中略）

湯が見えぬまでに浮かせてある紅さした菖蒲の根や、緑色濃い葉につつまれていた女は、さっと湯の雫《しずく》を切ってからだを伸《の》ばす、とそれは沼のニンフが水草の中から姿を現わしたもののようにも見える。肩、二の腕あたり、真っ白い肌へ菖蒲の葉がべったりとついたのを、気味のわるいもののように華奢《きやしや》な指先にそっとつまんで流し へ棄《す》てた。

このあとの文は本文に当たって下さい。四ページほどの短い文章です。

こちらは「緑の雨」と題しての書きだし。

若い娘が人妻になってゆくように、春の俤《おもかげ》は日に日にみどり葉の影の濃い夏の姿に変ってゆく。きょうは細雨屋《おく》をめぐる青葉に注いで、青磁《せいじ》に似た初夏の冷たい朝。

「涼」と題する一文に、ちょっとおもしろい話が紹介されている。

話は雅名に移ってゆくが、年方先生は清方と出してくだすった。その清という字に私の好みがあり、方は先生の一字であった。私は一議に及ばずそれにきめた。その後依田学海翁に見せると、それは字を並べただけで雅号にはなっていない、無意味な雅名はやめたがよいとの勧めをうけたが（中略、傍点・坂崎）

と、墨堤に瑞香さんという若い妾《しよう》と棲み『墨水別墅雑録《ぼくすいべつしよざつろく》』という妾宅日記を残した学海先生が「やまと新聞」の主幹の条野採菊《じようのさいぎく》の子、清方の雅号にイチャモンをつけている。

このエピソードは「紫陽花舎閑話」と題する文にも登場する。学海先生は清方さんの号を「象外陳

「顔の美しい人はあっても手足の美しいのは少ない。前の方は見られても、背中の美しい人は少ないことを熟々《つくづく》感ぜしめられる」『鏑木清方随筆集』（本文挿画より）

人」、「象外山人」ではどうか、と言ったらしい。清方さんは、この号を「易断家のような号」と思って使いはしなかったようだ。

ハ、ハ、ハ。面白い話ですねぇ。

もう一冊の『**随筆集 明治の東京**』（山田肇編）に移ろう。

「新富座」と題する文に、錦絵・芝居絵と絵双紙屋の話が出てくる。

それは芝居の中で売るのではない、賑《にぎ》やかな町には絵双紙《えぞうし》屋があって、そこには国周《くにちか》、国政《くにまさ》などという絵師のかいた似顔絵の一枚絵、三枚続き、芝居帰りに気に入った場面、ひいき役者の顔、それに絵としての鑑賞も加えて、店の框《かまち》に腰を下して、板下《いたおろ》しの紙の匂《にお》い、絵の具の匂いを味《あじわ》いながら、こばを揃《そろ》えてきちんと積んだ中から出してくれるのを手に取って見入る気もちは、私たちの何代か前の祖先が、写楽《しやらく》や春《しゆん》章《しよう》、または豊国《とよくに》の錦絵を、やはりこうして絵双紙屋の店先で手に取り上げたのと、なんの変りもなかったろう。

ご一維新のあとも、町の片隅は、江戸につながっていたのだ。

もう一篇、これはとくに私が大好きな文章。「広重と安治」。文はこう始まる。

こがね色の銀杏《いちよう》の葉が、頻《しきり》に書窓《しよそう》の外に散る

明治の絵双紙屋の光景。木版錦絵から石版名所絵・美人画まで、このような絵双紙屋で売られていたようだ。『明治の東京』（本文挿画）

時、私は二種の小さな絵本を取り出して眺《なが》めていた。一つは一立斎広重《いちりゆうさいひろしげ》の『絵本江戸土産』四六判《しろくばん》よりちっと小形の木版刷《もくはんずり》のもの七冊、他の一つはハガキよりは大ぶりの小判錦絵、井上安治《やすじ》の東京風景を画《えが》いた、およそ百枚ばかりを画帖《がちょう》に仕立てたものである（中略）

と語り出し、締めの文、ここがいい。

若いころの清方自身の姿か。生活のために挿画を描きはじめる。右の女性は新婚当初の清方夫人？『明治の東京』より。

暮らしを楽しむ根からの江戸人東京人の、嫌いなのは、押しの強い、図々《ずうずう》しい、出しゃばり、我利々々《がりがり》、思いやりのない、およそこういう種類の人種はなかま外《はず》れとされた気風はそのまま広重の『江戸土産』となり、安治の東京風景となって、今更のようにその頃の生活が偲《しの》ばれる。

　広重は世界的に知られた画人、紹介にも及ぶまいが、井上安治は本名安二郎、探景と号して、小林清親《きよちか》の弟子、若くして歿《ぼっ》した。（昭和十八年一月）

「絵のある」岩波文庫の、この二冊。そして絵は入っていないが画業のこと、また、情熱を注いだ「卓上芸術」——挿し絵のことに多くふれている中公文庫の正・続『こしかたの記』。

　この清方随筆四冊、一生ものの文庫本である。

◎ルナール（辻昶《とおる》訳）『博物誌』

ルナールの『博物誌』の挿画をあの二人の画家が競作

夏休みに入った気分のためか『博物誌』を手に取った。古今、『博物誌』と題する本は数多くある。しかし「絵のある」岩波文庫の、となればジュール・ルナールの『博物誌』にきまっている。

じつは私、といっても、ほとんどの読者諸氏もご同様ではないかと思われるのだが、ルナールの『博物誌』、岩波文庫版の前にすでに新潮文庫で読んでいる。こちらも「絵のある」文庫本。

ルナールの『博物誌』に関しては、新潮文庫が先輩である。初版は昭和二十九年。岩波文庫は、ぐんと最近で一九九八年（奥付表記のママ、年号では平成十年）。訳と解説は前者が岸田国士《くにお》、後者が辻昶。

挿画もすごい。新潮がピエール・ボナールに対し、岩波がトゥールーズ・ロートレック。同世代の画家。というよりボナールもロートレックも当時の石版刷りポスター画家として名を売った。

ロートレックの有名な「ムーラン・ルージュ」のポスター制作は、もともと、すでに「フランス・シャンパーニュ」でデビューしていたボナールの勧めがあったためという。

ボナールは油絵画家としても名を成すが、ともかく、この二人がルナールの『博物誌』を競作したの

新潮文庫『博物誌』の巻頭に添えられたボナールによる『影像の猟人』。――つまり田園に立つルナールだろう。

だから楽しい。ぜいたくな話でもある。

新潮文庫の『博物誌』のザラ紙に近い用紙の、ちょっとビスケットに似た臭いも懐かしいが、ここはまず、繊細にして緻密、厳格にして優雅なロートレックの挿画を楽しみつつ岩波文庫のページをめくってゆこう。

ルナールの『博物誌』には、いくつかの有名なフレーズがある。この本を手に取らなくても、すでに親しい気がするのは、誰かが自分の文章の中で紹介しているからだが、そのフレーズが、あまりにも印象的であるために、一度で頭に残ってしまうからでもある。

たとえば――、知っていますよね。

「へび」……長すぎる。

あるいは、

「ちょう」……このふたつ折りのラブレター
は、花の所番地《ところばんち》をさがしている。

うまいなあ、って誰だって思う。機知に富んでいるし、ロマンチックでもある。といってルナールを組みやすしと思ってはならない。

たしかに、ルナールは田園に棲み、その自然と親しみ、『博物誌』を残したのだが、それは日本の田園生活とは多少、というか、かなり色あいが異なる。

ルナールの少年時代を描いた自伝的小説といわれる『にんじん』を読むとよくわかる。おだやかな農耕的日本の感覚からすれば、目をおおいたくなるような、肉食性、過酷さもそこにはある。

子供でも、銃を手に狩りもするし、日常的にワインも口にし、冷めたい川で泳いだ後はウォッカすら口にふくむ。また、見る者に嫌悪感や憎悪の感情を抱かせるような生き物の存在にも冷徹な視線を注ぐ。

　この『にんじん』も岩波文庫から出ている。しかも、これまた魅力的な挿画が一話ずつ付く。訳は、先の岸田国士。

『にんじん』については別の機会に、さらにくわしくふれることになるかもしれない、が、話は『博物誌』。

「ひきがえる」と題する一節。文庫版で二頁近くあるので最後の六行を。

「ねえ、きみ」と、私は言った。

「きみを悲しがらせたくて言うわけじゃないがね。だけど、いやはや！　きみは、なんてみっともないんだ！」

　すると、ひきがえるは、子供の口みたいに歯がなくて、いつも熱い息を吐きだしているあの口を開き、ちょっとばかり英語なまりの発音でやり返した。

「じゃあおたくはどうなんです？」

　私が、オオッと思ったのは、じつは、ひきがえるの醜い姿に関する記述ではない。どこかといえば「ちょっとばかり英語なまりの発音で」という部分である。イギリス人がこれを読んだら……。フランス人、ルナールは一筋縄ではいかない詩人である。

Le Crapaud

「じゃあおたくはどうなんです？」と“英語なまりの発音”で、やりかえすひきがえる……。ロートレックの描写が見事。

かと思うと、お得意のこんな「超短詩」もある。
「青いとかげ」……ペンキ塗りたて、ご用心！
このフレーズに接したとき、「ン？」と思った。もともとルナールの『博物誌』には、ある種、俳味のようなものがただようと評されてもいるのだが、ズバリ俳句、それもあの芥川龍之介の句がある。少し俳句に通じている人ならまず空んじているだろう

青蛙《あおがえる》おのれもペンキ塗りたてか

偶然のイメージの一致だろうが、あまりにも似ている。ちなみに芥川はルナールより二十八歳年下ということになる。もしかして芥川さん……。
「くも」と題する一節。これはちょっと無気味だ。クモ嫌いの人は、ロートレックの見事な絵もあるので読まぬうちにパタッと頁を閉じたほうがいいかもしれない。

「くも」……髪の毛をぎゅっとつかんでいる、
黒い毛むくじゃらな小さい手。

「あり」などは、戦後の日本でも少し流行した、ほとんどポエム・コンクレート、具象詩だ。

「あり」……どれもこれも、3という数字に似ている。そして、いること！　いること！
3333333333……匹、無限な数まで。

これを見て体がかゆくなった敏感な人は必ずいるだろう。カユイよ、ルナールさん。

L'Araignée

「黒い毛むくじゃらな」しかも「小さい」「手」というのが一層無気味ではないか。

L'Escargot

ロートレックの力量を見せつける優雅なかたつむりの姿。

「かたつむり」の文章は略すが、これに添えられたロートレックの絵の素晴らしさ！　版画用の紙にリトグラフで刷ったら美術品としても手元に置いておきたい作品である。

　となると、一八九九年にフルーリー書店から刊行されたというロートレックの挿画入り原本を見てみたくなる。紙質と刷りの感じ、いい雰囲気だろうなあ。

　さて、ボナール描く新潮文庫も少しは見てみよう。図版の数は岩波文庫の三倍ほども多い六十七点収録。巻頭は「影像《すがた》の猟人《かりうど》」（P53上段挿画）。岩波文庫では「物の姿の狩人」としている。人物は『博物誌』を記すルナール自身のことだろう。新潮文庫には、その姿の挿画が示されている。

　私はボナールの絵がニガテだった。穂先が荒れた筆で描いたような線が頼りない感じを受ける。省略というより細部をごまかしているようにも思える。

　ボナールの挿画について、専門家でもないくせに友人と「うまい」「いや、へただ」の、ちょっとした論争めいたことをしたこともある。

　ところが今回、改めて頁を開き、なかでも「蚯蚓《みみず》」

や「蚤《のみ》」の絵を見たとき、（あ、ボナールは、たしかにうまいのかも）と思い直している。格別、達者ではないかもしれないが、稚拙な良さがある。可愛いのだ。とくに「蚤」などの絵は、大胆な構図である。見ようによっては肉感的でエロティックでもある。

しかし、私に「ボナールへたくそ」の印象を強く植えつけたのは、じつは、これも「絵のある」岩波文庫（本当に岩波文庫は挿画の宝庫ですねぇ、皆さんお気付きでした？）ロンゴスの、あの『**ダフニスとクロエー**』なのだ。もちろん挿画はボナール。

「蚤」に付けられたのが、ボナールによる挿画。一見、稚拙にして素朴な描線だが構図は大胆。（新潮文庫版より）

まず表紙の絵。裸で口づけをする情景の絵が、これはまるで素人ではないか！ 中途半端に写実に描き込む、困った素人画。口づけという絵柄の内容のためもあってか、キタナイ感じも受ける。

本当に、どうなっているだろう、と思うだけで入手してしまった一冊。カバーには

みずみずしい抒情あふれる古代ギリシアの牧歌物語に、ボナールの挿絵をそえておくる。

とあるのだが……。

ともかく、次はこの『ダフニスとクロエー』を読んでみよう。ギリシア映画の古典的名作といわれる『春のめざめ』や三島由紀夫の『潮騒』に影響を与えたといわれる作品でもある。

ボナールの挿画もじっくり見てみたい。

◎ロンゴス（松平千秋 訳）『ダフニスとクロエー』

『ダフニスとクロエー』の挿画家・ボナールにどっぷり漬かる

同時代のモネやルノアール、あるいはゴーギャンとともに日本では、なぜか人気のあるボナール。この人の絵が、上手いのか下手なのか、まるでわからない。いや、ときには何が描かれているのか、も私にはわからない。

なんなんだろう、ボナールっていう絵描きは？という疑問が、ボナール描く岩波文庫**『ダフニスとクロエー』**を手に取らせた。

『ダフニスとクロエー』、原作はギリシャのロンゴス。二世紀後半から三世紀前半の作ではないかとされている。

と、いうことは日本で言えば邪馬台国・卑弥呼の時代ではないか。彼女が日本のどこかの岩屋で政《まつりごと》をしているころ、遠くギリシャではレスボスを舞台にした、心ときめく「青い性」の物語が書きつづられていた。

その挿画が、問題の（私にとって、だが）ピエール・ボナール。

ボナールの絵の話に入る前に、この作品の内容にざっと触れておこう。まずは、「序」の書き出しの一行目から。

　レスボスの島で狩をしていたわたしは、ニン

フの森でこれまで目にしたこともない、世にも美しいものを見た。それは一枚の絵に描いた、
ある恋の物語であった。

と、この『ダフニスとクロエー』が、一枚の絵画に触発されて書き始められたことが語られている。そして、

一つにはエロース〔恋の神〕とニンフたち、それにパーン〔牧神〕へ捧げ物とするため、

本文中、最初に出てくる挿画。（何が描かれているんだろう）と最初はわからなかった。熊の顔のようなものには見えるのだが。

つまり、この物語が、まず神話の森の中に生きる愛の神々に捧げられるものであると告げられる。さらに、

また一つにはこれが世の人すべてに楽しい座右の書となって、わずらう人を癒《いや》し、悩める人を慰め、すでに恋をしたことのある人にはその思い出をよみがえらせ、まだ恋を知らぬ人にはその手引きともなれかしとの願いからでもあった。

なるほど、これが「性愛の教則本」の用途も兼ねた物語でもあった、とされても仕方のない著書の序ではある。

ストーリィの大筋は単純といっていい。幼い二人が出会い、恋心が芽生え、抱擁や口づけはするものの、それを成就するための性愛の術もわからぬ二人に、その仲を引きさくような様々な危機が訪れる。美しいクロエーを我がものにしようとする恋敵の

登場や、一方、ダフニスには海賊の襲撃、あるいは好色な若妻の誘惑、はたまた男色家からの魔の手も迫る。

しかし、結末はハッピーエンド。文字どおり、うまく〝結ばれ〟て、めでたしめでたし、の物語。と、こう書いてしまうと安手のジュニア小説みたいだが、物語の舞台は、著者も序で語っていたように、「ニンフの森」の中で見つけた「恋の物語」の絵の中のような牧歌の世界なのである。

むつみ合う、ダフニスとクロエー。彼が口にしているのはカップかホタテ貝？はたまた……。本文を読むと、どうやら葦笛らしい。

また、若い二人が出会ってから性にめざめ、結ばれるまでの二年足らずの月日の中で、めぐりくる春、夏、秋、冬の季節とともに成熟してゆくダフネスとクロエーだが、しかし、交接までは行きつけない、身もだえするような愛の交歓が、まさに「春のめざめ」の、初々しさを伝えてくる。

森や田園、また羊や山羊とともに暮らす牧童の生活、さらに、ニンフやエロス、あるいはパーンといった神話の中の登場人物と昵懇《じつこん》ではない私など、読み始めは面くらうが、読み進んでいくうちに、レスボスの牧場の臭いをかいでいる気がしてきたり、ちょっと旅行したことがあるギリシャのワインや山羊のチーズはこんな味だったかな、といった、ある種の酩酊感が生まれてくる。

さらに、不届き千万なことに、泉で水浴びをするダフニスやクロエーの肌の肌理《きめ》までもが目に浮かんできてしまうのである。

ということで『ダフニスとクロエー』に添えられたボナールの挿画の話に移ろう。冒頭でもちょっとのべたが、何が描かれているのかわからない絵がある。しかし、何度か見ているうちに、絵柄が浮かんできたりする。これは、「だまし絵」かぁ？

　また、刷りが悪かったのか、もともと、こういう絵だったのか、物の輪郭や、肝心の顔の表情が、妙に汚れた印象を与えるものとなっている。

　かと思うと、二人が戯れている動きのポーズなどや、十八番（？）の裸婦の素描など、あれっ、ボナールってこんなに巧く描ける画家だったっけと見直さざるをえない作品もある（その場合でも遠景は、何が描かれているかわからない）。

クロエーの水浴シーン。ボナールは油絵でも、これによく似たシーンの裸婦を何点も描いている。いわば十八番のモチーフであり構図。

いいじゃないですか、このボナールの挿画。「パーンの役のダフニスは、蹄《ひづめ》をまねて爪先立ちで追いかけ」（本文より）とある。

　ボナールってどういう画家なのだ。私は『ダフニスとクロエー』を脇に置いて、ボナールの画集を、腰を据えて見ることにした。

　まずは、もっとも入手しやすい新潮美術文庫『ボナール』。解説は峯村《みねむら》敏明。初版は昭和五十年、手元にある版は平成八年九刷となっている。

カラーページは全部、油絵で、モノクロのページにも、デッサンや石版画の類は一点も掲載されていない。この画集の中では、ポスター制作者、またイラストレーターとしてのボナールの姿は見つからない。挿画軽視?

巻末の「最初の魅惑」と題する峯村敏明の解説は、「失われた印象の蘇生へ」のボナールを、『失われた時を求めて』のプルーストと並べて論じている。

この解説の結びの一節が印象に残った。

死の半年前、ル・カンネで数枚の最後のタブローに手を入れながら、七九歳のボナールが読み返していたのは、マラルメ全作品とともに、プルーストの『失われた時を求めて』であった。

なるほど、と思いながら改めてカラー作品を見る。身もフタもないことを言ってしまうと、図録では(欲しい!)と思う作品が一点もない。

よーし、と少しムキになって、ボナールの展覧会図録をさがして入手することにした。

比較的簡単に三冊の図録が入手できた。タイトルは三冊とも『ボナール展』。一九八〇年、一九九一年、一九九七年の展覧会図録。それぞれ力を入れて制作したのだろう、重い。三冊の目方を量ったら三キロちょっとある。

読売新聞社主催の一九八〇年の展覧会図録には三十四ページにおよぶデッサンが掲載されている。

一九九一年、産経新聞社他主催の図録には『博物誌』、『ダフニスとクロエー』の挿画や「フランス゠シャンパーニュ」、「ラ・ルヴュー・ブランシュ」のポスターがしっかり掲載されて、とてもありがたい。

一九九七年の東京新聞他主催の展覧会は歿後五十年展ということで、図録も、いわば決定版という感じ。論文や、年譜、文献のページも充実している。

もちろん、ポスター、石版画の作品も紹介されている。

展覧会というものは、それぞれ企画のアングルが異なる。展示される作品も〝目玉〟の他に多様なバリエーションが生じる。

三冊の展覧会図録を一挙に見ることができたのは、クタクタにはなったが、豊かな時間だった。

この結果、ボナールという〝妙な〟画家に、親愛のようなものを感じるようになってしまった。

この絵もわかりにくい。本文をしっかり読もう。「牛はじっさい人間がとても及ばぬほどよく泳ぐ」とある。これでダフニスは助かったのだ。

どう考えても、不器用としか思えない、ボナールの、それでも一生描き続けた強烈な〝才能〟を画集は訴えかけてくるのだ。とくに、恋人であり妻となったマルトの数多くの裸婦や肖像をながめていると、ボナールの、ブレない、描くことへの、したたかな意志が感じとれる。

ボナールのヘタさは並じゃない。これはすごい！と思い始めている。ボナールの豊かなヘタぶりを生で見てみたい。

次の展覧会があったら、私は行く。

《追記》マルク・シャガールのリトグラフによる『ダフニスとクロエ』が知られているが、この全四十二点の作品は一九九七年、千葉県立美術館主催の「マルク・シャガール展」図録で見ることができます。岩波文庫を傍に置いて見ると興もまたひとしおです。

◎寺田寅彦『柿の種』

物理学者にして俳文的随筆の名手 寺田寅彦の挿画を楽しむ

ボナールやロートレックが挿画を描いたルナールの『博物誌』のページを繰っているとき、私は、わが日本の科学者のエッセーと、そこに付された絵を頭に浮かべていた。

その、科学者とは、夏目漱石門下で、実験物理学者にして随筆家の寺田寅彦。肩書き的には、東京帝国大学理科大学教授。

岩波文庫には、この寺田寅彦の随筆集『柿の種』と『寺田寅彦随筆集』(全五巻)が収められている。

著者自筆による絵が挿画として配されているのは『柿の種』。この絵がなかなかいい。いわゆる文人画であるが、『博物誌』のボナールよりも描線がしっかりしている。

文庫判『柿の種』は、一九六一年岩波書店から刊行された『寺田寅彦全集』(全十七巻)の第十一巻を底本としている。この、現代表記による新書判ハードカバー全集は、今日、古書店でも、ごく普通に見かけ、値も五千円から三千円程度か。

いくら文学者の過去の全集本が売れない時代だとしても、申し訳ないくらいの値段だ。

では、『柿の種』を見てみよう。いや、その前に、全集の月報(13)に掲載されている「父の絵」

と題する、寅彦の娘・森貞子の文がある、これを紹介したい。

天気のよい日などはボツボツ外出もできるようになったある日、紙包みをかかえていそいそと帰って来た。包みを開くと油絵の道具一式が出てきた。（中略）

翌日からせっせと描きはじめた。手当たり次第に植木鉢《うえきばち》や、花瓶《かびん》の花や、庭の花壇、垣根《かきね》など、同じような題材をあきもせず写生した。母

うますぎる。ナビ派か明治・大正の画家によるコマ絵のよう。

や私たちは無遠慮に批評して悪口も言った。

寅彦は一九一九年、四十一歳のとき、東京大学の研究室で吐血し倒れ、意識を失っている。胃潰瘍だった。全集（第十七巻）の「自作年譜」によると、大正七年「冬、胃潰瘍にかかり二年間静養。そのころより随筆風のものをかく。また油絵を描《か》く」とある。

娘・貞子の文章でも語られているが、寅彦が随筆と絵を書き出したのは、四十過ぎ、命にかかわる大病の後からだった。ずいぶん遅いスタートではないか。また、それにしては五十七歳で没するまで、全十七巻の全集が編まれるほどの量の随筆をよくぞ書いたものである。

本業は、繰り返しになるが、実験物理学の研究者。実験やレポート、講義に、また学会などへの出席に、と忙しい身であったにちがいない。

東大の実験室における寅彦の姿は、漱石の『三四

郎』に登場する理学士・野々宮宗八として、その横顔がうかがえる。また『吾輩は猫である』の寒月先生のモデルが、一部、寅彦であることはあまりにも有名な話。

寅彦は、科学の研究と生身の日常生活を、随筆という表現によって往き来した。日常生活の中で起きた現象を科学者の目で見、科学研究のヒントを身のまわりの事物から発見しようとした。

「天災は忘れた頃にやって来る」は寅彦の言葉と伝えられている（事実は不明）。ペンネームは研究者として世をはばかってか「吉村冬彦」。これまた、読書人には、よく知られるところ。

達者なデッサンですね。愛猫「三毛」の姿でしょう。「1923」は制作年。

では『柿の種』を見てみよう。「短章　その一」の扉裏に

棄てた一粒の柿の種
生えるも生えぬも
甘いも渋いも
畑の土のよしあし

という言葉が掲げられている。なにか突き放したような物言いではないか。人間の意志や勝手な希望といったことの前提に、もっと冷厳な自然界の条件がある、と言いたげな。

本文にこんな断章がある。

「庭の植え込みの中などで、しゃがんで草をむしっていると、不思議な性的の衝動を感じることがある」

と一人が言う。

「そう言えば、私はひとりで荒磯の岩陰などにいて、潮の香をかいでいる時に、やはりそういう気のすることがあるようだ」

ともう一人が言った。

　この対話を聞いた時に、私はなんだか非常に恐ろしい事実に逢着《ほうちゃく》したような気がした。

――この文章がどのように終わるかは、本文に当たってください。

　こんな書き出しの文もある。


　虱《しらみ》をはわせると北へ向く、ということが言い伝えられている。

　まだ実験したことはない。

　もし、多くの場合にこれが事実であるとすれば（以下略）。


次は全文を転記する。


　猫《ねこ》が居眠りをするということを、つい近ごろ発見した。

　その様子が人間の居眠りのさまに実によく似ている。

　人間はいくら年を取っても、やはり時々は何かしら発見をする機会はあるものと見える。

　これだけは心強いことである。


寅彦は、どうやらとりわけ猫に関心があったようで、この他にも猫に関わる話が、何度も出てくる。

それに「三毛の墓」と題する自作の歌詞と、なんと、

水がめのフタの上に居眠り（？）する猫。
フタがズレたら危ないぞ。

作曲した楽譜まで披露されている。友人の、『屋上がえり』の作家Iさんはトロンボーンでこの「三毛の墓」を吹いてみたらしく、「暗いのよねぇ」と笑いながら言っていた。

猫といえば、師、漱石の「女の顔」と題する話も出てくる。

夏目先生が洋行から帰ったときに、あちらの画廊の有名な絵の写真を見せられた。

そうして、この中で二、三枚好きなのを取れ、と言われた。

その中に、ギドー・レニの「マグダレナのマリア」があった。

それからまたサー・ジョシュア・レーノルズの童女や天使などがあった。

先生の好きな美女の顔のタイプ、といったようなものが、おぼろげに感ぜられるような気がしたのである。（以下略）

この一文に関連して、全集の月報（11）には、やはり「女の顔」と題する一文があり、レニのマグダレナやレーノルズの少女像が掲載されている。文章も見てみよう。

本巻の「女の顔」を読んでみると、表面は寺田先生が師漱石の女の人の好みをいろいろと批評していられるのだが、実はかえって寺田先生自身の好みがわかっておもしろい。（中略）

いずれにしても、漱石のすきな、また寺田先生のすきな「女の顔」をこうしてならべてみる

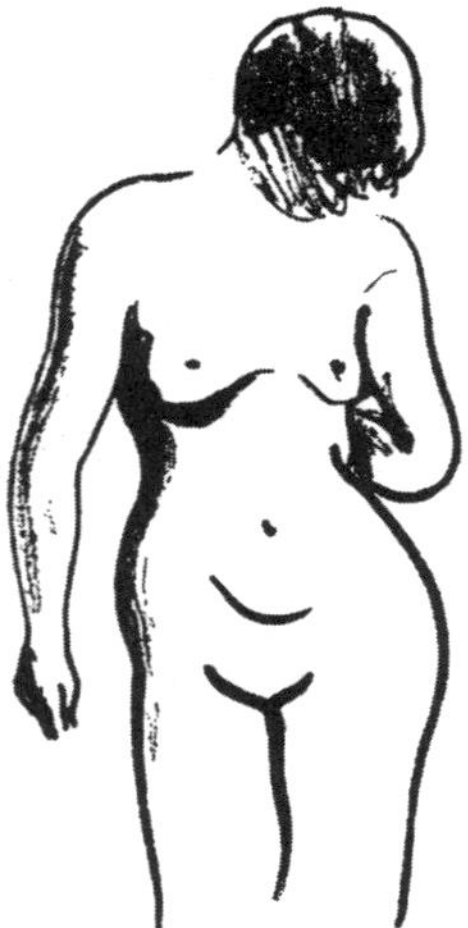
顔の表情が見えないのでかえって体の線が強調される。

と、何か最大公約数が求められそうである。かつて児島喜久雄先生がこの随筆をよまれて「おそろしく甘い連中だな」と評されたという。

この、児島喜久雄の結びの一言に、つい笑ってしまった。児島喜久雄は西洋美術史家、白樺派の同人であり、「白樺」に論文を寄せ、自ら表紙絵も描いている。腕も弁も立つ美術史家であったようだ。

もう一つ、『柿の種』の巻末近くの短文を紹介したい。

ある若い男の話である。青函連絡船《せいかんれんらくせん》のデッキの上で、飛びかわす海猫《うみねこ》の群れを見ていたら、その内の一羽が空中を飛行しながら片方の足でちょいちょいと頭の耳のへんを掻いていたというのである。どうも信じられない話だがといってみたが、とにかく掻いていたのだからしかたがないという。

この話をその後いろいろの人に話してみたが、大概の人はこれを聞いて快い微笑をもらすようである。

なぜだかわからない。

こんな寅彦の随筆を読んでいるうちに、私は、弘前大学で地質学を専攻し、その後は、今日まで、ほとんど職住不定で飲み歌い暮らしているN君と〝理科系談義〟をしたくなった。

N君の力説する興味ぶかい科学知識は、学術的には、かなり怪しげなものが多い。しかし、これが絶妙な酒の肴となるのです。

室内から窓の外の光景。ボナールもこの構図を描いた。

◎木下杢太郎《もくたろう》（前川誠郎《せいろう》編）『**新編 百花譜百選**』

メランコリーな〝文理〟両道の巨人 木下杢太郎の素描の技倆

前稿は寺田寅彦の随筆集『**柿の種**』と、その中に収められた寅彦自身の筆による挿画を紹介した。同じく、岩波文庫に『寺田寅彦随筆集』（小宮豊隆編）全五冊があることもふれた。

この文庫のカバー挿画が、やはり近代日本を代表する理科系（医学者）の文人で、絵もよく描いた木下杢太郎によるもの。

杢太郎、本名、太田正雄。

今回は、「創刊80年――」とドカンと文字の入った赤い帯をかけられて刊行された『**新編 百花譜百選**』（前川誠郎編）を取り上げたい。

『百花譜』、百点の植物画はすべてカラー印刷。元・国立西洋美術館長・前川誠郎の解説、植物名索引等も含め、本文、全二百二十七ページ。定価、千五百七十五円（税込）。

今日一般の読書人からは、ほとんど忘れられた感のある（と思うのは私だけか）〝文・理〟両道の巨人、木下杢太郎の『百花譜』が原色で見られるとなると、この千五百円程の文庫本は決して高くない。

しかし――私は、しばらく前、古書市で岩波書店、昭和二十三年刊『木下杢太郎全集』全十二巻揃いを二千五百円で買っている。それに比較すると……いや、比較してはいけない。ここ数年、古書の全集本が異常に安すぎるのだ。

　ともかく私は、『新編 百花譜百選』を存分に楽しむために、その『木下杢太郎全集』を棚から下ろし、ものはついでと、『藝林閒歩《げいりんかんぽ》』（木下杢太郎著、昭和十一年刊、岩波書店）、『葱南《そうなん》雑稿』（太田正雄著、昭和二十一年刊、東京出版株式会社）や野田宇太郎《うたろう》『木下杢太郎の生涯と藝術』（一九七〇年刊、平凡社）、『日本耽美派の誕生』（昭和五十年刊、河出書房新社）、杉山二郎『木下杢太郎——ユマニテの系譜』（一九九五年刊、中公文庫）、また、有名な「築地の渡」が収録されている詩集『食後の唄』（昭和三十二年刊、角川書店）といった杢太郎関連の本を机の上に積み上げた。

　これでよし。この週末は、ゆったりと杢太郎の世界に浸ろう。

　『新編 百花譜百選』を開く。右ページに「1 まんさく 満作」と題があり、

昭和十八年三月十日、大学池畔に始めてまんさくの花の開けるを見る。昨夜来気温甚《はなは》だ低し。寒風袴《はかま》を透して膚膩に逼《せま》る。

と画中に書き込んだ文を載せている。

スタートが「まんさく」というのがいい。偶然かもしれないが、「まんさく」は春のさきがけ、「まずさく」からの名といわれる。

巻末の前川誠郎の「解説」を読むと、杢太郎の

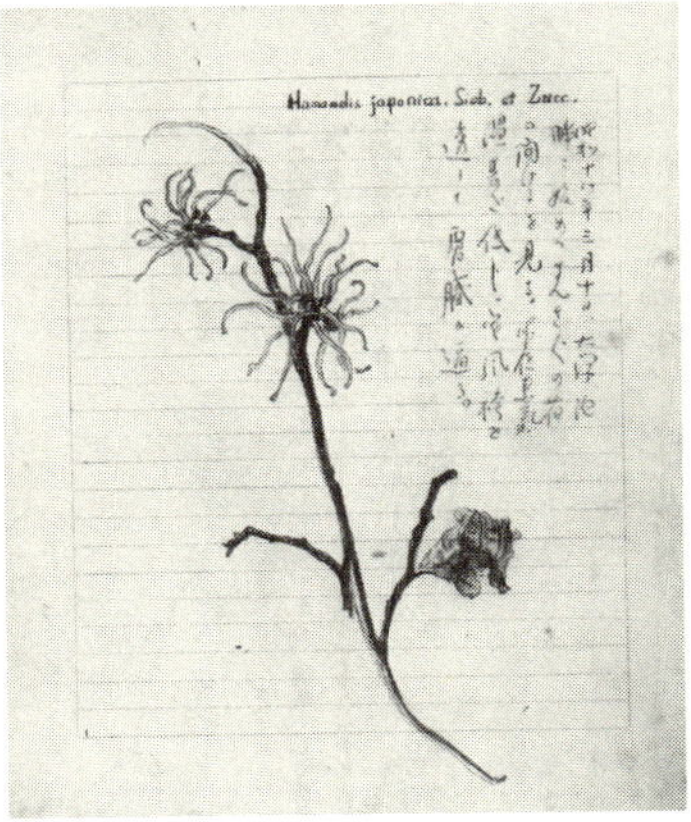

第一作の「まんさく」。画は横罫紙に描かれ彩色されている。上部にはまんさくの学名が、右の余白には描いた日の日付他の書き込みがある。

『百花譜』は、この、三四郎の池の畔に咲いた「まんさく」の花の写生から始まることがわかる。

昭和十八年三月十日、「日増しに劣勢を強める前大戦の最中《さなか》、ほぼ毎夜に管制下の乏しい灯火のもとで描き進められた植物図譜である」という。

そして、『百花譜』のラスト、「100回目」は、昭和二十年七月二十七日、杢太郎はすでに病の床、見舞いにもらった「やまゆり」をスケッチしたものとなっている。それは、この年の秋、十月十五日、杢太郎が癌によって満六十歳で歿する三カ月少し前のことである。

『百花譜』は、このような境遇の中で描かれた「まんさく」から「やまゆり」まで八百七十二点の中から百点を選んだものという。

この『百花譜』は、単なる文人の余暇の草花スケッチではない。文字どおり、内憂外患、それも暗黒といっていい。世の中は、太平洋戦争の敗色いよいよ濃く、身には癌細胞が分裂を速めている。

100番目の「やまゆり」。知人が見舞いに持って来たこの花を病床の杢太郎は描く。死の3ヵ月少し前というのに、この気力、この描写力！

「100〔やまゆり〕山百合」の、画中、書き込みは

昭和廿年七月廿七日　金　胃腸の痙攣疼痛なほ去らず、家居臥療。安田、比留間此花を持ちて来り、後之を写す。運勢たどたどし。

となる。死の床での画文である。自ら記す「運勢たどたどし」が胸をうつ。

私が木下杢太郎という名を知ったのは、例の

昭和18年8月21日の「からすうり」。余白に「夜客桟燈不明細難弁色」の書き込みがあり、26日、画を補正している。

房州通ひか、伊豆ゆきか。
笛が聞える、あの笛が
渡《わたし》わたれば佃《つくだ》島。
メトロポオルの燈が見える。

そう、杢太郎の若き日の詩集『食後の唄』の中の「築地の渡」の一誦によってである。

この「築地の渡」は鏑木清方の「築地明石町」とともに、明治から大正にかけての築地にふれるときは、必ずといっていいくらい紹介される。

私も、野田宇太郎の文学散歩の本で、木下杢太郎という名と、「房州通ひか、伊豆ゆきか——」を憶えたのだと思う。

『食後の唄』は、明治末の耽美的文芸グループ「パンの会」から生まれたといってもいいだろう。

「パンの会」は、杢太郎、北原白秋《はくしゅう》、吉井勇《いさむ》といった作家と、雑誌『方寸《ほうすん》』の石井柏亭《はくてい》、山本鼎《かなえ》、森田恒友《つねとも》ら画家、版画家らが中心となって組織される。

北原白秋の

あかしやの金《きん》と赤とがちるぞえな。
かはたれの秋の光にちるぞえな。
片戀《かたこひ》の薄着《うすぎ》のねるのわがうれひ
「曳舟《ひきふね》」の水のほとりをゆくころを。
やはらかな君が吐息《といき》のちるぞえな。
あかしやの金と赤とがちるぞえな。

杢太郎が描いた北原白秋『東京景物詩 及其他』（大正２年、東雲堂書店刊）の扉絵。

の「片戀」が収録されている『東京景物詩 及其他』もまた「パンの会」のリキュールの香りとざわめきが聞こえてくるような詩集である。

ちなみに、この『東京景物詩 及其他』の多色刷りの口絵は、誰あろう、木下杢太郎の手によるものである。このころの白秋と杢太郎の濃密な間柄がうかがえる。

『百花譜』を一見してもわかるが、杢太郎の画の技倆は半端ではない。それもそのはず、杢太郎は若き日、医学生ではなく、三宅克己《こつき》に洋画を学び画家になることを志望した。しかし、周囲の説得によって、医学の方向に舵を切ったという人間なのである。

耽美的な「パンの会」の雰囲気から〝足を洗った〟杢太郎の、その後の医学方面の研究成果や日中美術史家としての業績は、よく森鷗外と比較され、「小鷗外」などと称されもしたようだ。

たしかに鷗外は杢太郎にとって、東大医学部の師であり、文芸上の先達であったかもしれないが「小鷗外」という呼称は、はたして、この杢太郎という陰影濃き才能にふさわしいものだったかどうか。

少なくとも、鷗外に杢太郎のような絵筆を持つ腕はない。また、杢太郎自身がすぐに封印したとはいえ、鷗外に杢太郎の打ちふるえるような繊細と耽美はない。

杢太郎の横顔には、優しい、メランコリーの気配がうかがえる。

杢太郎の絵の話に戻ろう。

『葱南雑稿』は杢太郎の死後一年も待たずに、野田宇太郎の編集によって出版されるが、その扉絵には猫のデッサンが配されている。当然、私は寺田寅彦の描いた猫と見くらべてみる。

また、先の『木下杢太郎全集』の第十二巻には本文中に別帖で口絵が二点掲載されている。猫の絵でもなければ、お得意の植物の絵でもない。

艶やかな芸妓らしき女人の上半身である。書き込みの文字を見ると一つは「大坂〆葉」（?）、もう一点は「日本ばし　染子」（?）と読める。編集後記によると、この二葉、昭和五年のスケッチから選んだものという。

野田宇太郎の『木下杢太郎の生涯と藝術』の口絵にも「両国橋遠望」と「海運橋」の二点、東京を描いた素描が掲げられている。

そういえば杢太郎は、小林清親《きよちか》のコレクターでもあった。『藝林閒歩』には「故小林清親翁の事」と「小林清親の板画」と題する文が収められている。

さて、どうする。私が入手した全集は旧版で、一九八二年に、三十五冊の全集プラス日記五冊、全三十冊の杢太郎資料の決定版が岩波書店から刊行されている。また、画集全四冊も一九八七年用美社から出版されている。さて、どうしよう。

できれば場所を取る全集はもうこれ以上買いたくないのだが……。

昭和５年のスケッチブックに描かれた日本橋の芸妓（?）の横顔。一夕、日本橋のどこかのお座敷で遊んだのか。日記をチェックしたくなる。

◎エドワード・リア（柳瀬尚紀《やなせなおき》訳）『完訳 ナンセンスの絵本』

リアの詩画によるナンセンス イギリスは妙チキリン

街に「ジングルベル」や「ホワイトクリスマス」が流れているのと関係があるのかないのか知らないけれど、今回はエドワード・リア『**完訳 ナンセンスの絵本**』を手に取った。

私が手にしているのは、二〇〇三年刊の「完訳」と銘打たれた、もちろん岩波文庫。訳は、当代、ナンセンスもの、言語遊戯といえば、この人、柳瀬尚紀。

巻末の「解説」によれば、柳瀬の訳になるE・リア『ナンセンスの絵本』はすでに、ほるぷ出版（一九八五年）があるが、この岩波文庫版では、「不満だった部分をすべて改訳」、「後者の百篇は、すべて新訳」という。

まさに「完訳」といっていい決定版。柳瀬は、英文によるリアの言葉遊び（「リア語」）に対し、得タ〝リア〟応！　とばかり、ガップリ四つ、「ヤナセ語」によって日本語に変身させている。

「解説」に、「リア語」を「ヤナセ語」に置きかえる際のルールを示している。遊戯にルールは絶対必要だ。見てみよう。

まず、いうまでもなく、意味を掬《すく》う。

次に、原詩と同じく、訳詞もa－a－b－b－

aと韻を踏む。その場合、1音ではひびきが弱い。必ず2音以上、韻を踏む。また原詩のほとんどは地名を二度繰返して韻を踏んでいるが、訳詩で同じことをするのは安直の感がある。翻訳では地名を繰返さない。

以上がヤナセルール。その上で、さらに「当然口調もよくなければならない」とし、既訳と新訳の差の例を挙げる。

（なるほどなあ、と感服してしまう）。具体的には「解説」を読んでください。画家としてのリアの力量や生涯の横顔も知れます。

では本文にあたってみよう。

There was an Old Person of Chili,
Whose conduct was painful and silly,
He sate on the stairs,
Eating apples and pears,
That imprudent Old Person of Chili.

は

チリーのおっさんおぎょうぎ悪《わる》い
ちらかし食《く》らう果物類《くだものるい》
そこは階段《かいだん》
やめろよ冗談《じょうだん》
みんなが見《み》てはそっと身《み》ぶるい

ということになる。そして、この五行詩《リメリック》に付けら

リア描く人物は、ほとんど皆、踊っているよう。そこがまた無気味可愛い。この挿画は階段に座って果物を食いちらかすチリーのおっさん。知り合いに、ソックリさんがいます。

れたリアによる挿画は、ゆるい階段の途中に座ってしずくをボトボトたらしながら果物を食べるぺちゃんこの帽子をかぶった、ちょっと洒落男的にも見えるチリーのおっさんの絵。

では、もう一つ。

There was an Old Person of China,
Whose daughters were Jiska and Dinah,
Amelia and Fluffy,
Olivia and Chuffy,
And all of them settled in China.

訳を見ると

おっさん生《うま》れは大陸《たいりく》チャイナ
娘《むすめ》がまずはジスカにダイナ
　次《つぎ》にアミーリア、フラッフィー
　次《つぎ》にオリヴィア、末《すえ》っ子《こ》チャッフィー
みんなで住《すま》う大陸広《たいりくひろ》いな

その挿画が、頭に小さなかぶり物をつけた弁髪の中国人の男と六人の中国娘。そのページの欄外の注には「China 当時は清代、英仏はじめ列強の進出いちじるしい頃」とある。

ところで、私はこの『ナンセンスの絵本』をこの欄で取り上げようとしたとき、この一冊だけでは芸がないというか愛嬌というものがないのでは、と思って、ボロ書庫の岩波文庫の小山をガソゴソ崩して

『ナンセンスの絵本』が生まれたのはヴィクトリア女王の時代。1851年はロンドン万国博。1859年ダーウィン『種の起源』。中国は清、日本は幕末から明治。

手にしたのが**『イギリス民話集』**(河野一郎編訳)。

このての本、私、入手しないですよ。「絵のある」岩波文庫、というテーマを思いつかなかったら。英文学の素養などカラキシないし、イギリスの文化っていったって、せいぜいビールとスコッチと風景式庭園ぐらいしか興味ないし。

それが、本の中に「絵」が入っている、というだけで『イギリス民話集』を買っていた。しかも、今回、初めて読んだ。読むチャンスがめぐってきた。

とくに、第一章の「むかし話」という章の話が抜群。第一話から、いきなりぶっ飛んだ。ちょっと紹介したい。タイトルは……「ちょっぴりけ」。

「ちょっぴりけ」だなんて人を喰っている。いや、この話は人は人でも、人の骨を食う話なのだが。

むかしむかし、ちょっぴりけ村のちょっぴり家《け》に住んでいる、ちょっぴりけなおばさんがいました。ところである日のこと、このちょっぴりけなおばさんはちょっぴりけなボンネットをかぶり、ちょっぴり家《け》を出て、ちょっぴりけ散歩に出かけました。やがてこのちょっぴりけおばさんがちょっぴりけ行くと、ちょっぴりけ門のところへ出ました。そこでちょっぴりけおばさんはちょっぴりけ門をあけ、ちょっぴりけ教会の敷地に入りました。

……長い引用で気がひけるのですが、どうしてももう少し続けたい。

ちょっぴりけおばさんがちょっぴりけ教会の敷地へ入ったとき、ちょっぴりけな骨がちょっぴりけなお墓の上にのっているのを見つけ、ちょっぴりけおばさんはちょっぴりけひとりごとを言いました——

「このちょっぴりけな骨があれば、今夜のちょっぴりけなお夕飯に、ちょっぴりけスープができるわ」……

さあて、これから、この、かなりコッケイな雰囲気の「ちょっぴりけ」の話が、どういう結果を迎えるか。

これが、ゾク～ッとするエンディングだったのです。

次の「白い家のおじいさん」もホラー。その次の「黄金の腕」は、死んだ女房が自分の腕を取り返しにくるという、これもホラー。続く「骨」は、第一話の「ちょっぴりけ」のバリエーションともいえる、ズバリ、骨をスープにしてしまう家族に〝ある〟ことが起きる話。

他の話も、「たちまち二人の兄とメアリの友だちが刀を抜き、フォックス氏をこま切れにしてしまった」（「フォックス氏」）とか、「するとこん棒はぴょんと飛び上がり、ずらりと並んだ娘たちの頭を端から端まで叩いてまわったので、みんな気を失って道に倒れてしまった」（「ろばとテーブルとこん棒」）とか、「そして騎士は、洗濯婆さんとその娘を焼き殺させた」（「ノロウェイの黒い牛」）とか、もう、暴力、殺戮、おかまいなし。

第二章の「ふしぎな話」では、妖精《ピクシー》や魔女や亡霊がどしどし登場する。第三章の「こっけいな話」の中には、黒門町・桂文楽の十八番だった「船徳」そのまんまの話が出てくる。

『ナンセンスの絵本』と『イギリス民話集』を併読していると、「イギリスって、どんだけ～奇妙！」という気持ちになる。

さて『ナンセンスの絵本』に戻ると、いくつかのことに気づかされる。一つは描かれた人物に帽子をかぶっている人が多いこと。ざっと数えても三点に一点以上は帽子をかぶった人物が描かれている。

これは私が帽子狂だから気になったこと。

もう一つは、この五行詩が、一つの「世界ナンセンス人物博覧会」になっていること。しかも、登場人物のほとんどがなぜか「Old man」。そしてときどき「Young lady」。「チリのおっさん」「チャイナのおっさん」「ウィーンのおやじ」「カディスの爺さん」「ケベックのおじさん」「トルコの娘さん」「ネパール男」「ナイルの男」エトセトラと、世界を股にかけた、「Old man」のナンセンスコレクションなのだ。こんなにも世界各地が出てくるその理由は——これは訳者による解説を読んでいただきたい。

「アナリのおっさんとっても奇怪《きかい》
奇妙《きみよう》なふるまい千万回《せんまんかい》
　両手《りようて》に豚《ぶた》をしっぽで宙吊《ちゆうづ》り
　ストランド街《がい》をあたふた駆《か》けずり
することなすこと正気《しようき》かい」

おっさんが手にしているのはネズミではありません。豚です。

まあ、とにかく、奇妙奇天烈な〝イギリス文芸〟と、それに取り組んだ柳瀬尚紀の異能の力技《ちからわざ》！『イギリス民話集』とともに、タップリ堪能しました。

ということで、この『ナンセンス絵本』の讃として、私も「a–a–b–b–a」の韻を踏む五行詩《リメリック》を作ってみたくなった。無謀は先刻、承知之助——。

イギリスおじさんナンセンス
夏《なつ》に手焙《てあぶ》り冬扇子《ふゆせんす》
　懐手《ふところで》して絞《しぼ》った頓知《とんち》
　詩《し》につけられた絵《え》がポンチ
奇才《きさい》、柳瀬《やなせ》の訳《やく》ざんす
（……うーむ）

◎ルナアル（岸田国士《くにお》訳）『にんじん』 ウェブスター（遠藤寿子《ひさこ》訳）『あしなが おじさん』

女子は『あしなが おじさん』男子は『にんじん』？

この憂《う》き世で、生きてゆくことはなかなかシンドイ。若者やオトナも身すぎ世すぎ、いろいろ大変なのだが、コドモだって小さな体に存分すぎるほどの苦労があったりする。

世の中には、「コドモの苦労人」という存在がある。笑ってはいけない。コドモの当人にとってはかなり深刻な問題なのだ。

正月早々、なぜだか、そんな「絵のある」岩波文庫を手に取ってしまった。一冊はルナアル作・岸田国士訳『**にんじん**』。もう一冊は、この作品との対比ということでジーン・ウェブスター作・遠藤寿子訳『**あしなが おじさん**』。

ジュール・ルナアル（ルナール）は、すでにふれた『**博物誌**』でもよく知られた作家。『にんじん』はルナアル自身の少年時代がモデルとなっているという。

ヴァロトンというイラストレーター描く『にんじん』の挿し絵はとても達者でチャーミングだ。坊主頭っぽく見える主人公「にんじん」も子供らしく可愛い。

しかし、この「にんじん」というニックネーム、「にんじん色の髪の少年は、根性がひねくれている」といわれているのに、母親がわざわざ自分の子をそう呼んで「それが平気で通用している」一家なのだ。

「にんじん」はこの家で、そんな立場に立たされている少年。しかもこの母親は、なにかというと「にんじん」につらく当たり、手を上げる。

「にんじん」の汚れちまったプライド、重い屈託を思いやるべし。

「にんじん」には兄と姉がいるが、彼らは、「にんじん」が母親から受ける攻撃を防いでくれることはない。「にんじん」は常に難事の矢面に立たされる。

父親のルピック氏は仕事で家にいないことが多い。母親が「にんじん」に対して、どんな仕打ちをしてきたか、家の実権を握る父親はあまり気がついていないようだ。

この『にんじん』の終局近く、母親の「水車へ行って、バタを一斤もらっておいで」という言いつけに対し、彼は天敵のような母親についに叛旗をひるがえす。母親は「にんじん」の、いつにない反抗的な態度に動揺しつつ、こんなセリフを吐く。

　母さんが、夢でも見てるのかしら……？　何事だろう、こりゃ……？　お前は、生れて初《はじ》め

『にんじん』第一話の「鶏」とタイトルの付された挿画。この『にんじん』のイラストレーションで、ヴァロトンという画家の名は頭に入った。

て、母さんのいうことを聴《き》かないつもりだね？

そして、彼女は、居合わせた父親と兄に援護を頼み、彼らに結着をゆだねて、その場を去る。

父を前にした「にんじん」の言葉が胸にイタイ。

「父さん」と、にんじんは、こみあげてくる感情の発作《ほっさ》のなかで、締めつけられるような声を出した。（中略）「もし、父さんが、水車へバタを取りに行けっていうんなら、僕、父さんのためなら……父さんだけのためなら、僕、行くよ。母さんのためなら、僕、絶対、行くのいやだ」

この後、父は、「にんじん」を散歩に誘う。もちろん先程の〝事件〟について話をするためだ。

今日、お前がやったことは、どういうんだ、ありゃ？　わけをいってみろ。母《かあ》さんはあんなに口惜《くや》しがってるじゃないか。

という父親の言葉に対し、「にんじん」はついに父親に心の内を打ち明ける。

父《とう》さん、僕、今まで永《なが》い間、いいだせずにいたんだけど、いいかげんに形《かた》をつけちゃおう。僕、ほんというと、もう、母さんが嫌いになったよ。

ふむ。どういうところが？　いつから？

どういうところって、どこもかしこも……。

母さんの顔を覚えてからだよ。

といったやりとりがあり、「にんじん」が自殺しようと思った、ということまで父に告白する。

どんな運命でも、僕のよりゃましだよ。僕には、一人の母親がある。この母親が僕を愛してくれないんだ。そして、僕がまたその母親を愛していないんじゃないか。

という「にんじん」の言葉の後の、父の言葉もすごい！

「そんなら、わしが、そいつを愛してると思うのか」

我慢ができず、ルピック氏は、ぶつけるようにいった。

ところで巻末の解説「『にんじん』とルナアルについて」をみると、ルナアルの死後十数年後に発表された「日記」によると、「にんじん」の父親ルピック氏は、ある日、寝室で猟銃による自殺を遂げている。また、母親といえば、夫の自殺のずっと後となるが「にんじん」縁《ゆか》りの井戸の中に落ちて死んでいるのが発見される。この事件は故意か、過失か不明という。

ラスト「にんじんのアルバム」の挿画。屈折をかかえた「にんじん」。「敗けるな、にんじん！」とエールを送りたくなります。

と、このような紹介だと『にんじん』が、いかにもクラーイ陰惨な作品と思われるかもしれないが、背景の田園風景とそこで暮らす、牧歌的といってもいい、家族の日常が生き生きと描かれ〝母子愛憎ドラマのある博物誌〟となっているのである。

私は『にんじん』を読んで改めて『博物誌』を読み直したくなった。少年「にんじん」の眼による『博物誌』として再読したいのだ。

さて次は『あしなが おじさん』。こちらの主人公は孤児のヂルーシャ・アボット。愛称・ヂューディ。

彼女の名がどのようにつけられたかというと、アボットは、電話帳の一ページをめくると出てくる名。また、ヂルーシャは、墓石の名で見つけたというのだから、ちょっと、というか、かなりこの孤児院の名付け親の感覚はヒドイ。

しかし、このヂューディは「快活で、フランクで、頭脳が良くて、機智があって、そして人世に対しては楽天的でしかも独立心に燃ゆるけなげな娘」(「はしがき」より)という。

孤児院では例外的に年長の、この十七歳のヂューディに吉報が舞い込む。彼女が、孤児院の世界を描いた作文が、ある資産家の評議員の目にとまり、その人物の献金により、作家になるよう、大学へ進学できることとなったのだ。

ところが、この慈善家の評議員、外部に対して一切、身分を明らかにしない。ヂューディには「ジョン・スミス」、日本でいえば「山田太郎」? といった仮名しか伝えられない。

しかし彼女は、「スミス氏」を孤児院でほんのチラッと見かけている。それも影法師で。その姿は「どう考へてもそれは途方もなく大きな、ゆらゆらした、あしの長い、めくら蜘蛛《ぐも》であった」というもの。

これが「あしながおぢさん」命名の由来。

この「あしながおぢさん」のヂューディへの資金援助に対して彼女に課せられたノルマはただ一つ。

作者ウェブスター自身によるイラストレーションが可愛い。

月一回、彼女の学生生活の報告の手紙を書くこと。ただし、手紙を書くのが大嫌いなスミス氏からの返事はない、と伝えられる。

で、ヂューディは「スミス氏」に毎月手紙を書き送ることとなる。その第一回目が

「みなし児《ご》を大学《カレジ》へ入学させて下すった御親切な評議員さん」

という書き出しから始まるもの。この中でスミス氏に対し、

あたし、あなたをあしながおぢさんとお呼びすることにきめました。お気を悪くなさいませんわね。これはあたし達の間だけで使う愛称《ペットネーム》よ

と認《したた》めている。

その後も、ヂューディから「あしながおぢさん」へは、級友のこと、スポーツクラブのこと、愛読書のことなどが手紙で書き送られるが、「あしながおぢさん」からは、もちろん返事の一本もこない。ヂューディだけが一方的に自分のすべてを語るのだが、相手からはなんの反応もない。

やがて、ヂューディの「あしながおぢさん」への手紙は愛の手紙の様相を呈するようになる。しかし、相変わらず彼からはナシのツブテ。

これはツライだろうなあ。

さて、ヂューディと「あしながおぢさん」はこの後、どうなるのか。ヂューディは彼からの手紙を受け取る時がめぐってくるのだろうか。いや、会うことができるのだろうか。

最後の見開き二ページに予想外、あるいはうすうす気づかされているドンデンがある。

わかるなあ。好きだろうなあ、とくに女子は、こういう作品。

いや男子が読んでもヂューディの魅力のとりこになる。こんなにウィットに富んでいて、向上心があり、優しく、心ばえのする娘なら。

Chapter II

柿の種
アンデルセン童話集
小出楢重随筆集
影をなくした男
鏑木清方随筆集
明治の東京
ナンセンスの絵本
ウィーン世紀末文学選
百花譜百選
サロメ
モーパッサン
八十日間世界一周
ドン・キホーテ
ダフニスとクロエ
岸田劉生随筆集
利根川
地底旅行
ハックルベリー・フィンの冒険
ボズのスケッチ
山と渓谷
レ・ミゼラブル
河鍋暁斎
多情多恨
白鯨
河鍋暁斎戯画集
虚栄の市
パンチ素描集
カフカ短篇集
続ビゴー日本素描集
にんじん
近代日本漫画百選
近代美人伝

◎鈴木牧之《ぼくし》 編撰（京山人百樹《ひゃくじゅ》 刪定　岡田武松《たけまつ》 校訂）『北越雪譜《ほくえつせっぷ》』

春の前ぶれの雪の日々 江戸の奇書『北越雪譜』を読む

今年は正月の松の内が明けてから、東京によく雪が降る。

物見遊山に興じる江戸人たちは、雪が降れば、いざ雪見へと東都の雪の名所をたずね歩いた。

北斎、広重の錦絵や、明治の石版名所絵には、雪景色の上野・寛永寺、隅田川・待乳山《まつちやま》・今戸橋あたり、また、その対岸、向島の墨堤がたびたび描かれている。

いずれも、雪の名所だった。

そういえば、向島・桜餅で有名な長命寺の境内には、芭蕉の「いざさらば雪見にころぶところまで」の自然石の大きな句碑が立っている。

「雪見にころぶところまで」というのもなんとも酔狂な話だが、色っぽいのは、これもまた錦絵でよく見る――隅田川に屋形船を浮かべ、船の中にはコタツや火鉢の煖があり、酒の燗が湯気を立てている。お酌をするのはキレイどころ。ときどき引き戸を開けては両岸の雪模様を眺める――という「枕草子」の中の一景をパロディーにした、といった絵柄。

「雪月花」といって、雪見は月見や花見と並ぶ、江戸人の季節の風流なイベントであった。その気分の余韻は、衰えたとはいえ、今日に続いてる。犬だって、雪が珍しい場所では「よろこび庭かけまわる」のだ。

　ところが、同じ雪でも、豪雪地帯の人々にとって、それは、風雅な物見遊山などというお気楽、能天気な話どころではないようだ。冬の間、ずっと雪と闘い、また雪と折り合いをつけながら暮らす。自然の驚異、いや脅威としての雪。

　そうだ！　こんな季節には『北越雪譜』を手に持ってみよう。

　目を三角にして隅から隅まできちんと読もう、などとは思わず、パラパラと本文や解説を読んだり、ふんだんに挿入された北国の生活や雪にまつわる異変を描いた挿画をながめて時を過ごそう。

　『北越雪譜』を知ったのは、この岩波文庫によってだっただろうか。いや、石川淳『諸國畸《き》人傳』の中の「鈴木牧之」によってだったかな。

　まあ、どちらでもいいや。ともかく、まずは石川淳『諸國畸人傳』（中公文庫）の「鈴木牧之」（昭和三十二年記）を見てみよう。書き出しは——


　北越雪譜といふ本は今では文庫本をもつて廣く世におこなはれてゐる。編者鈴木牧之の名もまた大方の耳に熟するところである。この本が天保年中はじめておほやけにされるに至つた事情については、つとに市島春城著、昭和二年刊「隨筆春城六種」のうち、「北越雪譜の出版さる

大好きな挿画の一つ。階段フェチの私にはこたえられない。雪の階段なんて！

ゝまで」と題するくだりに、巨細の記述がある。

と、冒頭、文庫本（この岩波文庫でしょう）と先達、市島春城《いちじましゅんじょう》に挨拶し、

ただ鈴木牧之とはいかなる人物か、二三の小傳のほかに、その行實をつたへたものはあまり見あたらないやうである。

と、執筆の動機をのべる。

このあと牧之の『北越雪譜』が世に出るまで（これが、なんと出版の最初の打ち合わせから三十年もかかる）の話が、北越の人と江戸の戯作者が奇妙な糸で結ばれていて興味ぶかい。

しかも、その糸は、少々こんがらかり、それがために三十年の月日が流れる。牧之に関わる登場人物の江戸の戯作者の名前はといえば、山東京伝《さんとうきょうでん》、滝沢馬琴《ばきん》、山東京山《きょうざん》。役者が揃っている。

牧之は最初、京伝に草稿をさまざまな資料とともに送り、京伝筆という形で『北越雪譜』の刊行を依頼する。これは、著名な京伝の名であれば、この本がより世に迎えられるだろうという、牧之なりの現実的判断があったようだ。牧之の、名より実を取る作戦といえるか。

これを受けた京伝は、この奇書の刊行に大いに乗り気になるが多忙のため時はいたずらに過ぎ、この仕事に取りかかることなく死を迎える。

次に依頼を受けたのが馬琴。牧之は江戸に出向き馬琴をたずね、出版の相談をする。馬琴もこれを喜び著作の約束をするが、九段下の住人（現在も「馬琴の井戸」あり）、馬琴は目前の売文に忙しく、草稿はそのまま十年あまり放っておかれることとなる。

そうして牧之すでに齢六十を迎えたとき、京伝の弟、京山からの連絡を受ける。京山が兄・京伝の遺志をついで、ついに『北越雪譜』の刊行に乗りだす

というわけである。

しかも、京山は、執筆は自分も担うが、この本の著作の主は牧之、自分は従、という条件を提示する。京山の姿勢、なかなかふところが深い。

ところが、これに異を唱えたのが、先の草稿放っぽりぱなしの馬琴。もともと京伝、京山兄弟と仲たがいしていた馬琴の関係は、京伝の葬式の日から最悪となり、この確執は、その後二十年の長きにわたったという。

「掘除積雪之図」。下絵は牧之自身によるものという。それを京山の子、京水が描き直した。

牧之にとって、江戸の戯作者間のもめごとは閉口するばかりだったろうが、京山は馬琴の妨害もなんのその、いや、かえって情熱の火に油を注がれたのか、見事『北越雪譜』刊行にこぎつける。

よって、その著者名は岩波文庫でも表記されているように、まず「鈴木牧之編撰」、そして「京山人百樹刪定」と連名となる。ちなみに「刪定《さんてい》」とは、「文章をけずり定す」の意。まあ、リライトのようなことか。

とにかくそんな因縁から生まれた『北越雪譜』、岩波文庫で、まずは挿画を見てみよう。

「掘除積雪之図（つもりたるゆきをとりのくるのづ）」「屋根雪掘図（やねのゆきほるづ）」「雪中歩行用具」といった巻頭の口絵図があり、次は「験《ママ》微鏡を以て雪状を審に視たる図（むしめがねをもってゆきのかたちをつまびらかにみたるづ）」という、雪の結晶図が

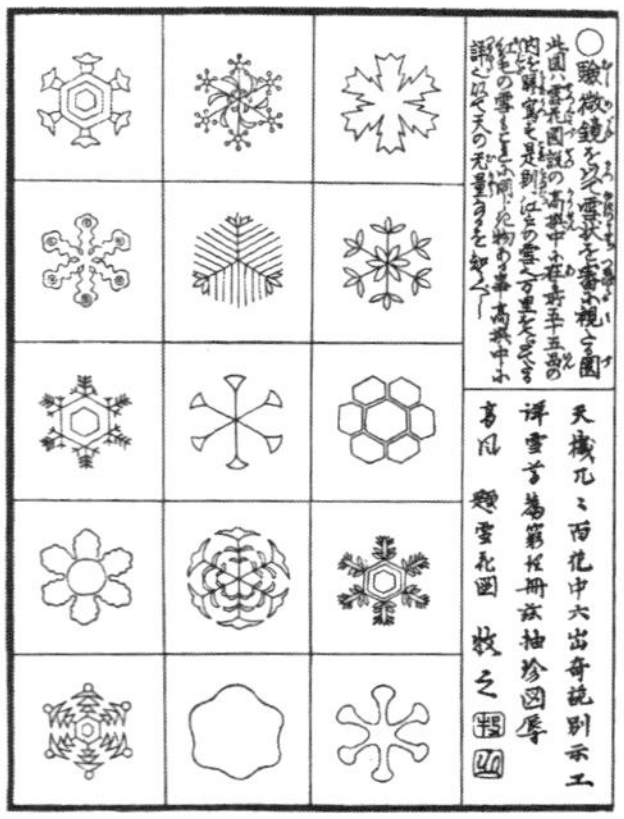

本文中に掲げられた雪の結晶の一部。すべて六角形のバリエーション。ゆえに雪を「六花《むつのはな》」ともいう。

ある。

まるで中谷宇吉郎ではないか！

三十五種に及ぶ雪の結晶の図に驚いて、改めて『北越雪譜』が世に出された年代を確認する。初編が天保八（一八三七）年、二編が天保十二（一八四一）年。すでに洋学も渡来して久しく、北越にいる牧之も「験微鏡《ママ》」を手にしていたわけだ。

こういう理学的な記述があるかと思うと「白熊」の存在や「熊人を助く」という、熊に助けられた人の奇談も書きとめられている。

また、この地方の特産としてしられる「越後縮《ちぢみ》」や鮭に関しての興味ぶかい民俗学的、博物学的解説がされている。

この『北越雪譜』、草稿は北越の牧之であっても、文飾をほどこしたのは江戸の京山のため、文中、兄の京伝の話や、ライターの京山自身がちょいちょい顔を出す。

また、それによって、江戸から遠く離れた北越という異国の雪深い地が、華のお江戸と結ばれることになる。つまり『北越雪譜』の主な読者層として想定されたのは、当初から江戸の人々というわけである。

先の石川淳による鈴木牧之についての紹介や、岩波文庫、最初の校訂者、岡田武松の解説、また、巻末の益田勝実《かつみ》の「『北越雪譜』のこと」と題する懇切なる解題によると、もともと牧之は江戸の著名文士との往来がある。

　若いころから画文の心得があり、縮や質屋を手堅く商い、地方風流人としての一面があった牧之は、滝沢馬琴、山東京伝、京山兄弟、十返舎一九《じっぺんしゃいっく》、式亭三《しきていさん》馬《ば》などの戯作者や漢学者の亀田鵬斎《ぼうさい》、また谷文晁《たにぶんちょう》、葛飾北斎といった画人との接触があったようだ。

　『北越雪譜』を拾い読みしているとき、よくのぞく古書店で一冊の、見かけぬ本と出合った。『北越奇談』。文化九（一八一二）年崑崙《こんろん》・橘茂世《たちばなしげよ》著になる本で訳本は昭和五十三年、版元は新潟県三条にある野島出版。

　えっ、「野島出版」といえば、「牧之愛蔵の初版本を複製し、世に送った」（益田勝美による）出版社ではないか。

　この『北越奇談』は『北越雪譜』が世に出る三十年ほど前に刊行されている。三十年前？　とすると牧之が『北越雪譜』をなんとか世に示そうと、最初に京伝に相談した時期である。ひょっとして牧之は、この『北越奇談』を見て、（自分なら、もっと本格的な北越雪話を著せる）と意を強くしたのではないだろうか——などと、平成の世に、遠く江戸時代の雪国の文人の姿など思い浮かべている。

　数日前も雪の降った東京だが、住宅地を歩くと塀の中から、早くも花をつけた梅が枝をのぞかせている。二月に入ってからの東京の雪は、花のさきがけといわれる梅よりももう一呼吸前をゆく春の前ぶれのように思える。

崑崙・橘茂世著『北越奇談』の復刻版（昭和53年野島出版刊）。序が柳亭種彦、画は著者崑崙の下絵を北斎が描いている。

◎堀内敬三　井上武士 編『日本唱歌集』　与田準一 編『日本童謡集』

「どこかで春が生まれてる」季節に『日本唱歌集』『日本童謡集』

前稿は北の『**北越雪譜**』をとりあげたので、今回は南の、やはり「絵のある」岩波文庫の『**利根川図志**』でも読もうかと思ったが、ここ二、三日、春のあたたかい風が吹いている。

小石川植物園をのぞいてみると、いろんな種類の梅がほぼ満開。開花の早い樹種は春の風に花びらを散らしはじめている。

気持ちは「春は名のみの風の寒さや」(「早春賦」)から、すでに「春のうららの隅田川」(「花」)になりつつある。

『利根川図志』は夏にでも読もう。岩波文庫の『**日本唱歌集**』(堀内敬三・井上武士編)と『**日本童謡集**』(与田準一編)を手に取る。どちらにも掲載当時の挿画が転載されて、歌とともに、その時代の雰囲気も伝えてくれる。

まず『日本唱歌集』を見てみよう。

パラパラとページをめくると、ところどころに聞き覚えのある歌詞とその楽譜が付されている。楽曲が掲載されたときの単行本の表紙や挿画も紹介されている。

改めて、巻頭から歌をチェックしてみる。

第一章は「明治時代」(明治十四年―明治四十五

年)。その第一曲目は「見わたせば」と題する曲。「見わたせば、あおやなぎ、花桜《はなざくら》、こきまぜて」知らない歌だ、明治十四年の発表。小学唱歌誕生の一曲である。

(明治十四年かあ、知らないのも無理はないなあ)と思いつつも楽譜、そして注を見る。「ルソー作曲」とある。

あのJean-Jacques Rousseau《ジャンジャックルソー》の作曲というのだ。ちょっとびっくりする。しかも知らないと思ったこの「見わたせば」の歌が、えっ? 今日でも「むすんで開いて、手を打ってむすんで」で親しまれている曲だったとは!

明治初期の唱歌の授業か。小学唱歌により、日本に海外の楽曲がどんどん輸入される。『日本唱歌集』中の挿画。

私は(多くの人もそうだと思うが)、『孤独な散歩者の夢想』や『告白』の作家が作曲した歌を、そうとは知らずに歌ってきたわけだ。

そういえばルソーは、時計職人の子としてジュネーブに生まれた。それを思うと、あの「むすんで開いて」の曲のリズムが、時計の「チック、タック、チック、タック」に似ているような気もしてくる。

二曲目は「螢の光」。誰でも知っている曲。原曲はスコットランド民謡の「Auld Lang Syne」。高校の英語の授業で覚えさせられたので英語で歌える(少なくとも四小節までは)。

この「螢の光」も明治十四年の『小学唱歌集』で初めて紹介された。

三曲目の「ちょうちょう　ちょうちょう。菜《な》の葉《は》にとまれ」の「蝶々」（原曲はスペイン民謡という）も同様である。いずれも明治十四年。

歌の命は長い。百年以上も昔の歌を、なんの違和感もなく歌っている。しかも、この三曲、原曲はすべて海外の楽曲である。

この本の巻末には、編者による、「日本唱歌史」ともいえる充実した「解説」が付されている。

冒頭の「『唱歌』ということばと内容」では、

われわれの解釈する「唱歌」は英語の school song と同じであると言うべきであろう。

と「唱歌」の意味を定め、唱歌と外国の楽曲との関連を

洋楽が全く日本で鑑賞されていなかった明治初期に、洋楽のリズムや音階《おんかい》を日本国民に普及させたのは「唱歌」であった。

とし、また

他民族の生《う》んだリズムや音階に一挙にして親しみをもつようになったのは唱歌の功績である。そうして、「唱歌」を生みだした明治教育の功績である。

とのべている。

『風』（クリスティナ・ロゼッティ作・西條八十訳）に付された挿画。――『赤い鳥』（大10.4）

たしかに「かすみか雲か、はたゆきか」（「霞か雲か」）はドイツ民謡。「庭の千草」はアイルランド民謡。「夕空《ゆうぞら》はれて あきかぜふき」（「故郷の空」）はスコットランド民謡。「埴生《はにゅう》の宿《やど》も、わが宿《やど》」の「埴生の宿」も原題「Home, Sweet Home」というビジョップ作曲の楽曲である。

もちろん、純日本産の曲もある。「敵は幾万」。例の軍歌「敵は幾万ありとても　すべて烏合《うごう》の勢《せい》なるぞ」の歌。この歌の作詞者が誰だか知っていました？

これが、「言文一致」の山田美妙《びみょう》の作詞というのだから、ちょっと面白い。明治二十四年『国民唱歌集』に発表。美妙斎もずいぶん威勢のいい歌を作ったものですね。

かわいい曲もある。「うさぎ　うさぎ　なにを見てはねる」の「うさぎ」（明治二十六年）。

懐かしい曲もある。「年《とし》の始《はじ》めの　例《ためし》とて」の「一月一日」（明治二十六年）。

みやびやかな曲もある。「うの花《はな》のにおう垣根《かきね》に、時鳥《ほととぎす》　早《はや》もきなきて」は歌人・佐佐木信綱《のぶつな》による「夏は来ぬ」（明治二十九年）。

その他「うらしまたろう」、「花」（「春のうららの隅田川《すみだがわ》――」）、「箱根八里」、「荒城の月」、「お正月」（「もういくつねると　お正月《しょうがつ》」）、「春が来た」、「われは海の子」、「紅葉」（「秋《あき》の夕日《ゆうひ》に照《て》る山紅葉《やまもみじ》」）といったなじみぶかい歌が、すべて明治時代に発表された唱歌だったのだ。

大正、昭和に誕生した愛唱唱歌もないわけではない。「春の小川」、「村の鍛冶屋《かじや》」、「早春賦《そうしゅんふ》」、「海」（「松原遠《まつばらとお》く消《き》ゆるところ」）、「朧《おぼろ》月夜」、「故郷《ふるさと》」（「兎《うさぎ》追《お》いしかの山」）、「浜辺の歌」といった歌がすべて大正時代。

「コイノボリ」（「ヤネ　ヨリ　タカイ　コイノボリ」）、「チューリップ」、「牧場の朝」、「ウミ」（「ウミハ　ヒロイナ　大キイナ」）、「花火」（「どんと　なった　花火《はなび》だ」）が昭和の歌となるが、唱歌は、次第に国家礼賛や軍国教育を補うことを目的とすることとなる。

そんな、戦時中の文部省唱歌に対して戦後よく歌われるようになったのが童謡であり、学校の教材にも広く使われ始める。

そこで、『日本童謡集』。こちらは、大正七年、鈴木三重吉が主催した『赤い鳥』の創刊から、昭和二十年の終戦に至る三十年の間に発表された創作童謡三百余曲を選んだもの。

先の『日本唱歌集』の歌とくらべると、なじみぶかい曲も、また付された楽譜もぐっと少ない。しかし懐かしい曲もある。

北原白秋による「赤い鳥小鳥」、「あわて床屋《とこや》」、「揺籃《ゆりかご》のうた」、「砂山《すなやま》」、「からたちの花」、「ペチカ」、「アメフリ」(「アメアメ　フレフレ、カアサンガ」)、「この道」。

西條八十《やそ》「かなりや」。海野厚《うんのあつし》「背くらべ」。鹿島《かしま》鳴秋《めいしゅう》「浜千鳥《はまちどり》」。清水かつら「叱《しか》られて」。

野口雨情《うじょう》「十五夜お月《つき》さん」、「七つの子《こ》」、「赤い靴」、「青《あお》い眼《め》の人形《にんぎょう》」、「しゃぼん玉」。

三木露風《ろふう》「赤蜻蛉《あかとんぼ》」。加藤まさを「月の沙漠」。百《もも》田宗治《たそうじ》「どこかで春が」。相馬御風《そうまぎょふう》「春よ来い」。蕗《ふき》谷虹児《やこうじ》「花嫁人形」などが大正期に作られた童謡。

北原白秋、野口雨情、西條八十、三人の活躍が目を引く。

昭和に入ると、私の歌える歌が急に少なくなる。

なんの曲の挿画だろうか。かわいらしい女の子とトランプのジャック？　武井武雄の挿画か。日本版『不思議の国のアリス』の雰囲気も。『日本童謡集』中の挿画。

わずかに、西條八十「てんてん手鞠《てまり》　てん手鞠」（「鞠《まり》と殿《との》さま」）、佐藤義美《よしみ》「グッド・バイ」、サトウ・ハチロー「百舌《もず》よ泣くな」、武内俊子「かもめの水兵さん」、「赤い帽子白い帽子」、三苫《みとま》やすし「仲よし小道」、細川雄太郎「あの子はたあれ」、巽《たつみ》聖歌《せいか》「たきび」などといったあたりが、子供のころ、姉たちとよく一緒に歌った歌。またラジオからもよく聴こえてきた。

　思い出せば、唱歌や童謡は、生活の中で、まるで、おやつでも食べるように、そのときどきに口ずさんだ。

三木露風『菫《すみれ》』に付された挿画。画風からいって初山滋によるものだろう。こちらも『日本童謡集』。

　今でもその歌を歌うと季節の変わりめの気配を感じる。想像上の日本の風景や異国の香りを再生することもできる。

　子供のころに覚え、歌ったこれらの歌は、記憶という宝の箱に収めされたいろとりどりの宝石である。そして唱歌、童謡の歌集は、宝石の財産目録、リストなのだ。

　私は、岩波文庫の他に、金田一春彦・安西愛子（歌のおばさん！）編による『日本の唱歌』（講談社文庫・全三巻）（とくに、詳細な解説）を愛読している。

　いや、もっと、なれ親しんできたのは、野ばら社の各種の歌本である。野ばら社のビニール装の小さな歌本は早春の香りがする。

　で、一句。

　　野ばら社の古き歌集の早春賦　（露骨）

◎勝《かつ》尾《お》金《きん》弥《や》編『鈴木三《み》重《え》吉《きち》童話集』

純文学ならぬ「純童話」の創造者『赤い鳥』の鈴木三重吉

この本も、まず、手に取らなかったろうなぁ。「絵のある」岩波文庫、というテーマを思いつかなかったら。

強い自分の意志で選択するのではなく、連想の流れに乗って、たまたま流れてくる本を、ひょい、と手にする。

「強い自分の意志ではなく」というところが――これが、なかなか面白い。関心領域以外の本、作品と出合えるからだ。

前稿の、『**日本唱歌集**』『**日本童謡集**』の流れ、とくに『赤い鳥』つながりで、勝尾金弥編『**鈴木三重吉童話集**』を読む。唱歌や童謡には少なからず思い出もあるが、『赤い鳥』鈴木三重吉の童話には、まったく興味がなかった。

ただ、鈴木淳や深沢省三の、バターくさい、しかし見事な挿画を無視できずにページを開く。

もっとも、これまでほとんど童話童貞だった私は、すでに、ちょっとふれた『**イギリス民話集**』で、童話の魅力を味わっている。いや、味をしめている。

で、収録されている鈴木三重吉の十三作品、全篇、読了しました。

このうち、冒頭から五作品は、すべて、いわゆる

「嫁とり物語」で、一回読んだだけではストーリーが混同するので再読をした。三重吉の文章は気品があって再読にたえうる。誌面から、透明感が伝わってくるのだ。それは文庫本のページを開いただけでも感じとれる。

　この本の「嫁とり物語」すべて、若者が、この世ならぬ美しい娘をめとるための冒険譚《たん》。エンディングは、悲劇もあれば、めでたしめでたし、もある。

　ただし、物語の舞台は、すべてヨーロッパ風味。

「幕開け」の頁でも紹介した深沢省三の作品。深沢は学生時代から『赤い鳥』の挿画を担当したという。この描写力が認められたのでしょう。

いかにも「夢みる乙女」向け、ではあるが、もちろん、大人の〝男〟が読んでも面白い。

「嫁とりメルヘン」の他、三重吉自身の生活から生まれた創作童話あるいは有名なヨーロッパの歴史譚や日本の笑話を三重吉風に語りなおしたもの、また、巻末には、異色の「関東大震災」に取材したノンフィクションも収められている。

　がぜん私は、この鈴木三重吉に関心を抱くことになった。借りているボロ部屋の本置き場に、なぜか、三重吉に関する雑誌の特集本が一冊（だけ）あったことを思い出し、積ん読本の背をチェック、めでたく発見、引きずり出す。

『改訂版　鈴木三重吉への招待』（鈴木三重吉赤い鳥の会編、昭和五十九年、教育出版センター刊）。裏の見返しに［97／12／300］とある。

　なるほど、十年ちょっと前、三百円で入手したようだ。なぜ、この本を買おうと思ったのか覚えていない。きちんと読んだ形跡もない（フセンが貼ってないから）。

童話に関心があったはずはないので、多分、ゆるい収集ジャンルの一つ、「身内が語る文学者の姿」の一篇として買っておいたのだろう。

また、自室の本棚にある、ほるぷ出版の名著複刻シリーズの解説書のうち『日本児童文学館解説』と『日本児童文学館第二集　解説』を取り出す。

この、名著複刻シリーズの解説書群は、とても頼りになる近代文学史の入門書なのだ。ただ、この、児童文学館もの二冊も、これまで、ほとんどページを開いたことがなかった。

これも、今回、『赤い鳥』と、その主宰者・鈴木三重吉と出会ったおかげ。

などと、鈴木三重吉という〝特異〟な作家と、その周辺を、うろうろしているとき、早稲田の古書店で『複刻 赤い鳥の本』を入手した。

「湖水の鐘」に付された西洋木口木版画？のような挿画。これぞメルヘンチック。鈴木淳という画家の名は私の記憶のファイルにない。くわしい人がいたら教えて下さい。

『赤い鳥の本』全十五巻（別冊解説付）、『赤い鳥・童謡集』全八集、付録・雑誌『赤い鳥』創刊号・全二十五冊・別函入れ。これが四千五百円！　安い。

持って帰れない大きさ、重さではない。二重袋に取っ手をつけてもらって、穴八幡脇の坂を下って東西線の駅をめざす。

もう少し軽ければ、そろそろ近くの居酒屋「源兵衛」が開く時間だったのだが、ホロ酔いで、これを持って帰るのはツライ。と、いって、せっかく本を安く買わせてもらったのに、飯田橋までタクシーなど使ったりしたらバチが当たる。
こうして、手に入れた三重吉本のうち、よく目にしてきた表紙の『赤い鳥』創刊号、の複刻版をめくってみる。
なるほどなぁ、目次を見るだけで、三重吉の意気ごみが伝わってくる。ちょっとメモしてみよう。

「赤い鳥」第一巻第一號
お馬の飾（表紙・石版刷）
おふね（口繪・三色版）……清水良雄

「ぶくぶく長々火の目小僧」に付された深沢省三による挿画。人物も背景もすべて異国風味。

りす〳〵小栗鼠《りす》（創作童謡）……北原白秋
二人の兄弟（創作童話）……島崎藤村
蜘蛛の糸（創作童話）……芥川龍之介
大いたち（童話）……鈴木三重吉
あの紫は（創作童謡）……泉 鏡花
手づま使（童話）……徳田 秋聲《しゅうせい》
わるい狐（童話）……小島政《まさ》二郎
ぶく〳〵長々火の目小僧（上）（童話）
……鈴木三重吉
日本人と西洋人と黒ん坊（童話）…丹野てい子
雉子ぐるま（創作童謡）……北原白秋
俵の蜜柑（童話）……小山内薫
天使（童話）……小宮豊隆
ぽッぽのお手帳（創作童話）……鈴木三重吉
さし繪、飾り繪……清水良雄
という布陣（その他投稿、通信、社告等のページあり）。

これは、もう、一流文芸誌の執筆陣ではないか。しかも、この創刊号一誌に、今日の文学史に残る作品が複数、掲載されている。

たとえば白秋の「りすりす小栗鼠」。芥川の「蜘蛛の糸」。また、今回紹介の『鈴木三重吉童話集』十三篇のうちにも収録されている「ぶくぶく長々火の目小僧」と「ぽッぽのお手帳」等々。

雑誌の一号に、これだけの作品がそろうのは珍しいのではないだろうか。

鈴木三重吉の作品に限っていっても、「ぽッぽのお手帳」は、三重吉が、童話誌『赤い鳥』を刊行する、もっとも大きな動機づけとなったといわれる三重吉の幼な子「すずちゃん」が実名で登場する。

いわゆる「すず伝説」の、本人によせた創作童話なのである。

三重吉は、別れた前妻によく似た「すず子」を〝異常なくらい〟溺愛したようだが、先の『改訂版鈴木三重吉への招待』の中、「第二部　鈴木三重吉の人間像」に収録されている、当の、鈴木すずによる「父と私」と題する文章が興味深い。

もの心ついてから、何がうれしかったたか？といえば、それはなんといっても父の外出だった。母までなんとなくいそいそとして弟と私に、

「さあ二人とも家中とびまわってけんかしてもいいわよ。さて、晩のご飯は何にしましょうねえ、何でも好きなものをとってあげますよ。」

深沢省三による「やどなし犬」挿画。深沢は動物を描かせればピカ一と評せられた。夫人は女流画家として著名な深沢紅子《こうこ》。

と言った調子で、実に家中ホッとしてウキウキした。私と弟はわざと畳の上をドシンドシンと歩きまわったりしてはしゃいだ。

とある。つまり、父・三重吉は、愛しの、すずちゃんに、いや家族中から煙たがられていたようである。ご愁傷さま。

『赤い鳥』に引かれて、鈴木三重吉のことを知りはじめると、この、過敏で貴族的な理想主義者・三重吉のことをもっともっと知りたくなる。

鈴木淳による本文「湖水の女」の挿画。どこの国のどこの地方の物語なのでしょう。挿画もまったく西欧への憧憬そのもの。

深沢省三による本文「黄金鳥」の挿画。この物語もご多分にもれず、いわゆる嫁とり物語。それにしてもバター臭い絵ですね。

岩波文庫『鈴木三重吉童話集』に戻ると、勝尾金弥の「解説」に、三重吉が――「松とか梅とかいふ字も形が嫌ひでたまらない」から書かないという――ことが紹介されている。

「松」や「梅」がなんで? じゃあ「竹」は? と思ってしまうが、面白い。こういう三重吉の感性、いや癇性。

興味深いですねえ、この、「漱石のお弟子」さん。

◎桑原三郎　千葉俊二 編『日本児童文学名作集』（上・下）

明治・大正・昭和の児童文学を通観できる〃お得な〃名作集

岩波文庫『**鈴木三重吉童話集**』の物語を楽しみ、また鈴木淳や深沢省三の、いかにも舶来風味の挿画を堪能したのに続いて、同じ、童話つながりで、これも文庫に挿画が添えられている『**日本児童文学名作集**』の上・下二巻を手にする。

二巻の総ページ頁、七百ページ弱。三十八篇の明治から昭和戦前までの児童文学が収められている。（七百ページかあ）とちょっとたじろぐ。しかし、目次の執筆陣の名を見ると、期待もふくらんでくる。

秀れた作家というものは（画家もそうだろうが）、こと〃子供向け〃ということで絶対に手を抜くことはないだろう。持っている技倆や思いをすべて投入するのではないかと思われるからだ。

結果として、一種の競作となる。腕の見せどころ、となる。

その執筆陣を見てみよう。すごいですよ。

掲載順に――福沢諭吉、呉文聡《くれあやとし》、若松賤子《しずこ》、巌谷《いわや》小波《さざなみ》、幸田露伴《ろはん》、石井研堂《けんどう》、押川春浪《しゅんろう》、国木田独《どっ》歩《ぽ》、竹久夢二、小川未明《みめい》、吉屋信子、鈴木三重吉、小泉八雲《やくも》（以上「上巻」）。

芥川竜之介、菊池寛、小島政二郎、有島武郎、江口渙《きよし》、秋田雨雀《うじゃく》、室生犀星《さいせい》、島崎藤村、佐藤春夫、宇野浩二、豊島与志雄、浜田広介《ひろすけ》、宮沢賢治、千葉省三、内田百閒《ひやつけん》、坪田譲治、水上《みなかみ》滝太郎、壺井栄《さかえ》。椋鳩十《むくはとじゅう》、新美南吉《にいみなんきち》（以上「下巻」）。

まさに多士済々。綺羅《きら》、星の如く、である。

作品は、ほぼ初出順に収録されている。ということは、この二冊の文庫を読了すれば、明治から昭和戦前に至る、日本の児童文学の概要を通観できるということになる。

文体やテーマの推移、変化を読みくらべることもできる。

これは〝お得感〟のある読書になりそうだ。

こういうタイプの読書は一気に読んではならない。それでは〝仕事〟になってしまう。キャンディやクッキーをつまむように、ポツリポツリと味わう。

電車の座席やバーのカウンターで、あるいは立ち呑み居酒屋で、気ままに、一、二篇、また三、四篇と読んでゆく。

そして全篇通読。各作品の前に添えられている執筆者のプロフィルと作品の書誌学的紹介が要領よく、私のような初心者にはとてもありがたい。

また、上下巻末に付された編者による解説（上巻は桑原三郎、下巻は千葉俊二による）は、これを読むだけでも、近代〜現代の日本児童文学史が概観できる労作となっている。

では本文を見てみよう。トップは福沢諭吉による「イソップ物語 抄」。（『童蒙教草《どうもうおしえぐさ》』より）とある。

狼のお腹の部分が仕掛けになっている。四角い紙をめくるとお腹の中から子山羊が出てくる。それにしても無気味な絵ではないか。

『童蒙教草』は明治五年刊。福沢訳、イソップ物語は「英語版からイソップを紹介した最も早いもの」という。

「黄金の玉子を生む鵞鳥《がちょう》の事」「蟻《あり》と蝗《いなご》の事」「風と日輪《にちりん》と旅人との事」といった、おなじみの物語が明治の文体で読める。

次の呉文聡の「八ツ山羊《やぎ》」。これはグリム童話を日本で初めて紹介したもの。狼と八匹の小山羊の物語。

この本が、江戸の春本などによく見られた、いわゆる「仕掛け本」。ページの上にもう一枚絵が貼ってあり、それをめくると、別の絵が出てくる、という仕掛け。

浮世絵師・小林永濯《えいたく》か、と推測されている挿画（すべて再録）が妙に無気味可愛い。

明治のお伽噺《とぎばなし》の第一人者・巌谷小波の中篇「こがね丸」は、さすがに巧みな語り口。仇討《あだうち》物の歌舞伎の舞台でも見ているような気になる。こちらも明治の文体が存分に楽しめる。

幸田露伴、石井研堂といったシブイ作家と少年文芸との関わりは深い。誇りある小国民を育てようという意図のもとに多くの作品が生み出されている。『明治事物起原』や浮世絵研究で知られる石井研堂

巌谷小波「こがね丸」の武内桂舟による挿画。まるで歌舞伎の一シーンのような光景が笑える。

は、明治の少年誌『小国民』の編集長でもあった。『武侠《ぶきよう》世界』の春浪・押川春浪の作品も収録されている。ここでは、武侠冒険物ではなく、「万国幽霊怪話抄」。明治三十五年の刊行だが、文体はかなり言文一致に近くなっている。

若き日の夢二は小川未明と一緒に『少年文庫』の編集を担当（島村抱月の推薦という）、自らも童話童謡を発表した。ここでは明治三十九年の「春坊《はるぼう》」を収録。この作品になると、ぐんとモダンになる。

夢二の「春坊」の挿画。もちろん絵も夢二。

小川未明の作品では「赤い船」と「野薔薇《のばら》」が収められている。どちらも明治四十三年の作品。文体はもう今日のものとほとんど差がない。同じ明治の時代でありながら、初頭と末の文体の変化に改めて驚かされる。

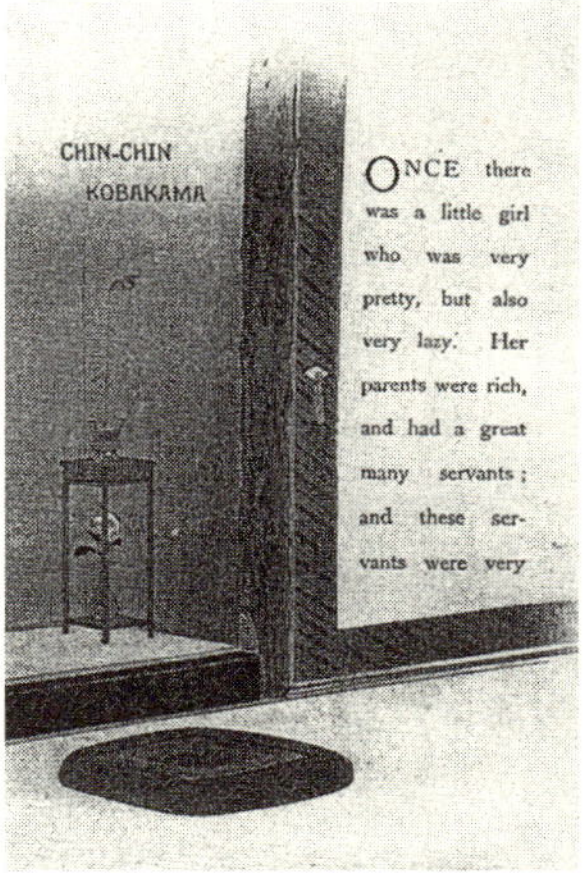

小泉八雲の「ちんちん小袴」の欧文本より。ここには、なんと「楊枝」に変身する畳の妖精たちが登場する。

巻末近く、鈴木三重吉が登場する。作品は「ぽっぽのお手帳」と「デイモンとピシアス」。

三重吉による童話と童謡の雑誌『赤い鳥』の創刊は一九一八（大正七）年。「ぽっぽのお手帳」が『赤い鳥』の創刊号に掲載されたことは前回の『鈴木三重吉童話集』の稿でふれた。

上巻の巻末は小泉八雲の〝縮緬本《ちりめんぼん》〟の和訳「ちんちん小袴《こばかま》」。一種の妖精物。もちろん舞台は日本。楊枝《ようじ》が変身する話なんて、この本で、初めて知った。

時代はちょっと戻って一九〇三（明治三十六）年。

解説には「日本の文学が、世界の中の文学となっていく一つの記念すべき道程として、このハーンの作品を付した次第である」とある。

『日本児童文学名作集』下巻は芥川竜之介「蜘蛛《くも》の糸」から始まる。この作品はすでにふれたように鈴木三重吉『赤い鳥』の創刊号に掲載。

下巻には、この芥川から巻末の新美南吉まで二十一篇の創作童話が収録されているが、そのうちの七篇が『赤い鳥』で発表されたものである。

芥川の「蜘蛛の糸」、菊池寛「三人兄弟」、小島政二郎「笛」、有島武郎「一房の葡萄」、江口渙「木の葉の小判」、豊島与志雄「手品師」、坪田譲治「魔法」。

一方、なぜか一度も『赤い鳥』に採用されなかった作家・宮沢賢治の「水仙月の四日」「オツベルと象」や、（これが童話かしら、大人の文学といってもいいのじゃないかな）と思われる室生犀星の「寂しき魚」や佐藤春夫の「蝗《いなご》の大旅行」という小品も収録されている。

また、内田百閒「影法師」というナンセンスな味の小品も収められている。その挿画が、百閒がひいきにしていた風船画伯・谷中安規《たになかやすのり》。下巻で挿し絵が

お婆さんの吸った煙草の煙の影法師が猫の姿に見えて……。「影法師」の挿画。

付されているのは、この作品だけ。

下巻の構成は、『赤い鳥』の大正時代から、昭和戦前までの児童文学をたどるが、この巻の最後の作品は新美南吉の「牛をつないだ椿の木」。一九四三(昭和十八)年の発表。もう戦時中である。

解説では、南吉のこの作品に関連して

「牛をつないだ椿の木」の海蔵さんが人のためになることを願って残した仕事、つまり道を行く皆のために掘った井戸が、いつまでも人々の喉をうるおすように、南吉の残した童話も、人のために生きることの尊さを伝えて、いつまでも人々の心をうるおしつづけるだろう。それは南吉の、次の世代の子どもたちへ託したメッセージであるが、思えば南吉ばかりか、児童文学に携わるものは誰しも自己の作品を次の時代を担うべき子どもたちへの熱いメッセージとして提示しつづけてきたのではなかったか。

と訴えて、

どのような夢や幻想を語っていようと、そこにこそ児童文学のほんとうの生命があるのだといえる。

と文章を結んでいる。

となれば次稿は、この千葉俊二編による岩波文庫『**新美南吉童話集**』を取り上げたい。この挿画が、また、すごい。棟方志功と谷中安規なのだ。

こちらも「影法師」。谷中安規による挿画。大きな猫の中に鼠がひっくり返っている。

◎千葉俊二編『新美南吉童話集《にいみなんきち》』

ようこそ新美南吉の〝埒外〟の世界へ、挿画は谷中安規と棟方志功

明治・大正・昭和の児童文学を通観できる〝お得な〟岩波文庫『**日本児童文学名作集**』（上・下二巻）の下巻、最後に掲載されている作品が新美南吉の「牛をつないだ椿の木」だった。

というわけで今回は、「絵のある」岩波文庫の一冊、千葉俊二編『**新美南吉童話集**』。

鈴木三重吉の作品もそうだったが、南吉の童話をまとめて読むのは今回が初めて。

その気になったのは当然、「絵のある」ということがきっかけ。その「絵」とは、ぜいたくなことに、あの内田百閒《ひやつけん》から、その作品と風来の人格を愛された谷中安規と、もう一人、谷崎潤一郎の『鍵』『瘋癲《ふうてん》老人日記』等の挿画で知られる（という紹介でいいのかしら）「わだばゴッホになるだ」の棟方志功。

谷中安規十一点、棟方志功五点。

これがいいんですよ。

安規の、たとえば「ごん狐」に添えられた、いたずら狐の可愛らしさ、そして反省ぶりのけなげさ。

あるいは「花のき村と盗人たち」の盗人のかしらやその一味の、罪のない（といっても盗っ人ですが）おめでたさ。

かなり雑に彫ったような版画の味が、なんとも童心にあふれている。こういう大人がいたんですね。それ自体が奇跡のような人、と作品。

この、安規の作品を見ていて、ふと、私の好きな井上洋介の作品を思い出してしまった。もっとも、井上洋介は、グロテスクやエロティックなブラックユーモアを経由してからの、童心なのだが。

一方の、志功は、こちらはまた、童話に添えられた絵としては、ただならぬ色っぽさをただよわせる。

「ごん狐」の本文挿画。びくの中に手を突っこんでいるいたずら狐、ごん。風船画伯・谷中安規による版画。

「ごんごろ鐘」の眼鏡をかけた坊さんの、尼僧のような艶《えん》なる雰囲気。

また、「久助君の話」の「乾草にくるまりながら、上になり下になりしてくるいはじめた」様子を描いた挿画、これをエロティックな気分抜きで〝純粋〟な気持ちで見なさい、といわれても、それこそご無体な話というものだろう。

谷崎作品の少年期の物語に添えられた挿画といわ

志功描く「ごんごろ鐘」。この庵主さんも、どこか尼僧めいて……。

棟方志功描く「久助君の話」。ふざけあう二人の少年の肢体が妙に色っぽい、と思いませんか。

れたら、疑いもなく信じてしまう。

絵をながめているばかりではなく、南吉の作品を見てみよう。

ここに収められているのは、「ごん狐」「手袋を買いに」「赤い蠟燭《ろうそく》」「最後の胡弓《こきゅう》弾き」「久助君の話」「屁《へ》」「うた時計」「ごんごろ鐘」「おじいさんのランプ」「牛をつないだ椿の木」「百姓の足、坊さんの足」「和太郎さんと牛」「花のき村と盗人たち」「狐」の十四作品と、巻末のエッセイ「童話における物語性の喪失」。

通読して気がついたことがある。童話十四篇のうち、狐、および狐にかかわる話が四作もある。

最初が、南吉のもっともよく知られる作品の一つ「ごん狐」。そして最後が死（一九四三年、二十九歳）の直前に書かれた「狐」。

「手袋を買いに」は、狐の子が人の住む町に出て手袋を買いに行く、という「初めてのおつかい」的ストーリー（村上春樹の作品に、ちょこっと出てきます。気がつきました?）。

「和太郎さんと牛」は、どうやら狐にばかされたような話。いずれも、狐と人との交流という背景がなければ生まれない話だろう。いや、南吉の作品世界での「狐」は、マイナーな人間社会あるいは人、そのものの身がわりなのかもしれない。

そういえば、狐以外でも、「赤い蠟燭」は、里におりていって一本の赤いローソクを拾ってしまった猿の話。

次の「最後の胡弓弾き」は、旧の正月に門《かど》づけにでる胡弓弾きの寂しいエンディングの話。

続く「久助君の話」は、遊び友達をさがしにゆくが、「犬の子一匹」いないときに、「ほら兵」こと、兵太郎君と会う。そして、乾草にくるまり……、ということになるのだが、
わたしの知らないのがほんとうのその人なのか、わかったもんじゃない、と。そしてこれは、久助君にとって、一つの新しい悲しみであった。

と結ばれる。

「屁」は、屁名人と馬鹿にされている石太郎と級友春吉君の話のその結びは、
そういう風に、みんなの狡猾《こうかつ》そうに見える顔を眺めていると、何故《なぜ》か春吉君はそれらの少年の顔が、その父親たちの狡猾な顔に見えて来る。大人たちが世智辛《せちがら》い世の中で、表面は涼しい顔をしながら、汚いことを平気でして生きてゆくのは、この少年たちが濡《ぬ》れ衣《ぎぬ》を物いわぬ石太郎に着せて知らん顔をしているのと、何か似《に》通《かよ》っている。

とあり、これに続く締めの一節が、並みの童話ではない。

自分もその一人だと反省して自己嫌悪《けんお》の情が湧《わ》く。だがそれは強くない。

心の何処《どこ》かで、こういう種類のことが、人の生きてゆくためには、肯定されるのだと春吉には思えるのであった。

——これが童話ですかぁ。この奥ゆきのあるモラル。

どんどん行こう。

「うた時計」は親不孝者の「ダメ息子の帰還」話。

「ごんごろ鐘」は、村人から愛されていた尼寺のご

んごろ鐘が「お国のために献納」される話。「おじいさんのランプ」は、一時はランプで栄えた巳之助じいさんが「電気の時世」になって、手元にあった五十数個のランプをすべて灯して、これに石ころをぶつけてこわしてゆく、という話。「牛をつないだ椿の木」は、前稿でちょっとふれたが、道行く人の乾きをいやす井戸を掘る人力曳きの海蔵さんの話。「百姓の足、坊さんの足」は、おそれを知る百姓の菊次さんと〝運〟の強い和尚さんの話。この結末もちょっとすごい。ゾクッとします。「花のき村と盗人たち」は、生まれて初めて人（幼い子）から信じられたために盗っ人を失格してしまう話——。

こちらも、もちろん安規による挿画。安規の作品は無垢にして素朴。「百姓の足、坊さんの足」より。

と、こうして全十四篇をながめわたしてみると、南吉の描いた世界は、ほとんどすべて、メジャーではなくマイナー、メインではなく脇役の存在、時代や地域の中心ではなく周辺に生きるもの、「埒外《らちがい》なもの」に視線が注がれていることに気づかされる。『新美南吉童話集』を読んで、もう少し、この作家

「花のき村と盗人たち」の盗賊の親方と親方になつく小牛。安規描く。

のことを知りたくなる。この人はもう私にとって“童話”作家ではない。

　区内のリニューアルなった大図書館に行く。コンセルジュとかいう窓口で検索してもらったが、二冊の最近でた絵本の他は見当たらない。データでは収蔵されているはずの本も、なぜか無い、とのこと。

　別にガッカリすることもなく（そんなもんだろうな）と思い、神保町へ向かう。子供の本を扱う古書店に心当たりがあったからだ。

「花のき村と盗人たち」より。竹笛を吹く爺さんと角兵エの１シーン。

すぐに見つかりました。日本児童文学別冊『新美南吉童話の世界』（昭和五十一年、ほるぷ教育開発検定所発行）。

　そこには、南吉の作品世界が語られると同時に、南吉という作家が世に知られるようになった経緯などの証言もあった。

　南吉をプロデュースした、その人の名は「巽聖《たつみせい》歌《か》」。北原白秋の弟子で『赤い鳥』で活躍した、あの「たき火」の作詞家である。

　南吉と聖歌、この「影と光」が「光と影」となり、もつれ、ゆらぐ二人の関係は、児童文学の一つの文壇史として興味をそそられる。

　このところ日本の童謡、童話の本が続いた。次稿はちょっと気分を変えよう。海外の「絵のある」岩波文庫だ。

　外は雨が降り出しました。

◎モーパッサン（水野亮 訳）『脂肪の塊』

娼館をきりもりするマダム「脂肪の塊」に心寄せて

モーパッサンだ。この本だってふつう、いまさら手に取らないですよねぇ。世界文学好きの女子《ジョシ》や仏文科の学生じゃあるまいし。

目の前には読みたい本、読まなきゃならない本が積んであるのに。

ところが、例によって、「絵のある」恩恵が、私にモーパッサンを引き合わせてくれた。**『脂肪の塊』**、そして**『メゾン テリエ』**。

『メゾン テリエ』はともかく、岩波文庫で『脂肪の塊』を読んでいる人は周りにも多い。

で、「イラストレーションが入っていたよね」と言うと、例外なく「えっ？」という顔をして、「入っていたっけ？」という反応。（岩波書店から出ている岩波文庫総合目録にも「挿し絵あり」の記述はない。実際に「手に取らなければ」チェックできないところが、このゲームの楽しいところ）。

『脂肪の塊』を手にした人は、モーパッサンのテキストに集中するあまり、本文に添えられた挿画は、心に残らなかったか、忘れてしまったのだろうか。

今回は、『脂肪―』と『メゾン―』の二冊を同時に取り上げようとしたが、気が変わった。一冊ずつ行く。イラストレーションの雰囲気がとてもいいので〝まとめて〟では、もったいない。

『脂肪の塊』はモーパッサンのデビュー作で、この一作で三十歳を過ぎた無名の小役人が、一躍、文壇の寵児となった。

もっとも、モーパッサン、もともと文学とは有縁の人である。ギー・ド・モーパッサン（一八五〇～九三）の名付け親はお母さんの友人のフローベル。あの、『ボヴァリー夫人』『感情教育』のギュスターヴ・フローベルである。

「いま一人の、眼の縁《ふち》まで髯だらけの兵隊は、泣き喚《わめ》く赤ん坊を抱いて、なんとかなだめようと膝の上であやしていた」（本文より）

モーパッサンは、このフローベルを文学の師として、七年の歳月をかけて、たっぷりとシゴかれる。

そして『脂肪の塊』が発表された場が――『メダン夜話』誌。『メダン夜話』は文学サロン「メダンの夕べ」から刊行される。

この「メダンの夕べ」がまたすごい。サロンの主が、エミール・ゾラ。ゾラは『居酒屋』の成功によって大きな収入を得る。その資金でパリ近郊のメダンに別荘を入手、サロンを開く。これが有名な（って、私は知らなかったが）「メダンの夕べ」。

一八八〇年の春、ゾラを中心に、若き自然主義者たちが、それぞれの普仏戦争（一八七〇～一八七一）の体験をテーマにした作品を持ち寄り、タイトルも『メダン夜話』として発表。

この中の一作に、モーパッサンの『脂肪の塊』もあった。『メダン夜話』にはドンでホスト役のゾラや、異能・気鋭の新人として頭角を現わしつつあった神秘的象徴主義者・『さかしま』『彼方』のジョリ＝カルル・ユイスマンスも出稿していたが、群を抜いた作品と、評価を得たのは、このときまでまったくノーマークのモーパッサンだったのだ。

モーパッサンも普仏戦争では一兵卒として従軍、敗戦の悲惨さを存分に味わわされている。

『脂肪の塊』はここから生まれた。

その背景もまた、発表の機会も。

四五日ぶっ通しに、負け軍《いくさ》で総崩れになった軍隊が町を通り抜けていった。きちんとした部隊ではなく、てんでバラバラの烏合《うごう》の衆だった。

『脂肪の塊』は、このような書き出しから幕開く。

国敗れて、プロシヤ軍がルーアン（モーパッサンの育った町）にも侵攻してくる。町は占領されてしまった。そこで、この町から逃れ、まだフランス軍が占拠しているル・アーヴルに向かおうとする〝選良〟のために大きな乗合馬車が用意される。

その馬車に乗り合わせるのが

葡萄酒卸商人のロワゾー夫妻。このロワゾーは、「手に負えない狡《ずる》い男」で、まったく抜け目がないが、底抜けに陽気な「いかにもノルマンディー人らしい男」と性格づけられている。

その女房は、サイフのひもが固いしっかり者。

この夫妻のそばに「一そう重々しく構えてい

「脂肪の塊」と呼ばれた彼女、モデルは実在していて、モーパッサンとも会っている。

る」のが、上流社会に属するカレ・ラマドン夫妻。ラマドン氏は綿糸業界の中心的人物で、レジオン・ドヌールの受勲者（この賞は平山郁夫画伯、黒澤明監督ももらった）であり、県会議員でもある。夫人は夫よりずっと若くこの地の上流出身の士官たちの「慰安の的」という存在。

その隣りが、ユベール・ド・ブレヴィル伯爵夫妻。「ノルマンディーでも指折りの、由緒《ゆいしょ》ある貴族」。その妻はルイ・フィリップご寵愛の威光からか貴族社会からも重く扱われ彼女のサロンはこの地方第一の名を誇っていた。ちなみに、ラマドン氏とユベール伯は県内のオルレアン党の代表でもある。

「片手に手燭《てしょく》を持ちながら……」

この六人が馬車の奥を占める。いわば上座《かみざ》。その他に、
伯爵夫人の隣りには二人の修道女。一人はあばた面の老女。もう一人は肺病やみらしく痩せこけた、しかし可愛らしい女。

この二人の尼僧の正面に座ったのが皆の視線を集めている男と、女。男のほうは、「ひどく人がよく、悪気がなくて世話好き」のしかし筋金入りの民主主義者のコルニュデ。さて、もう一人、女の方が「それほどでもない年のくせに早くもでっぷりと肥っているので評判が高く」、ブール・ド・シュイフ（脂肪の塊）と呼ばれている「粋筋《いきすじ》の女」。

彼女の容貌は、さらにていねいに説明される。

艶《つや》のいい張り切った皮膚、着物の下で盛り上っている大きな胸、——彼女はそれにしても食欲

をそりたて、なかなかのはやりっ子だった。それくらいその瑞《みず》々しい恰好は、見る眼を喜ばせた。顔はまっ赤なリンゴでもあり、今にも咲き開くばかりの芍薬《しやくやく》の蕾《つぼみ》でもあった。その上の方には素晴らしい黒眼がちな眼が開き、瞳に影をおとす濃くて長い睫毛《まつげ》で隈《くま》どられていた。下の方には、小粒の糸切歯が白く光る、小さな魅惑的な脣《くちびる》が、接吻を待ちうけて濡れていた。

「馭者のそばには一名のドイツ士官が全身に光を浴びて立っていた」（本文より）

「士官は、肘掛椅子に長々と伸びたまま、足を暖炉棚に載せ……」（本文より）

その彼女の容姿が、挿入されているイラストレーションによってうかがえる（P122下段挿画）。まさしく、ある種の稼業の、典型的な美女ではある。つづく一節が、意味深《イミシン》。

　その上にまだ見積るわけにもゆかないほどの長所を一ぱい持っているという噂だった。

さて、馬車の中の登場人物は以上の十名。この十名が、これから起きるできごとの中でそれぞれどんな態度、どんな行動をするか。物語は馬車の進行と同時にスタートする。

思い出しました。

かつて海外の安パック旅行に参加したことがある。イタリア八泊の旅だった。そのときのパーティは総勢十四、五名だったかな。当方は男性二名女性一名の友人同士。

パック旅行だから、否応もなく、行動を共にする時間がある。ウフィッツィ美術館やコロシアム見学への途中、バスの中で自己紹介とかするハメになる。（いやだなぁ）なんて思ってはいけない。安パック旅行なんだから。

イヤミな私は、こういうときはポアロになります。あの、オリエント急行の探偵、エルキュール・ポアロ。

むこうだって、男二人、女一人のわれわれに、（あの三人の関係は？）なんて思っているのはみえみえ。上等《ジョートー》じゃないの。というわけで、私は、しっかりメモしてるんですね。それぞれの人の名前、キャラクター、関係、クセ、エトセトラ。

もっとも集団行動は午後の三時ぐらいまでで、夕食その他はすべてキャンセル、自分たちの行きたい場所、店へ行きました。キャンティネッタ・アンティノリとか、バブリーなレストラン、オステリア・デル・ロッソとか。これぞ安パック旅行の醍醐味。

で、『脂肪の塊』。この旅も、貴賤混合の一種のパックツアーである。そのツアーの中で何が起きたか。そのとき人はどのような行動をとったか。

ぼくは、このツアーの中の「脂肪の塊」と呼ばれたブール・ド・シュイフに淡い恋心を抱いてしまいました。

でも、ぼくが彼女の悲しみを少しでも癒してあげることはできるのでしょうか。

◎モーパッサン（河盛好蔵《かわもりよしぞう》訳）『メゾン テリエ（他三篇）』

『メゾン テリエ』も『脂肪の塊』同様〝朝日のあたる家〟の物語

彼もまた、娼婦、妾、女給といった、女性性を売ることを業とする女性たちを飽きることなく描いた。町を描くということは花街とそこで生きる人を描くことなのかもしれない——二人の作家の作品を読んでいると、そう思えてくる。

さて、『メゾン テリエ』。ノルマンディーの田舎町フェカンの「テリエ夫人の館」という名の娼家の物語。娼家とは、もちろん娼婦のいる館、もっと下品な言葉でいえば淫売宿。

ところが、この「淫売」、あるいは「売淫」、この時代のこの地では、今日の我々のイメージとかなり

モーパッサンの代表作の一つ、『メゾン テリエ』も、『脂肪の塊』と共に「絵のある」岩波文庫の一冊である。

そして、もう一つ、この二つの作品は共に、〝朝日のあたる家〟娼家にまつわる物語なのだ。

モーパッサンは好んで花街を訪れたようだ。そして、この世界を題材として名作『脂肪の塊』も『メゾン テリエ』も生まれた。

わが邦の作家・永井荷風がフランスに遊んだとき、彼の地のラビリント、斜狭のちまたをさまよいながらモーパッサンを思ったのは当然といえよう。

異るようではある。

モーパッサン自身による説明を聞いてみよう。

マダムはルール県の相当な農家の出であるが、この商売を、婦人裁縫師か肌着屋にでもなるのと全く同じ気持で引受けたのである。売淫というものを恥辱と考える、都会ではあんなに烈しく根強い偏見は、ノルマンディー地方の片《かた》田舎《いなか》には存在しなかった。

「メゾン テリエ」の内部。なるほど、この時代はまだランプか。接客のマドモアゼルたちはさほどの“上玉”ではなさそうに描かれている。

というのだ。だからこそ、

百姓たちは「悪くない商売だ」と言う。そして彼らは自分の子供を女学校の寄宿舎の監督にでもやるように、女たちのハレムの経営に送るのである。

そんな女主人と、そこに送り込まれてきた娼婦（五人）たちが「メゾン テリエ」の構成メンバー。

まずはマダムの風貌。これが、前回の『脂肪の塊』の女主人公・愛称ブール・ド・シュイフとかなり似かよったところがあって面白い。モーパッサンの好みのタイプなのではないかな、と〝邪推〟したい。

ともかく、その描写。

彼女は大柄で、肉づきがよく、愛嬌がよかった。肌の色は、いつも窓を締め切った薄暗い家のなかにいるために蒼《あお》ざめてはいたが、油ワニスを掛けたように光っていた。絨毛《わたげ》や髱《かもじ》、縮れ毛などを細く編んで添え毛にしたのが彼女の額を取巻いていて、成熟した身体《からだ》には不似合いな娘じみた顔つきにしていた。

　そして彼女の性質は「いつ見ても屈託がなく」「進んで冗談の一つも言う質《たち》」だが「どことなく慎み深い様子も有《あ》り「要するに彼女は高雅な心を」もっている女性であった。

　そんな彼女だからだろう、このマダムはメゾンの中の女性たちの誰からも信頼され、慕われている。

　さて、そんなメゾン テリエ、どのような店で、客筋は、というと——

　人々は毎晩十一時ごろになると、カフエーへでも行くようにあっさりとそこへ出かけた。

　六人から八人までの人々がそこで落合うのだが、いつも同じ顔ぶれで、それも道楽者というのではなく、身分のある人々、商人、町の若い衆といった連中だった。

窓にハート印のある館が「メゾン テリエ」でしょう。その前に水兵らしき男達が集ってきている。この作品の挿画はロベール・ボンフィス。

いい感じじゃないですか、この娼家。すっかり、この町に溶け込んでいる。こんな館が神楽坂か神保町にでもあったら、この連中の仲間に加わりたい気もする。

ところが、ある夜、このメゾン テリエの灯が消えている。

ここから物語は動き始める。たまたま立ち寄ったフランスとイギリスの水兵たちの行動。また、館の扉が閉じられていることに動揺する常連客の面々。

メゾン テリエはなぜ休業したのか。

マダムの故郷に帰る列車での情景。チェックのスーツを着た男が両手で広げているのはガーターだ。車内で何が起きているのか。

じつは、これも『脂肪の塊』との共通点がある。彼女たちはうちそろって「ツアー」に出たのである。

マダムの故郷への帰還。目的は、マダムの弟の娘が十三歳になり、最初の「聖体拝領」が行われるのに立ち合うためである。

厳粛であるべき聖体拝領と、華やか、にぎやかな娼婦たちの一団の取り合わせ——モーパッサンにとってこの設定は、腕の見せどころとなる。

『メゾン テリエ』は『脂肪の塊』直後に作品のインスピレーションを得たという。訳者・河盛好蔵の解説を見てみよう。ここには興味深いエピソードが、いくつか紹介されている。

まず、この『メゾン テリエ』は一八八一（明治十四）年の発表時、イヴァン・トゥルゲネフに「深き愛情と高き讃仰の意をこめて」——という言葉で献げられた。トゥルゲネフとはもちろんツルゲーネフのこと。

ツルゲーネフは『メゾン テリエ』執筆中のモーパッサンにいろいろアドバイスもしていたようである。面白いですねえ、ツルゲーネフという人物も。

彼は、この『メゾン テリエ』を、このときすでに大作家の名声を得ていたトルストイに読ませ、これがきっかけとなってトルストイは『モーパッサン論』を書くことになった、という。

トルストイの『モーパッサン論』――「絵のある」岩波文庫のおかげで『脂肪の塊』と『メゾン テリエ』を読み、その後、これも「絵のある」岩波文庫、高山鉄男編訳『**モーパッサン短篇選**』を入手した私は、がぜん、この文章も読んでみたくなった。

しかし、どうやら岩波文庫のトルストイの作品群には収録されていないようだ。とりあえず『文学論集』を入手して、この中の「モ《ママ》パッサン著作集の序」にあたってみよう。

この『文学論集』もなかなか面白そうで、岩波文庫解説総目録に、こんなコピーが付されていた。

ある日、トルストイはチェーホフにこんなことを言ったという。「君はなかなかいい人間で僕も君は好きだ。君も知っているとおり、僕にはシェイクスピアは我慢できない。それでもあの人の戯曲は君のよりはましだ」――と。

いいですねえ、チェーホフに対する、このトルス

『モーパッサン短篇選』(高山鉄男 編訳「初雪」本文中挿画)。「女は左手を口もとに持っていった。まるで、胸を引き裂いてやまないしつこい咳をしずめようとするかのように」(本文より)

トイの批評、というか毒舌。まるで北の富士親方が雅山かなにかの相撲を評している雰囲気で。

閑話休題。モーパッサンの周辺の主な作家の生歿年をチェックしてみた。これによって当時の文壇における作家の立ち位置がうかがわれる。年長順に行く。

ツルゲーネフ（一八一八〜八三）
フローベル（一八二一〜八〇）
トルストイ（一八二八〜一九一〇）
モーパッサン（一八五〇〜九三）
チェーホフ（一八六〇〜一九〇四）

なるほど、トルストイとチェーホフは三十二歳の年の差がある。これではキツイことを言われても仕方がないか。

この中ではツルゲーネフが最長老で、このロシアの作家はすでに記したように、トルストイにモーパッサンの作品を推奨し、また、ゾラをも支援している。

つまりツルゲーネフは、当時の、ロシア文学とフランス文学の橋渡しに力を尽くしている。

そうか、ではモーパッサンに引き続いて、ツルゲーネフを読んでみるか。もちろん「絵のある」岩波文庫で。

えっ？　ツルゲーネフで「絵のある」文庫があったっけ？　総目録をチェックしてみる。『猟人日記《りょうじん》』他岩波文庫からツルゲーネフの作品はこれまで十二冊刊行されているが、「挿画挿入」の記述のある本は一冊もない。

でも、じつはあるんですね。やっぱり、実物を一冊一冊手に取り、自分でページをめくってみなければわからない。

次回は、そのツルゲーネフ作品プラスαにふれてみよう。緑陰の読書にふさわしいかも。

◎ツルゲーネフ（神西清《じんざいきよし》 池田健太郎 訳）『散文詩』

ツルゲーネフの晩年の断章『散文詩』を飾るナイーブな挿画

岩波文庫の編集部は、他の出版社の文庫編集部と比較して、挿画、イラストレーションへの意識が、かなり高いように思える。

文庫の目録で、画文集や著名な画家の挿画以外でも、イラストレーションにクレジットが入るのは岩波文庫が圧倒的に多い。ということは、「絵のある」岩波文庫の収集は、目録をチェックすれば、かなりの部分はカバーできることになる。

「絵のある」中公文庫や、ちくま文庫をさがし集めるよりは楽といえる（かもしれない）。が、しかし……。目録に「挿し絵」ありの記述がない「絵のある」本も多い。

だから「絵のある」文庫を、より広く、より深く楽しもうとするのならば、基本姿勢はただ一つ。なるべく多くの文庫を実際に手に取り、ページを繰ってゆくしかないのだ。

（まさか、この作家のこの文庫に）と思って手にした本に挿し絵が入っていたときの喜び、そしてその挿画が好もしいものであったときの胸のときめき――「絵のある」文庫道楽、至福の一瞬である。

さて、今回は、ツルゲーネフの「絵のある」岩波文庫。その本とは『**散文詩**』。（初版は一九五八年、私の手にしているのは一九九四年二十二刷)。

この『散文詩』、岩波文庫の目録には「挿画入」の記述はない。目次や解説のどこにも挿画家の名も見えない。しかし、原本に付されていた挿画を転用したのだろうか。小さな、カット風のイラストレーションが添えられている。細密なペン画か銅版画のようなタッチで、素朴でエスプリに富んでいる。

『散文詩』は、最初は「SENILIA」(老いたる言葉)と名づけられていたという。ツルゲーネフ晩年の断章である。そして、寄稿された原稿に付された書簡には

『読者よ、この散文詩を、ひと息には読み給うな。ひと息に読めば、おそらくは退屈して、この書はむなしく君の手を落ちよう。今日はこれ、明日はあれと、気の向くままに読み給え。そのとき、なかのいずれかは、ふと君の心に触れるかもしれぬ。……』(訳者・池田健太郎による「解説」より)。

と、いうことで、私もツルゲーネフさんの言いつけを守って、一気に通読することなくページを開き、この「老いたる言葉」を拾い読みし、また、それに付されたカットを一つ一つ楽しんでいった。

「満足した人」というタイトル。

都大路《みやこおおじ》を、まだ若いひとりの男が、ぴょんぴょん飛びはねながら駈けていく。(中略)何があったのか? 遺産でもころげこんだのか。位《くらい》があがったのか。あいびきに駈けつけるところか。

その若い男の喜色の理由は?

彼は友だちの悪口を考えだしたのだ。

という。そして、この皮肉なエピソードは、こう結ばれる。

ああ、いまこの前途有為なかわいい男は、なんと満ちたりた気持だろう、なんと善良でさえあることか!

「東方の伝説」という話も興味ぶかい話だ。バクダッドの都の若者の成功譚。

よぼよぼの老人を追いはぎから守ったこの若者は、老人から招かれ、三つのりんごが実る木の下に立つ。老人は言う。

「あの実のうち、すきな一つをもぐがいい。白いのをもいで食べれば、――世にならびない賢人になる。赤いのをもいで食べれば、――ユダヤ人ロスチャイルドにおとらぬ金持になる。黄いろいのをもいで食べれば、――年よりの女に気に入られるようになる。どれなりと選ぶがいい！……ただ早く決めねばならぬ！　一時間も

「満足した人」の挿画。都大路の往来風景の中央に、ステッキを手にした人物の姿が見える。この男がエピソードの主人公だろう。

「東方の伝説」の挿画。スケッチしたような丘や樹々の描写が独特である。舞台はバグダッド。

すれば、あの実はしなび、この木は声なき大地の底に沈む！」

さて若者は、どの実を選んだのだろう。

若者が選んだのは、「年よりの女に気に入られる実」だった。この選択に対して、老人は言う。

「おお、賢い若者よ！　お前は一番いいのを選んだ！（後略）」

なぜだ？　その理由は？　「東方の伝説」に当たられたし。

「新聞記者」もなかなか面白い。

二人の友達がお茶を飲んでいると、往来で騒ぎが起きる。

友達のひとりが窓から首を出して様子を見る。誰かが殴られているようで、野次馬の笑い声も聞こえる。

もうひとりの友達が、殴られている人物に同情し、助太刀しようと、殴られているのは誰だ、と問う。矢つぎばやに問いただすと

「……殴られているのは新聞記者だよ。」

という返答。それを聞いた、その友人、

「新聞記者だって？　じゃ、まあ、お茶を飲んでからにしよう。」

で、この話は終わる。VI.1878の日付がある。当時の「新聞記者」がどういう存在であったか、世間からどう思われていたか、がうかがえる。

タイトルの「わたしの」に傍点がふってあるのには意味がある。

「わたしの木《こ》だち」。

「大学時代の友だちから、領地へ遊びに来」たれと来信がある。「この男は貴族で、また富裕な地主でもあった」。

この友人は、重い病気で「盲になったうえに中風で歩行もままならぬ」。

たずね来て本人に会うと「やせこけた体を小さな

手押車に乗せ、豪勢なお仕着せ姿のふたりの従僕に押させていた」、そして

「ようこそ来て下さった」と、彼は墓の底から吹くような声で言った。「わたしの先祖代々の土地に、わたしの千年の木だちの下に！」（中略）

この友人の言葉に対し、

わたしは心につぶやいた。「聞いたか、千古の巨人よ。死にかけたうじ虫が、お前の根もとを這いまわって、お前を自分の木と呼ぶのを！」

これに続く一節で、この文は終わる。

そのとき風がわたって、大樹のしげった葉並がさらさらと鳴った。……その音はなんとなく、かしの老木がわたしの考えや病人の自賛に、やさしく、静かに笑い返したように思われた。

老いた貴族の傲漫も、それに反応し批難する「わたし」をも、この大きな樫の古木の葉のそよぎは「やさしく、静かに笑い返したように思われた」というのだから、この古木に本当に救われたのは、当然「わたし」だろう。

このような断章を世に残したツルゲーネフといえば、一般読者に親しまれているのは岩波文庫・二葉《ふたば》

「わたしの木だち」の挿画。この画家は控えめながら、かなり文に忠実に描いている。

亭《てい》四迷《しめい》訳による『あひゞき・片恋・奇遇他一篇』だろう。

『散文詩』を読んだ後、「リクエスト復刊」になる、この文庫を再読した。以前、気合いを入れて読んだのは、国木田独歩の『武蔵野』と併読したときである。

「あひゞき」の本文（明治二十一年訳）は、次のような一節から始まる。

　秋九月中旬といふころ、一日自分がさる樺の林の中に座してゐたことが有ッた。

この後に続く雑木林の記述が、「明治の青春」と「武蔵野の発見」に大きな影響を与えたと知ったためにである。

この文庫の「解説」はツルゲーネフ『散文詩』を最初に訳した神西清《じんざいきよし》。付録として、明治二十九年に改稿された「あひゞき」も掲載されている。

ツルゲーネフの青春、明治の青春『あひゞき・片恋・奇遇』、そして晩年の『散文詩』、この『散文詩』に、こんな一文がある。「さかずき」と題する。

　おかしなことだ。……。わたしは自分におどろく。

　わたしの悲哀はいつわりではない。生きることが心《しん》からつらく、胸は悲哀にとざされて喜びひとつない。それでいてわたしは、つとめて気持をきららかに装う。人物の像や比喩を探し求める。文章を彫琢《ちょうたく》し、言葉の響きと調和に浮身をやつす。

　わたしは彫物師だ、金細工師だ。みずから毒を盛るはずの黄金のさかずきを、一心にかたどり、きざみ、あらゆる飾りをほどこしているのだ。

この暑かった夏もさすがに衰え、秋の気配が迫ってきた。秋の雑木林にひとり座すのは青春だけの特権だろうか。

Chapter III

柿の種
寺田寅彦著
アンデルセン童話集
小出楢重随筆集
影をなくした男
岩波文庫
鏑木清方随筆集
明治の東京
ナンセンスの絵本
ウィーン世紀末文学選
新編 百花譜百選
サロメ
モーパッサン
十日間世界一周
ドン・キホーテ
前篇（一）
劉生日記
岸田劉生随筆集
地底旅行
ハックルベリー・フィンの冒険
上
ボズのスケッチ
短篇小説篇（上）
SKETCHES BY BOZ
山と渓谷
河鍋暁斎
多情多恨
尾崎紅葉作
白
鯨
上
河鍋暁斎戯画集
パンチ素描集
カフカ短篇集
続ビゴー日本素描集
にんじん
近代日本漫画百選
新編
近代美人伝
（上）

◎正岡子規『仰臥漫録《ぎようがまんろく》』（その①）

余命一年という死の床にあって迫真の俳文俳画日記に感動！

前回はツルゲーネフの『**散文詩**』を取り上げた。このとき二葉亭四迷訳の「あひゞき」他の作品も併読した。その中の「片恋」は舞台がライン河の畔である。

（ライン河かあ、それなら今回はヴィクトル・ユーゴーの『**ライン河幻想紀行**』でゆくか）と、ライン河つながりを思いついた。この岩波文庫にも絵が入っている。しかも、ユーゴー自身の〝幻想的〟デッサンがふんだんに収められている。知ってました？

で、読みはじめたのだが、数日前、事務所に向かう電車の窓から、ボーッと外を見ていたら、通り過ぎてゆく風景の視界に、ときおり赤色がパッパッと飛び込んでてくる。

ン？　なんだ、あの赤は？

もしや……と思って、気をつけて外を見ていると、やっぱりそうだった。彼岸花《ひがんばな》。またの名を曼珠《まんじゅ》沙華《しやげ》。土手の斜面にスウーッと茎を伸ばし、その上に、狂気じみた炎のような赤い花をつけている。

なるほど、お彼岸の頃に咲くから彼岸花。あるいは、「此《こ》の世」に咲きながら「彼《か》の世」の気配があるからか――彼岸花。

そんなことを考えていたら、またしても気が変わった。ユーゴーはまた別の機会に、と思ってしまった。『仰臥漫録』でゆく。もちろん、正岡子規。『曼珠沙華』という小説作品もある（妙な符合だが子規にはユーゴーの『レ・ミゼラブル』の抄訳もあると聞く）が、寄り道はしない。

『仰臥漫録』、この「絵のある」岩波文庫は何度も手に取った。本文二百ページたらずの、小冊子ともいっていい薄い文庫本。ご存知の読者も多いと思いますが、この『仰臥漫録』がスゴイですね。

死に瀕した業病の床にあって子規という人間のケタはずれの精神の元気旺盛？　ぶりに、圧倒されるのだ。

子規は明治三十五年九月十九日、カリエスのため全身穴だらけ、膿《うみ》にまみれて絶命する。

『仰臥漫録』の書き出しは、その、ほぼ一年前。

明治卅四年九月二日　雨　蒸暑《むしあつし》
庭前の景は棚《たな》に取付《とりつい》てぶら下りたるもの夕顔二、三本瓢《ふくべ》二、三本糸瓜《へちま》四、五本夕顔とも瓢ともつかぬ巾着形《きんちやくがた》の者四つ五つ　女郎花《おみなえし》真盛《まつさかり》　鶏頭《けいとう》尺より尺四、五寸のもの二十本許《ばかり》

とあって、糸瓜や「夕顔とも瓢ともつかぬ」ものと、女郎花の素描が添えられている。

子規の字は一種の達筆だろう。私は、荷風の書よ

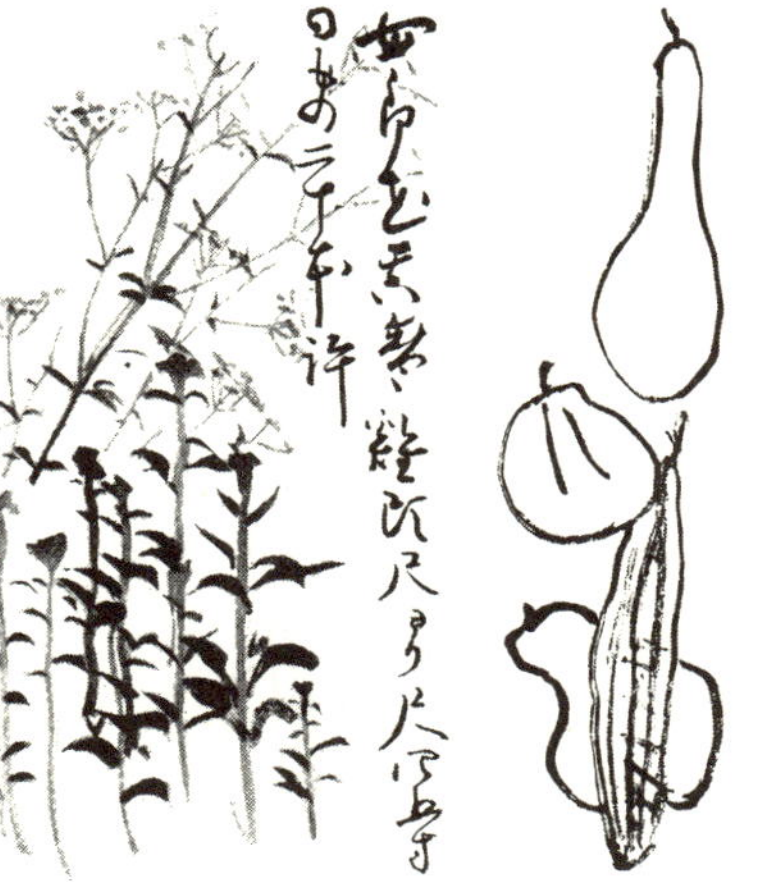

『仰臥漫録』書き出しの明治34年9月2日の日記に添えられたデッサン2点。

りも好きだ。書の専門家に聞いてみたいけど——比較すべきものではないかもしれないが。

そして、子規の絵。

起き伏しもままならぬほどの状態で描かれる絵は、ほとんどが、まるで一筆書きのようなデッサン。稚拙な子供の絵のようにも見えるものがある。

しかし、この描線を、じっと見ていると、なにかギリギリの線、子規の見た、生命をそのまま線に写し取ったような——それこそ、一瞬の「写生」そのもののように思えてくる。

子規の句や歌の根幹をなすのは「写生」である。これは、中村不折《ふせつ》、下村為山《いざん》、浅井忠《ちゅう》といった画家を友人にもったことにより触発、形成された理念だろう。

子規の「画心《えごころ》」は半端なものではない。

そんな子規による画文と句による、しかも自らの死を凝視した日記が『仰臥漫録』なのだ。

明治34年9月13日、朝顔を描く。原画には淡彩がほどこされている。

目をおおいたくなるような悲惨な病苦や呪詛がつづられる一方、この恐るべき句作の量、また信じがたい食事の量、そして所々に書きとめられる巧まざるユーモア。

見てみよう。

九月十六日　晴　ひややひやする
（中略）
大坂では鰻の丼《どんぶり》を「まむし」といふ由　聞

くもいやな名なり
と「まむし」に注文をつけるが、次がいい。
僕が大坂市長になつたら先《ま》づ一番に布令を出
して「まむし」といふ言葉を禁じてしまう

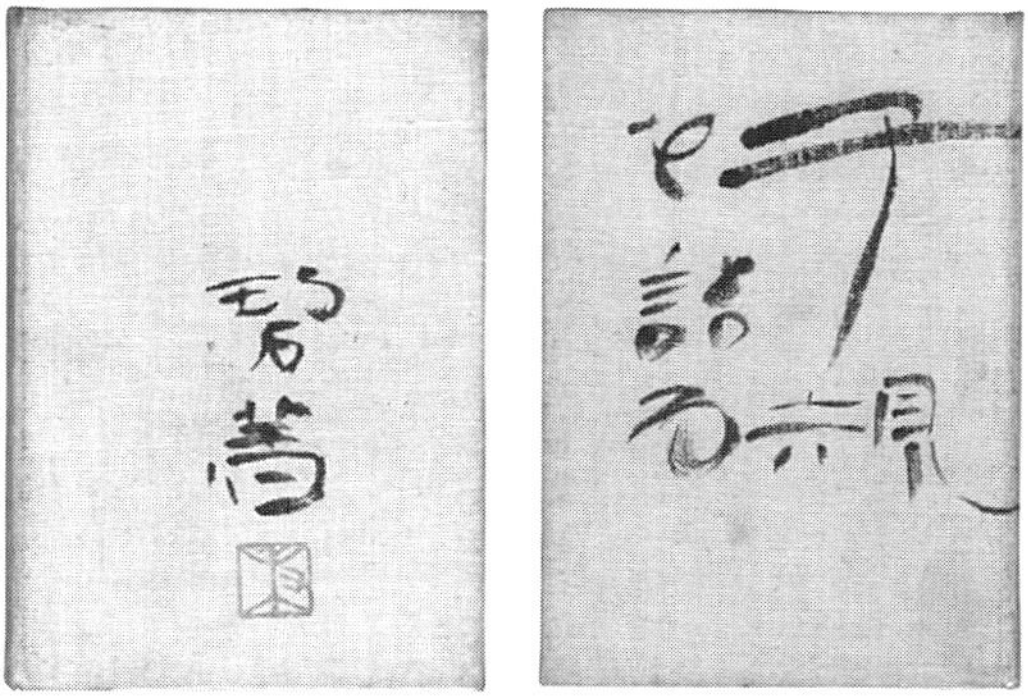

河東碧梧桐『子規を語る』表1と表4。布製、一冊一冊すべて碧梧桐による墨書。気合いが入っている（昭和9年汎文社刊）。この本は、私の仕事仲間で子規をテーマに著作を計画していたIさんに献呈した。

それにしても子規は偉大なる「食い気」の人でもあった。河東碧梧桐《かわひがしへきごとう》に『子規を語る』という一冊がある。昭和九年汎文社刊。

余談ながらこの本の装丁がまたゴッツイ。平背布装の表紙、背の題字のすべて、一冊ずつ、書家としても一家を成した碧梧桐による実筆によるもの（落《らっ》款《かん》入り）なのだ。

さて、この『子規を語る』の中に、碧梧桐が見聞きした子規の、食に対する象徴的なエピソードが紹介されている。「のぼさんと食物」の項。

（「のぼさん」とは子規のこと。子規は本名は常規《つねのり》、幼名は処《とこ》之介《のすけ》、のち升《のぼる》。さらに、子規は別の号を野《の》球《ボール》。野球というプレイを日本でいち早く始めた一人である子規は、碧梧桐や虚子を、句作ではなく野球のチームメイトとして引き入れている）。

本題に戻る。「のぼさんと食物」の文中――

いくら食ふことだけが、一日の樂しみであると言つても、あゝしてよく食べるものだ、と我れ〳〵の健康者をいつでも驚かしたものだ。親子でも鰻でも、丼一つを食ひ残すといふことはなかつた。（中略）
食後には、大抵果物をとつた。柿時分、蜜柑時分、時には林檎、梨など、其の顔を見ないことはなかつた。柿は中でも好物であつたと見えて、樽柿が出はじめる、と午後のお八つにも二つ三つ、いかにも食ひ足りなさうにたべた。

と本人が食欲旺盛なのはそれで結構ではあるが、子規は、人の食欲のありかたにまで口を出す。前の文のややあって後に、

二タ口目には、御馳走論を振りまはして、人間食ひ物を吝むやうでは、何事も出来ない、と一言に喝破してしまつた。財産収入の許す限り、ウンと御馳走を食へ、と誰にでも侑めた。（中略）書いたものが餘り出来がよい方でないと、きまつて、四方太も、もちつと御馳走を食はんといかんなア、と心から歎息したりした。


という。「歎息」するのは勝手だが、された方の気持ちは？　現に四方太《しほうだ》（俳人）は「自分は子規先生よりも、いいものを沢山食べている」と根岸の子規庵まで弁明に出向いた、と記されている。

ノンキといえばノンキな話だ。子規自身、死にかけているというのに。

ノンキといえば、
九月十八日の稿、「晴　寒し　朝寒暖計六十七度」

とあって

午後虚子《きよし》来る　晩飯をくふて帰る　虚子は九段坂上に転居せり　家新《あたら》し　家賃十六円なりと

と書きとめた次の十九日、「家賃くらべ」と題して

虚子《きよし》（九段上）十六円　瓢亭《ひょうてい》（番町）九円　碧《へき》

梧桐《ごどう》（猿楽《さるがく》町）七円五十銭　四方太《しほうだ》（浅嘉《あさか》町）
五円十五銭　鼠骨豹軒《そこつひょうけん》同居（上野涼泉院）二円
五十銭

などと弟子たちの家賃を列記している。これは多分、虚子の新居の家賃、十六円に衝撃を受けて「家賃くらべ」をする気になったのではないか。

ちなみに子規はそれから一カ月ほど後の十月二十五日、「考へた末終《つい》に虚子より二十円借ることとなり已に現金十一円請取りたり」とある。

しかも続けて

「これは借銭と申しても返すあてもなく死後誰か返してくれるだろー位のことなり」

なんて言っているけど、いいんですかあ。

さらに次の十月二十六日、「午後麓《ふもと》来る。手土産雞肉たたき。外に古渡更紗《こわたりサラサ》の財布に金二円入れて来る。約束なれば受取る。」

この、人から借金をする子規の態度、堂々たるものだ。

ちなみに、虚子の二十円という金額や麓の二円、手元の朝日新聞社刊『明治・大正・昭和　値段の風俗史』に当たってみると、同時の二十円は「小学教員の初任給」（十円〜十三円）の約二カ月分。

二円は、野球普及者・子規のグローブ代（二円〜二円三十銭）に相当する額であった。

「病牀所見」と題する画と三句。

◎正岡子規『仰臥漫録』（その②）

あれだけ「自然界を見たがった」子規ならではの写生画

前回に続いて、正岡子規の『仰臥漫録』と、その周辺をたどってみよう。

積み上げている本の中、俳句関連の山を崩してチェックすると、ぼんやりと記憶にあった、明治期に出版された子規の随筆集が出てきた。

探す本がスンナリ見つかると、ホッとする。嬉しい。手に取る。買ってはおいたが、ちゃんと読んだ形跡がない。裏見返しを開くと書店ラベルが貼ってあり、¥８００という値がハンコで押されている。

古書会館ででも入手したのだろう。奥付を見る。明治三十五年十二月五日発行。この版は明治四十年八月十日五版発行となっている。

初版の明治三十五年十二月五日といえば、子規が亡くなってから三カ月もたってないではないか！（子規は九月十九日に永眠）。

比較的保存がよいのと、明治期の発行、そして八百円という値段で、（今すぐ読まなくたっていいや、とにかく、買っておこう）と思ったのだろう。

この本の正式なタイトルを記してなかった。『日本叢書 子規随筆 續編』（発行所・吉川弘文館）。

目次には、「松蘿玉液《しょうらぎょくえき》」「文界八つあたり」「養病雑記」「従軍記事」「歌よみに与ふる書」といった項目が並ぶ。そうそう、こうして久しぶりに手にしてわかったのだが、この本を買おうと思ったのは、文中に子規の友人でもあった洋画家・中村不折の挿画が、ふんだんに入っていたからにちがいない。

明治末の本が、よくぞ残って、しかも八百円。

前回もふれたが、子規の句作の姿勢、思想である「写生」は明治期に輸入された洋画のリアリズムの影響を受けている。

『子規随筆 續編』に収録されている本文とは直接関係はない、中村不折による挿画。貼り交ぜ絵風に亀戸天神や人物情景が描かれている。

知人が自ら作った蛙を子規は面白がって？　描いている。

子規は、明治の洋画界、挿画界を牽引した浅井忠やこの中村不折と、親友といってよい間柄だった。ちなみに中村不折は、子規と生涯を通じて親交深かった漱石の『吾輩は猫である』の挿画も担当している。

もう一つ、ついでに、台東区根岸の子規庵のはす向いには、画家であると同時に、書家であり、また書のコレクターでもあった不折の「書道博物館」がある。子規と不折、死して今日もなお、語り合うがごとく向い合っている。

さて、この『子規随筆 續編』には、当時の出版物の通例だが、巻末付録的な扱いで前著の新聞紙上での書評が掲載されている。
その書評をちょっとのぞいてみよう。
まず「萬朝報《よろずちょうほう》」。

　近日、人の死を深く惜むべきもの、歐羅巴にゾラの死あり、日本に子規の死あり。（中略）予子規の死を聞きて心を動かすこと殊に深く、為に一文を草せんと欲して其機を得ざりしが、昨「子規随筆」一巻を得て之を讀み又今更の感に堪へざるものあり。（中略）「子規随筆」は主として「墨汁一滴」と「病牀六尺」とより成れり。二篇共に病中の日課にして、曾て「日本」に載せられたるものなり。

もう一つ「読売新聞」。

　近頃出る書物は表紙を見たばかりで胸が悪くなるやうなものが多くて、兎に角披いて見やうと思ふ程のものは實に尠い、試に披いて讀んで覺えず坐を正して更に初めから讀みかへさうと思う程の書物は特に尠い、今度出た「子規随筆」は「日本」に出た時に一字殘さず讀んだもので書いてある事は皆な記憶して居るが、偖《さて》一冊の書物となつて出ると、また始めから終りまで一字殘さず続みつくした（以下略）

ここでは、書評の質に言及するのは控える。

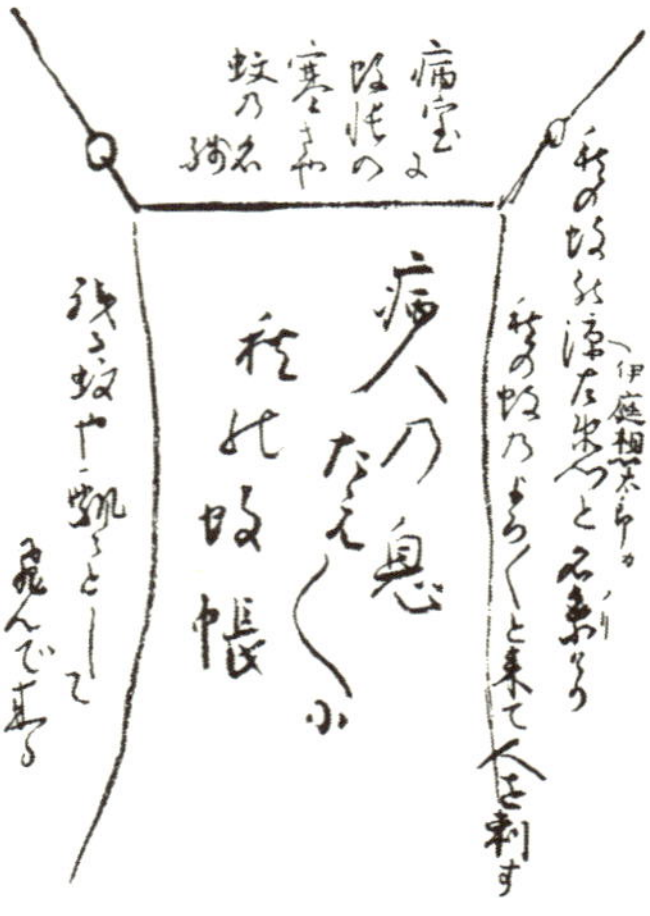

蚊帳をさっと描き、余白に句を書き込んでいる。子規は相当の達筆ではないか。

これらの評によって『子規随筆』正編が、主に『墨汁一滴』と『病牀六尺《びょうしょうろくしゃく》』によって構成されていたことがわかる。

また、評は前出の二紙の他に、「東京日々新聞」「二六新報」「国民新聞」「中央新聞」「日の出新聞」「大阪新報」等々、計三十紙に掲載されていて、死の直後に刊行された、この、『子規随筆』が文芸界で大きな話題になったことが想像できる。

ところで、『子規随筆 正・続』に「松蘿玉液」「墨汁一滴」や「病牀六尺」は収録されているが、なぜ『仰臥漫録』はないのか——といえば、『仰臥漫録』だけは、親しい人にも見せなかったという非公開の手記だったからである（他はすべて、陸羯南《くがかつなん》率いる「日本」に掲載。また以上四冊は岩波文庫に収録）。

その『仰臥漫録』に戻ろう。

もう半年の命といふことにでもなつたら足のだるいときには十分按摩してもらふて食ひたいときには本膳でも何でも望み通りに食はせてもらふて看病人の手もふやして一挙一動悉《ことごと》く傍《そば》より扶《たす》けてもらふて西洋菓子持て来いといふとまだその言葉の反響が消えぬ内西洋菓子が山のように目の前に出る　かん詰持て来いといふと言《げん》下《か》にかん詰の山が出来る　何でも彼でも言ふほどの者が畳の縁《へり》から湧《わ》いて出るといふやうにしてもらふ事が出来るかも知れない（明治三十四

子規庵のヘチマ棚を病の床から見上げて描いた。今日でも根岸の子規庵にはヘチマ棚がある。

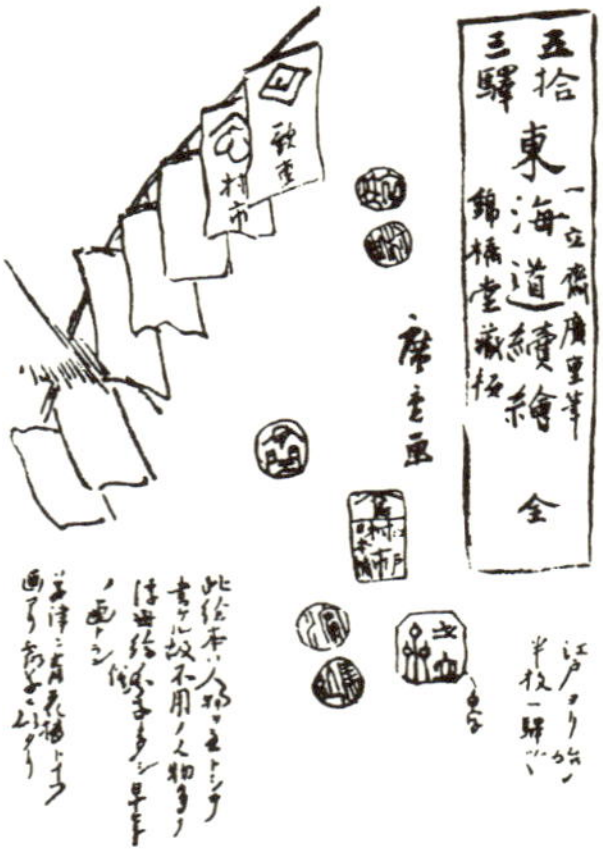

病床の子規のもとに届けられたものだろうか。初代（一立斎）広重の「五拾三駅」「東海道続絵 全」題字部分？ を模写している。

年九月二十九日）

といった冗談とも憎まれ口ともつかぬスナップの効いた文章をつづっている子規だが、その六日後の十月の五日は、

衰弱を覚えしが午後ふと精神激昂《げつこう》夜に入りて俄《にわか》に烈《はげ》しく乱叫乱罵するほどに頭いよいよ苦しく狂せんとして狂する能はず独りもがきて益苦む遂《つい》に陸《くが》翁に来てもらひしに精神やや静まる

という状態となる。ここでの陸翁とは、もちろん先の「日本」の陸羯南。

そして、それから八日後の十月十三日……。

記述は「大雨恐ろしく降る　午後晴」と始まり、献身的介護の妹・律は風呂へ、母は、苦しさに耐えかねた子規の依頼で「四方太《しほうだ》にあてて電信を出」しに出かけた。

さあ静かになつた　この家には余一人となつたのである　余は左向に寐たまま前の硯箱を見ると四、五本の禿筆《ちびふで》一本の験温器の外に二寸ばかりの鈍い小刀《こがたな》と二寸ばかりの千枚通しの錐《きり》とは

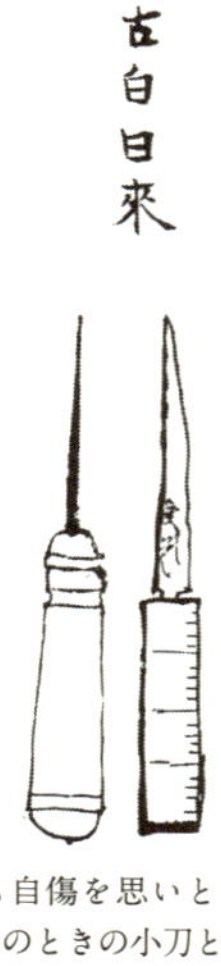

辛くも自傷を思いとどまった、そのときの小刀と錐をスケッチしたもの。

しかも筆の上にあらはれて居る　さなくとも
時々起らうとする自殺熱はむらむらと起つて来
た

とあり、その小刀と錐がスケッチされている。これは後に苦しみが収まってから描いたものだろうか。

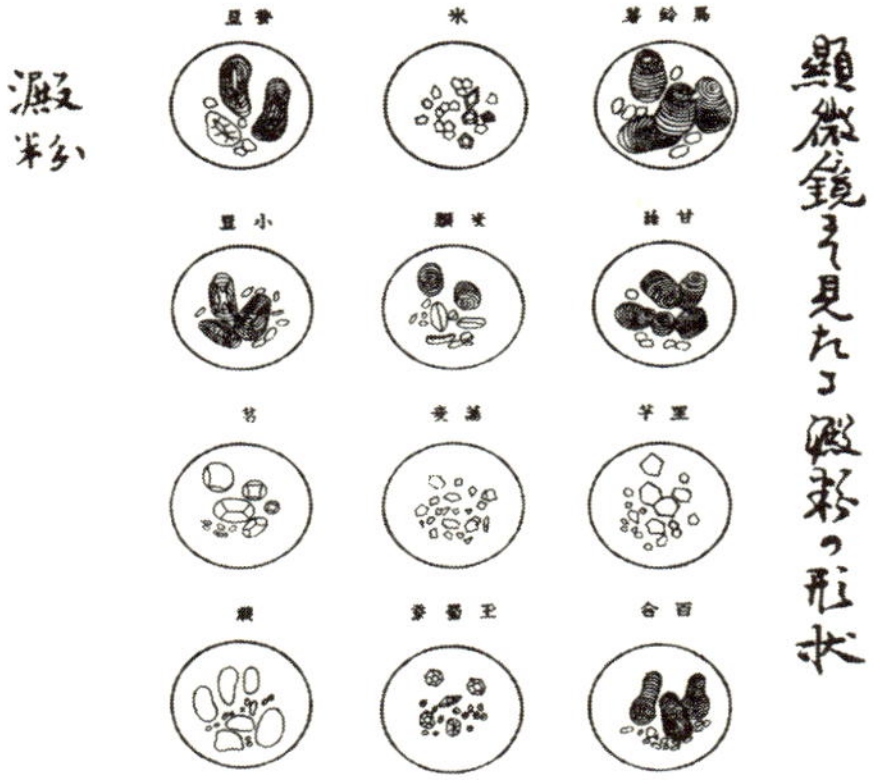

子規による「顕微鏡にて見たる澱粉の形状」。感覚が理科系ですね。それにしても、じっと見ていると胸に来ます。

子規のスケッチは、このような精神状態の中で描かれたものである。岩波文庫『病牀六尺』の巻末、上田三四二《みよじ》による「解説」には「病子規、泣イテ言フ。写生ハ総テ枕ニ頭ヲツケタルマ、ヤル者ト思ヘ。写生ハ多クモルヒネヲ飲ミテ後ヤル者ト思ヘ。」という画帖に書き込まれた子規の言葉が紹介されている。

ギリギリの精神状況の中での「写生」なのだ。「子規、泣イテ言フ」が胸を打つ。

岩波文庫『仰臥漫録』に掲載されている最後の絵は、「顕微鏡にて見たる澱粉の形状」である。

知識欲、好奇心旺盛で、あれだけ「自然界の実相を見たがった人」にふさわしいページ構成といえるかもしれない。

しばらく、この「澱粉の形状」をみつめていよう。

◎永井荷風《かふう》（磯田光一 編）『摘録 断腸亭日乗《だんちょうていにちじょう》』（上・下）

『断腸亭日乗』のスケッチに「好奇心の人荷風」を見た

正岡子規の**『仰臥漫録』**と、その文中の子規による病床写生画を取り上げた流れで、明治以後の文人の「絵のある」岩波文庫を開いてみたい。

誰にするか。子規の親友、漱石の岩波文庫には、残念ながら絵が入っていない。谷崎潤一郎には**『幼少時代』**があり、鏑木清方が挿画を描いているが、すでに触れた。

谷崎かぁ、と思ったら、その谷崎〝発見者〟永井荷風を思いついた。荷風の岩波文庫に「絵のある」ものがあります。今回は磯田光一編**『摘録 断腸亭日乗』**を取り上げる（上・下巻、以下単に『断腸亭日乗』とする）。

荷風について語るとき、『断腸亭日乗』に触れずにすますことは、まず困難ともいえるだろうが、しかし『断腸亭日乗』の中に散見する荷風自身による挿画について、〝意識的〟に言及したものに私は接したことがない。

もちろん、それらの作品（といえるかどうか）は作家・荷風の、日記に添えられた〝覚え〟であり、極めて簡略な素描だから、美術評論の対象になるようなものではないだろう。

しかし、筆跡を見ればある程度、その人の気質といったものが推測できるように、描かれた絵によって、その人物の内面をうかがうこともできるのではないだろうか。

どんな線で、どんな絵を描いているか。

先の子規や漱石は、よく絵筆を取っているが、幼いころ、絵ごころのあったとされる谷崎の絵というのは素描すら見た覚えがない（色紙はある。例の、よく知られる「我といふ人の心はたゞひとりわれより外に知る人はなし」と書かれている）。

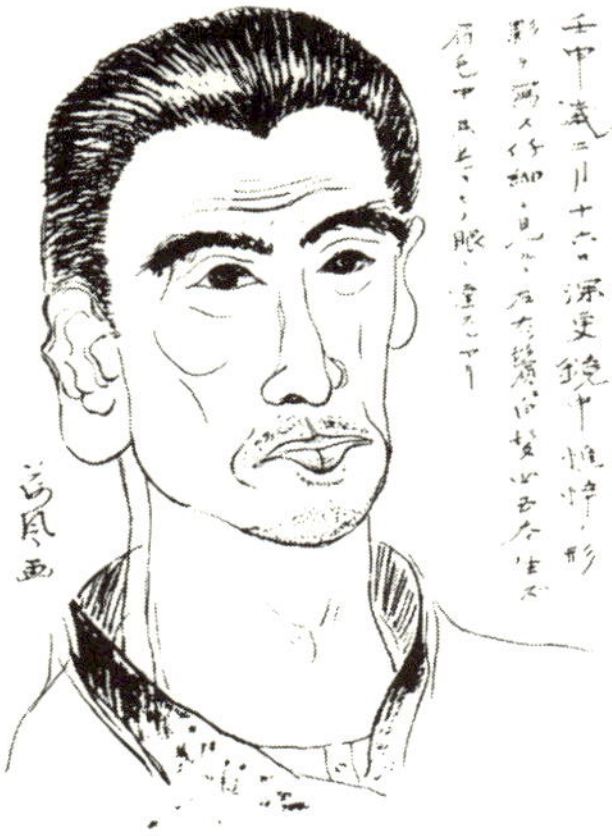
〔コノ絵，二月廿一日ノ記事中ニアリ〕

自画像はおもしろい。この荷風、どの彼の写真にも似てない。

さて、荷風の絵について。

岩波文庫版『断腸亭日乗』、最初に出てくる挿画は、荷風の「自画像」である。

「コノ絵、二月廿一日ノ記事中ニアリ」とキャプションが付けられているが、画中に荷風による書き込みがある。小さな字なので文庫本に顔を寄せて読み取ってみる。

「壬申歳二月十六日深更鏡中憔悴ノ形影ヲ寫ス仔細ニ見ルニ左右鬢ニ白髪四五本生ズ眉毛中其長キモノ眼ニ達スルアリ」

その、昭和七（一九三二）年「二月廿一日」の日乗（日記）を見てみよう。


　二月廿一日。晴。北風吹きて寒し。午前大石国手《こくしゅ》来り、始て病を診察す。身体衰弱し活力殆《ほとんど》消磨したる状態なり。今のところ別に病症なし、滋養物を食ふより外施すべき道なし、暫く中洲病院に入院せらるべしとてネルボスタンという薬を注射して帰られたり。この日衆議院選挙当日にて午後より号外売の声頻《しきり》なり。

蛇足ながら「大石国手《こくしゅ》」の「国手」とは、名医のこと。診察にあたった医師を敬してのこと。

ところで、この日の十一日前の二月十日の記述に、

二月十日。雪やみしが空はれず、咳嗽《がいそう》悪寒《おかん》甚しく頭痛また堪がたきほどなり。

とある。荷風先生どうやら風邪をこじらせてしまったようである。

人は、自らの危機を感じると、自分の顔を鏡の中に見つめるのだろうか。このとき荷風が描いた荷風の風貌は、憔悴しきっているはずだが、首太く、むしろ肉体労働者のようにも見える。

ただ、眼の光りは妙に優しく（力なく？）弱っているといえば弱っているようにも見える。また目に届くまでに伸びた眉毛をリアルに描いたのは、禅画的気分の影響か、あるいは自然主義的現実凝視の表れか。

この年の十月十二日、すでに、すっかり体調を戻した荷風は銀座「ラインゴルド酒場の女給風俗」を描いている。

まるで小学生が一生懸命写生したような稚拙な絵だ。二人の女給が描かれているが、髪はオカッパ（というより当時の言葉でいえば断髪か）で、顔の表情は二人とも悲しげな人形のよう。しかし、荷風の服装に対する観察はなかなか細かく、柄やボタンの配

全集の中の『断腸亭日乗』にはラインゴルドの外観も描かれている。

列、また、靴のデザイン等をきちんと描いている。日乗を見てみよう。

　十月十二日。夜ラインゴルドに夕飯を食す。この店の主人はかつて青嶋《チンタオ》に移住しゐたる独逸人にて今は日本の女を妻とし子供二、三人もありといふ。女給十四、五名あり。皆独逸の名をつけたり。酒価日本人のカッフェーに比すれば、遥にやすく女給も案外おとなしく祝儀を貪《むさぼ》らず、銀座辺にては今のところ最《もつとも》居心地好《よ》き店なるべし。（中略）この夜旧暦九月十三夜にて月色清奇なり。二年前まで数年の間お歌が家の二階にて夜ふくるまで月見しことなど思出して悵然《ちようぜん》たり。お歌九月のはじめに訪来りてよりその後杳然《ようぜん》としてたよりなし。いかがせしや。

とラインゴルドの女給さんをスケッチ後に、かつての愛人・関根歌と見た月の夜を思い出している。

このとき荷風さん、五十四歳。

少し先に進む。昭和十一年四月十九日「玉《たま》の井《い》見物の記」と題された一文がある。

　初て玉の井の路地を歩みたりしは、昭和七年の正月堀切四木《ほりきりよつぎ》の放水路堤防を歩みし帰り道なり。その時には道不案内にてどの辺が一部やら二部やら方角更にわからざりしが、先月来しばしば散歩し備忘のため畧図《りやくず》をつくり置きたり。（後略）

とある。そして、文庫の次のページには、玉の井の地図と、かなり細かい文字の書き込みがあるが、この図はここに転載しても無理だろう（興味ある人は岩波文庫に当って下さい）。

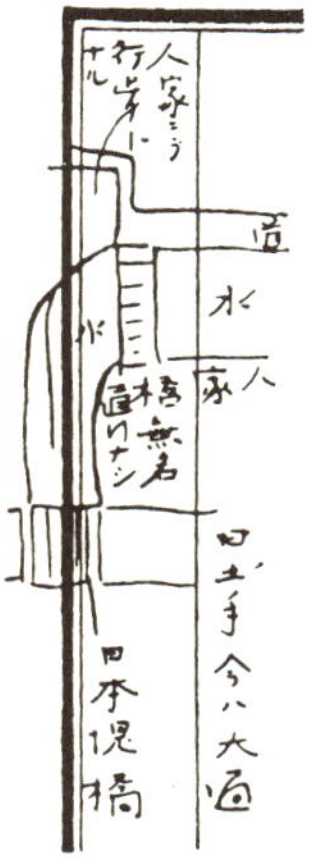

荷風によるスケッチメモ。「旧土手今ハ大通」「日本堤橋」といった文字が読める。

この「玉の井見物の記」のほぼ五カ月後（九月二十一日）から『濹東綺譚』は書き出される。この日の日乗に「燈下小説起稿」とある（新聞連載は翌年の四月十六日から）。

岩波文庫『断腸亭日乗』の下巻には二回ほど女性の髪型のスケッチが紹介されている。一つは昭和十五年八月念九（二十九日）の中。二人の女性の横顔と髪型が描かれ文字の書き込みがある。読んでみる。

「ちらし髪に網をかけて包む異形舌びらめの如しリボンにてしばるものもあり」。

もう一カ所は昭和十六年七月十六日。日乗は、

> 七月十六日。陰。数日来市中に野菜果実なく、豆腐もまた品切にて、市民難渋する由。銀座通千疋屋の店頭にはわづかに桃を並べしのみ。牛肉既になしこの次は何がなくなるにや。

と戦時下の物資の窮乏を記している。

で、その日に付された素描の書き込みは、「比頃の流行　太き糸の網をかぶる　網目に南京玉をつけしもあり」「衣服と同じ布を頭に巻くなり」。昭和十八年九月［コノ絵、九月初七ノ前ニアリ］の絵。三人の百姓袴《もんぺ》姿の女性。線はラフだが、なかなか可愛い。

日乗の文。

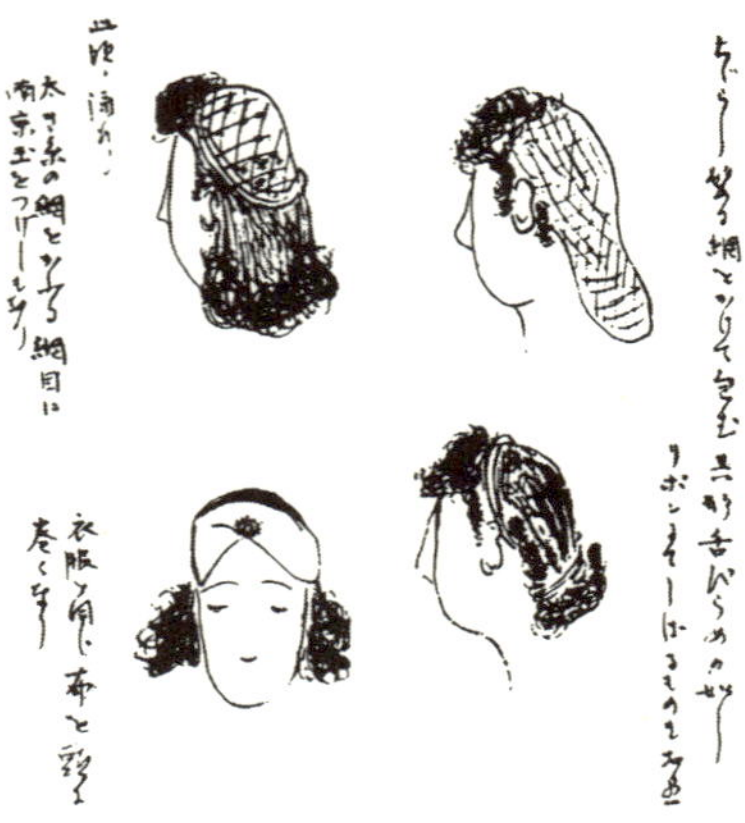

戦時中の髪型をスケッチしている。荷風は女性の風俗に強い関心をもっていたようだ。

もんぺ姿の女性三態。お上からのお触れでは「婦人日本服の袖を短くすべき」とあった由。

八月中にこの後毎月八日には婦女必百姓袴《もんぺ》を
着用すべき由お触《ふれ》あり。

昭和十九年六月二十九日の文中にも戦時下の「省線女駅夫　制服黒地」の絵がある。上手い！　しかも、やはり可愛い！

こうして荷風の、メモがわりの？　素描を見ていると、狭量で、偏屈、偏執、狷介《けんかい》、変質の人とされる彼の、もう一面が見えてくる気がする。

意外？　にも素朴、プリミティブ、優しい心の荷風がそこにいるような。

じつは私、彼の「絵」と「俳句」を中心に、荷風という作家を改めてゆっくり訪ねてみたいと思っている。

ぐんとリアルで線もやわらかくなった素描。“優しい荷風”がうかがわれるのでは？

◎永井荷風『濹東綺譚《ぼくとうきたん》』

現代挿画史に残る不朽の名作　荘八描く『濹東綺譚』

前稿は、岩波文庫、永井荷風の『**摘録 断腸亭日乗**』に収められた荷風自身の手による素描とその周辺を楽しんだ。

荷風つながりとなると、これはもう『**濹東綺譚**』となる。

冬の星座のように並び輝く「絵のある」岩波文庫の中でも、この『濹東綺譚』は、まさに一等星。

私が、今、手にしているのは一九八四年発行、第二十九刷、当時の定価二百五十円（最新刊は税込四百八十三円）。

本は本当に安い。宝物のような本が、居酒屋のビール一杯程度の値段で手にすることができる。

閑話休題。その『濹東綺譚』。パラパラとページをめくると、木村荘八《しょうはち》の挿画が目に入る。すごい！　この、ライブ感はなんなんだ。

もちろん、私は、この時代の〝濹東〟など見たことも歩いたこともない。しかし、荘八描く、玉の井界隈の風景や銘酒屋の外観や部屋をながめていると、その湿っ気や臭いまでもが感じられるのだ。

新聞連載中、人が荷風に、荘八の挿画の見事さを言うと、荷風さん、明らかに不機嫌な表情をしたという。

「去年頃まで京成電車の往復していた線路の跡で、崩れかかった石段の上には取払われた玉の井停車場の跡が雑草に蔽われて、こなたから見ると城址のような趣をなしている」（本文より）

作家が、挿し絵師にライバル心を抱く、というのも、なかなか趣きのあるエピソードではないですか。

木村荘八は、荷風『濹東綺譚』に対し画筆で、荘八『濹東綺譚』の世界を生み出した。

私は〝物ごころつくころ〟から挿し絵に興味を持っていたらしく、本棚の一隅に、挿画に関わる本や雑誌が何冊かある。

その中の一冊、雑誌『大衆文学研究』〔特集・挿絵史の問題点〕（一九六七年一月号、南北社）を手にする。

巻頭は、岩田専太郎、高木健夫、尾崎秀樹《ほつき》の《生きた挿絵史》と題する座談会。次が高木健夫による「木村荘八論」。この荘八論が、ありがたい。ちょっと紹介しよう。

画人としての木村荘八論は、中川一政のものに尽きる。二十二、三才のころから五十年ちかくを同年、同業、同じエコールにあって交遊してきた中川一政の荘八論は、かれの人間を描いてあますところなく、ずばりと画業の全体を評し得て達意の名文である。

なるほど中川一政か。木村荘八については同じ春陽会の画家・倉田三郎による『木村荘八・人と芸術』(昭和五十四年、造形社刊)が知られているが、中川一政の原文にも当たらねば、と記憶に刻む。

戦後の読売新聞・論説委員で『新聞小説史』『東京の季節』などの著書もある挿画史にくわしいジャーナリスト高木健夫は、実際に荘八と交流があった。

わたしの荘八論は、ほんの戦後の二十年にみたない、つまりは、晩年の〝交遊〟のエスキスに過ぎないのだから、辛うじてその横顔の線が出ていれば、それでよしとして頂かなければならぬ。干支でちょうどひとまわり上の、わたしにとっては、年からいっても〝小父さん〟世代の人だったが、そのつきあいはまさに〝交遊〟というほかはいいようのないいい雰囲気であった。「先生」という時よりも「木村さん」と呼ぶ方が多かったし、やっぱり、二人で話をしていると、「先生」よりも「木村さん」であり、「ぼかァ、こう思うんだけど、あんたは……」という口調になってしまう。

うらやましいなあ。木村荘八と実際に会えて「木村さん」と言って話ができた高木健夫と、その時代が。

これは吾妻橋を向島側から浅草側を見た光景を描いたものだろう。とすると右の建物は浅草・松屋デパート。高校卒業まぎわだったか、このあたりで「お兄さん、もう帰るの?」と女性に声をかけられたことがある。

もう少し高木の文章を引用しよう。
かたわらには、わたしが、〝濹東夫人〟と名づけたきぬ夫人がいてこの人がまたじつによく、さながら荘八の意志にリモ・コンされているような動きで客をもてなした。

小説では、お雪は24～5歳ということになっている。荘八描く浴衣姿の彼女からは、すでに母性的な肉感がたちのぼっているように私には見える。惚れましたねお雪さん、この男に。

きぬ夫人について、かれは
「コレがいたから、濹東は出来たようなものだった」と初対面のわたしに向かって、ぬけぬけと目を細めた。
とある。そして、この後に続けて、荘八による画文の随筆『現代風俗帳』(昭和二十七年、東峰書房刊)の中の、『濹東綺譚』の挿画ときぬ夫人にかかわる一節が引用されている。印象的な文章なので荘八ファンならすでに親しいものと思うが改めて紹介しよう。
「私はこの十月四日(昭和二十二年)に連れ合いを亡くしましたが、このバカな文章のついでに、更に一筆、大バカをかき加えることを許して下さい。当時私よりも亦一層彼女はその時の絵の仕事に熱を上げて、多分彼女は、百回以上原稿を読んだことでしょう。そして毎日、昼間の中に玉の井を実地踏査して来て、日くれに僕と連絡しては、第何回の何は何処、何番地はどこの横丁をどう曲って……という報告を取り交します。それによって私は又毎夜、嚢中を探るように、材料の土地を写すことが出来ましたから、この大物との取組も、どうやら失態なしに済んだと思っております。――亡妻があったので、初めて私に出来た仕事であります」

荘八は『濹東綺譚』の仕事に関して、何度か彼の随筆の中で語っているが、昭和三十一年刊の河出新書『随筆 女性三代』でも、

今度の私の場合の『濹東綺譚』は、どうでもファイン・プレー、少なくともフェア・プレーで乗切らないことには、挿繪師の一分《いちぶん》立たぬコンディションに置かれました。あらかじめテキストは初めから終り迄そつくりと揃つて、どうこれに通曉しようとままに、そこに與へられてゐたのですから。云ひかへればこれで多少ともまし、な挿繪ができなければ、繪はやめるに如《し》きません。

と『濹東綺譚』との取り組みの決意を表している。

さらに、

よく友達から「あの挿繪は一々實地へ行くのが厄介だらう」と云はれましたが、前にも云つ

「檀那、そこまで入れてってよ。」といいさま、傘の下に真っ白な首を突ッ込んだ女がある。油の匂《におい》で結《ゆ》ったばかりと知られる大きな潰《つぶし》島田には長目に切った銀糸《ぎんし》をかけている。(本文より)

たやうにそれは一向苦にならないので「やあ……」とそらしながら、お雪はあれでどうだらう、お雪さへよければ、と、始終そのことを思つてゐました。

と語っている。

そのお雪――吉行淳之介が「解説」を寄せている

路地の突き当たりの歯医者に行くお雪。当時の玉の井に、きっと似たような医院があったにちがいない。（挿画部分）

昭和五十四年、飯塚書房刊の『濹東綺譚画譜』と題する一冊がある。

昭和十二年四月十六日付からの朝日新聞連載の切り抜きと、烏有堂からの私家版が収録された本だが、その巻末に荷風が玉の井で撮ったと思われる女性の後ろ姿の写真が掲載されている。

その写真のキャプション代わりに添えられた荷風の短歌は、

「里の名を人のとひなばしらつゆの玉の井深き
そこといはまし」

とある。

そこでまた岩波文庫の『濹東綺譚』を手にする。荘八による夜の街角の挿画に眺め入る。描かれた電線や瓦屋根を見る。

そして驟雨に会い男の傘に入り込む「お雪の浴衣姿」を見る。

そこには幻の街があり、夢の女がいる。

◎木村荘八《しょうはち》（尾崎秀樹《ほつき》 編）『**新編 東京繁昌記**』（その①）

荘八の東京愛がひしひしと伝わる必携の傑作画文集

前回、永井荷風の『**濹東綺譚**』に添えられた木村荘八の挿画にふれるにあたり、本棚の荘八本を何冊か取り出し、手に取った。

講談社から出ている木村荘八全集は、借りている（木造長屋の）本置場の、鏑木清方や安藤鶴夫の全集のすぐ隣り、荷風の『断腸亭日乗』の横に積んであるのだが、戦前、戦中、戦後に出版された荘八本は自室の寝場所の本棚に常時待機させてある。豪華な上製本ではないが愛しい同棲本。

前回の稿も、この書棚の、適当に手に取った本から引用したのだが、灯台もと暗し、引用した文のすべて、他ならぬ、岩波文庫の『**新編 東京繁昌記**』（木村荘八著・尾崎秀樹編）に収録されていた。

ということで、今回は、その『新編 東京繁昌記』で木村荘八の画と文を楽しんでみよう。

そうそう、その前にもう一つ。

前回、高木健夫の「中川一政の荘八論は、かれの人間を描いてあますところなく、ずばりと画業の全体を評し得て達意の名文である」という言葉に接して、私は「中川一政の原文にも当たらねば、と記憶に刻む」と書いたりしたが、「記憶に刻む」どころか、こらえ性がないので、すぐに中川一政の本を求めて古本屋へ向かった。

私の信頼するＹＫ堂にはやはりありました。中央公論社刊『中川一政全文集』全十巻。

しかしなぁ、全集はできたら避けたいんです。フトコロとスペースの問題があって。

（まてよ、中公といえば……中川一政本が三、四冊、中公文庫の中にあったはず。それとちくま文庫からも出ていた）。それを思い出し、心当たりの山をひっくり返す。

すぐに中公文庫四冊と、ちくま文庫一冊を発掘する。その、ちくま文庫『中川一政文選』にありました。「木村荘八傍見」と題する一文。

そして、その文末には（『武蔵野日記』より）とあるではありませんか。『武蔵野日記』——これは探さねばと思い、最近、検索だけマスターしつつあるインターネットで検索する。

拍子抜けするくらいに、すぐに見つかった。昭和九年刊の元本はかなりの値段なので、戦後すぐの昭和二十二年、三島書房刊の「改版」を注文する。千二百円。著者・中川一政による自画自装本でカバー付き。安い。

好きなんですよ、戦中や敗戦後の紙のない時代、粗悪な仙花紙を大切に使いながら、精一杯の本を造ろうとした雰囲気のある本。

それにしてもウカツだったよなぁ。挿し絵に少なからぬ関心を持ち、しかもこの数年「武蔵野本」をポツポツ貯めこんでいる私が、この『武蔵野日記』を、いままで入手していなかったとは。

ともかく目次の一部を紹介したい。

「挿画雑談」「百穂と恒友」「恒友追憶」「整本家」「カット」「武蔵野日記」そして「木村荘八傍見」——。

この本のくわしい内容、とくに「木村荘八傍見」に関しては、岸田劉生のときにでもふれることにしよう。そろそろ本題の荘八『新編 東京繁昌記』に入らねば。

これがまた、なんとも充実した「絵のある」岩波文庫なのだ。

過ぎゆき、消えてゆく、東京の町なみや世態・風俗を絵と文で記録しておこうという、荘八の切々たる東京愛がひしひしと伝わってくる。

まず巻頭の「はしがき」から、もうじつにありがたい。江戸から明治にかけての江戸〜東京「繁昌記本」の概観が示される。

いわく寺門静軒《てらかどせいけん》『江戸繁昌記』、昭和三年東京日日新聞社編『大東京繁昌記』（下町篇・山手篇二巻）、〝異論はあろうが〟とただし書きが入っているが、成島柳北《なるしまりゅうほく》『柳橋新誌《りゅうきょうしんし》』、明治七年服部誠一『東京新繁昌記』、萩原乙彦『東京開化繁昌誌』、高見沢茂『東京開化繁昌記』（の二冊も明治七年刊）、明治三十年金子春夢《しゅんむ》『東京新繁昌記』、明治三十六年伊藤銀月《ぎんげつ》『最新東京繁昌記』、大正七年山口孤剣《こけん》『東都新繁昌記』などなど、そして荘八自身による『東京繁昌記』というわけだ。

また、この「はしがき」には江戸と明治に出版された、二大東都名所図会が紹介されている。一冊は、もちろん斎藤幸雄、幸孝、幸成（月岑《げっしん》）の三代。画・長谷川雪旦《せったん》、雪堤《せってい》父子による『江戸名所図会』。明治時代は『風俗画報』の増刊として明治二

この文庫の扉絵は浅草・仲見世を十字に横切る新仲見世の賑いが描かれている。昭和30年12月25日の制作。

十九年から四十二年にかけて刊行されつづけた東陽堂『新撰東京名所図会』（全五十六冊）。

そして、この『新撰東京名所図会』の挿画の中心的担い手、「報道画家」の山本松谷《しょうこく》と、安藤鶴夫、木村荘八の座談会（『美術手帖』昭和三十一年八月号）が再録されている。

明治中期の石版画最盛期を担った挿画家が、戦後の昭和三十一年、まだお元気だったことが安藤鶴夫や木村荘八を驚かせ、また感動させている。

明治中期の『風俗画報』の取材風景か。これは当時の挿画を荘八が模写。荘八は旧版を模写することが多いが。これがまた、じつにいい。

ところで、この『新編 東京繁昌記』のタイトルの由来『東京繁昌記』の元本は、昭和三十三年十一月末演劇出版社より大判の豪華本として刊行される（定価三千八百円）。

ところが、この本の見本が出来上る直前の十一月十八日に、荘八は急逝してしまうのだ。

「全冊サインする」という荘八の約束が実現できなくなってしまったことと、限定千部の予告が、荘八の死によって、さらに五百部増刷りした、ということわり書きがはさみ込まれる。

その緊急増刷本を住所定職不明のNR君よりいただく。すでに、昭和六十二年に国書刊行会から復刻された『東京繁昌記』（定価一万六千円）は持っていたが演劇出版社刊の元本は、これより一まわりサイズが大きいものであることがわかった。NR君、あ

説明や画中の書き込みはないが、これは山谷堀にかかる今戸橋とバックの丘は待乳山。場の「気配」まで描いてしまう荘八の素晴らしさ！

りがとう。

ところで、この『新編 東京繁昌記』は、この本の単なる再編集ではない。昭和十八年双雅房刊の『随筆風俗帖』や昭和二十八年東峰書房刊『続現代風俗帖』からの文章も収録構成されている。

そのような、この荘八・岩波文庫。なんとゼイタクな文庫本だろう。文章もだが、とにかく荘八による挿画の、まさに大盤ぶるまい。ざっと数えたところ百三十一点が収められている。

昔、荘八本を入手したころ、荘八の挿画に書き込まれた文字は、彼独特の筆跡で、ほとんど読み取れずくやしい思いをしたのだが、年をとるとは嬉しいことで、草書や変体仮名も少しは読めるようになった。

かつての、向島・蝸牛庵。もちろん露伴の旧邸。「すぐこの前面が鳩の町となった」という書き込みがある。なお、この蝸牛庵は名古屋の明治村に移築されている。

今はさほど難儀することなく絵とともに楽しめる。そうなると、東京の町の一隅や昔の家の内部を画文で記録した荘八の挿し絵は、一層ありがたく、貴重なものとなる。

さて、この『新編 東京繁昌記』、「はしがき」の後に続く本文が「隅田川両岸一覧」。

墨田川の川開きのときに出る女性のために舟トイレが登場したようだ。

このタイトル、荘八自身が文中でのべているように、もちろん葛飾北斎の『絵本隅田川両岸一覧』を踏襲したものである。

ということは荘八は、北斎にならって「わが隅田川両岸」を書き記しておこう、という意気込みでこの仕事に向ったにちがいない。

まずはパラパラと挿画を見る。いい。じつにいい。ちょっと涙でうるんでしまうくらい、いい。

これはどこを描いたものだろうか? うん、小塚原回向院《えこういん》か。また「在りし日の佃小橋」。おお、錦糸町にあった「江東楽天地」、「幸田先生向島蝸牛庵」、また、これは待乳山《まっちやま》と今戸橋だろうなぁ……。

荘八の、速度ある、ひっかいたような線と空白から、過去の愛しい時間がしみでてくる。

◎木村荘八（尾崎秀樹 編）『新編 東京繁昌記』（その②）

手元にダブリ本があると思った『新編 東京繁昌記』だが……

岩波文庫『新編 東京繁昌記』、前回に引き続いて今回もと、あちこちにフセンを貼り、マーカーを引いた本を鞄に入れたまま人と会った。

「人」なんて、水臭い。私が（ほんとにスゴイ！このお二人）と思っているイラストレーター、山崎英介さんと伊藤桂司さん。

そして、私の若き友人であり、お二人を私に引き合わせてくれた、草加ナルホ堂君（戯号）とその友人、大竹君。

この日は伊藤桂司さんの個展が、表参道と恵比寿の二つの会場に分けて開かれていた。山崎画伯は、住いの大宮からの〝上京〟である。もちろん、伊藤さんの作品を見ることと、その余韻にひたりながら皆で祝杯を交わすことが目的。

オシャレな店の並ぶ恵比寿の町、小雨降る中を、わざわざショボイ店をさがして歩く。

（たしか、この辺にあったんだけど、昔のマーケットみたいなところが）と、目星をつけてゆくと、やっぱりありました。バラック建てのような飲み屋横丁が。

その中の、バカでかい字で「婦人」「男性」と書かれた提灯の下がっている、便所の真ん前にある屋台風の、魚を食わせる店の席に座る。

時計を見ると、まだ五時前。さすがに私たちが最初の客のようである。

話がたまたま、この連載のこととなり、木村荘八賛美で盛り上がる。

と、伊藤桂司さん、この文庫を持ってないらしく、「ナルホ堂君、この本、さがしておいてくれない」などと、本さがしのうまいナルホ堂に頼んでいる。

（いや、この文庫は古書店で見つけるのは、ちょっと骨かも、たしかもう一冊持っていたはず）と思った私は、「もし、こんな読みかけの本でもよかったら、どうぞ」と言ってみた。

何十カ所も貼ってある色とりどりのフセンと、これでもか！　というくらいにあちこちに引かれているピンクとブルーのマーカーの色が、ちょっとした「現代美術」と言えなくもない風情をかもしだしていたからでもある。今、考えてみると酒が入ったための幻覚だったのかも知れない。

伊藤さん、「いいのぉ、ほんとぉ、こんなにじっくり手の入った大切な本もらっちゃって！」と異常なくらい喜んでくれる。

アーティストの嬉しがってくれる姿は、本当に嬉しそうだ。

「記念に、シゲモリさんのサインして。ぼくの名前と、あ、それから彼女の名前も」と、なんのことはない、結局ノロケられてしまったというテンマツだ

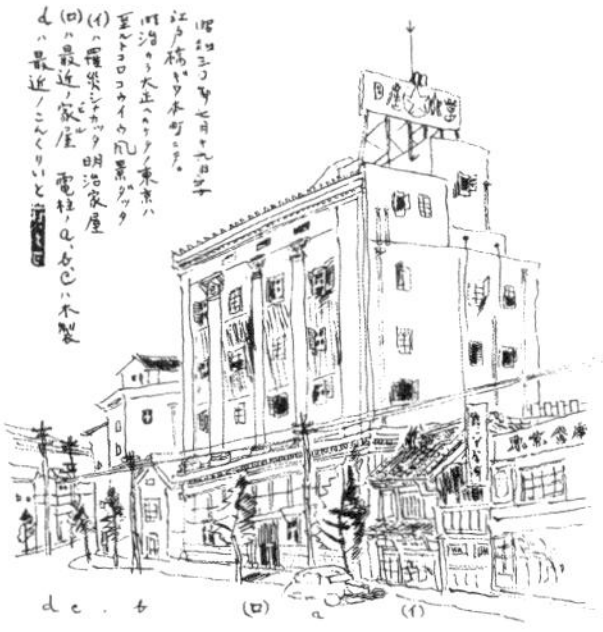

「昭和三〇年七月十九日写　江戸橋ギワ本町ニテ」。「（イ）ハ罹災シナカッタ明治家屋」といった書き込み。

ったのだが……その数日後、本置き場の心当たりの場所（「画家、漫画家の随筆」の山）をさがすが、ない。「絵のある」文庫を詰め込んである（山崩れて函入れとなった）段ボールの中をひっくり返してもない。岩波文庫はなくても元本はあるので原稿は書けるけど、しかし……。

まあ、無駄とは思いつつも、神保町の信山社を始め、岩波文庫をそろえてある専門書店や大型書店をのぞいてみたが、やはりない。

（ここならひょっとして）と思われる古書店を廻ってみたが、ない。

そうかぁ、この岩波文庫が刊行されたのが一九九三年。もう十五年以上も前のことになる。たしか刊行すぐに一度、増刷したはずだが、そんなに大量部数は出まわらなかったのかもしれない。

それに、木村荘八の画文が好きで、心はずませて、この文庫を入手した人は、少なくとも、その人の存命中は、そう簡単に手離すことはないだろう。

結果、私はインターネットで、比較的保存の良い本を（もちろん新刊定価より高い値段で）、入手した。そして、今、めでたく、読み慣れた本文を、改めてながめている。

「東京の民家」と題する一文。

そのタイトルの下に荘八による挿画がある。木造、二階と三階建ての一部がうかがえるスケッチ。

画中、右下に書き込みがある。荘八、独得の崩し字だが、これは比較的読みやすい。「湯島天神下路地昭和二七年写㊍」

そうなんです。湯島天神下には土造や木造三階建ての民家が建ち並んでいた。

とてもショックだったのは、あれはもう十年以上も前になるだろうか、女坂の下、有名な「羽黒洞」の並びの木造三階建てが火事になってしまったことである。

偶然、千代田線の湯島駅近くの路地の入口から、その先を見ると、焼け残った二階、三階部分、黒い柱の骨組みだけが惨状をさらしているではないか。歩を進めて、羽黒洞は、と見ると左側の一部が延焼している。

湯島天神下に来る楽しみの一つは、ここにある木造三階建ての家屋をながめることだったのだが、残り少ないその一部が一瞬にして消えてしまったのである（ただ、被害が少しで済んだ羽黒洞は補修されて今日もその〝雄姿〟を見ることができる。しかも、その並びには東京屈指の居酒屋「シンスケ」がある。行こう！　湯島天神下）。

湯島天神男坂下のお地蔵さん。この細い道の並びに、久保田万太郎が住んでいたという木造家屋が今も残る。この一角、今日の東京で奇跡的にかつての路地・横丁の気配も残っている。

話はどんどんズレる。荘八「東京の民家」に戻らねば。その書き出しを紹介したい。

古いことになるけれども、「江戸」では昔（塚越考に依ると）芝の方角から日本橋へ出るこ

「昭和三〇年六月　隅田川川沿いの料亭」といった憶えの書き込みが読める。木村荘八の、この文字がまたいい。荘八の書き込みを読むと、柳橋付近の一景とわかる。このあたりの料亭は隅田川の汚染により壊滅した。

とを、「江戸へ行く」といったそうである。

さらに、文章は、こう続く。

これはどうかすると「今」でも、荻窪あたりの人が銀座へ出るのを「東京へ行く」という言葉でいい、昔は本所割下水《わりげすい》生れの北斎が「御府内」（例えば柳橋万八楼・後の亀清）の画会などへ出て来ると、「かつしかのイナカモノ」が罷《まか》り出たと「挨拶《あいさつ》」したということなど思い合わされて、この地（江戸・東京）の広さ、狭さが、いつも定まったワクの中にない、漂うくらげのような姿に思われる。

この荘八の文中の「亀清」は、今も、柳橋の浅草橋側の橋詰めにある。ただし木造の姿は消え、立派なコンクリートのビルになってしまったが。

それは、ともかく、『「今」でも荻窪あたりの人が銀座へ出るのを『東京へ行く』という」——というのは面白い。と、すると、戦後の井伏鱒二や木山捷平《しょうへい》、上林《かんばやし》暁《あかつき》といった人たちも「東京へ行く」と言っていたのかしら。

今は、すっかり悪者になってしまった電柱に対する記述もある。

近い半世紀について考えても、その間の女子風俗を知ろうとするためには、女子の体位・身長の年代別推移からまず調べないことには、風俗の動きは割り出されて来ない。——「人」についてはいずれ特にその項目を扱う場合に逐一述べるとして、今「町」を考えるについては、「電柱の高さ」を、それに便宜の一つの基数と見立てたわけである。

とあり、次の頁に、明治と昭和二十七年の婦人の立ち姿の比較図が掲げられている。

そうそう、「築地—銀座」と題する一文の中に、なぜか、湯島天神、男坂下のお地蔵さんが描かれている（P173上段挿画）。これは、今日も男坂下に、そ

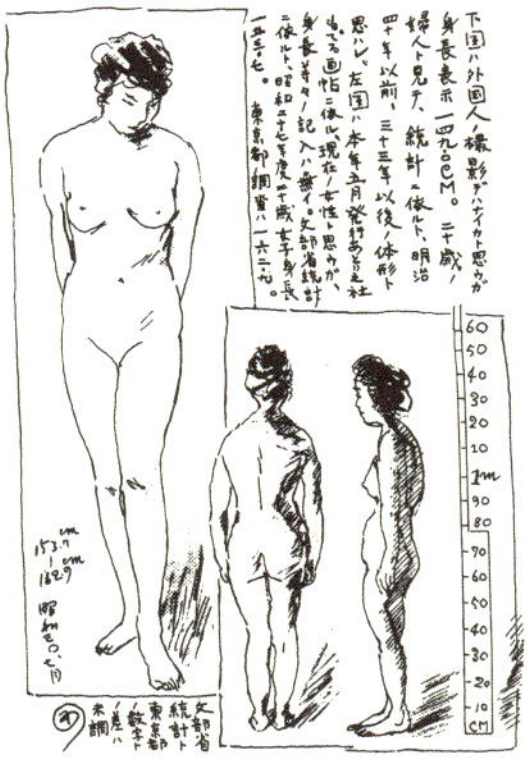

右の明治33〜40年ごろの20歳の婦人と、左の昭和27年の20歳の女性の体形。前者の身長149.0cm、後者は153.7cm。

れもこの当時よりも手篤く、のぼりなども立てられ残っている。画中には「本郷湯島男坂（左）より女坂を見る　界隈明治大正期家屋　一画す　昭和三一年九月十七日写㊍」と読める。

パラパラとついページを飛び越して、よく訪れる男坂下に目が行ってしまったが、最初の挿画は、銀座の「カフエータイガー」の正面である。カフェ「ライオン」と並び称された往時の「タイガー」を荘八の筆によって知ることができる。

そういえば、荘八に大きな影響を与えた、岸田劉生も銀座を描いている。有名な作品である。

荘八については、まだまだ触れていたいが、ひとまず離れて、劉生の画文に移ろう。

もちろん「絵のある」岩波文庫で。

銀座「カフエータイガー」の外観。同じく銀座の「カフエーライオン」と“虎獅”のライバル同士であったという。

◎松島正一 編『対訳 ブレイク詩集 イギリス詩人選（4）』

不思議な縁で再度「伝達」されたブレイクの詩と絵の世界

岩波文庫に収録の、木村荘八描く『**濹東綺譚**』と『**新編 東京繁昌記**』と続けて、今回は荘八と縁の深い岸田劉生《りゅうせい》で行く、と予告したのだが気が変わった。

岩波文庫の『**岸田劉生随筆集**』や同じく『**摘録 劉生日記**』他、劉生に関わる本をあれこれ読んでいるうちに、自分の気分にフェイントをかけたくなったのだ。

劉生の文や絵に触れていて、ふとウィリアム・ブレイクを思い出したのである。

劉生→白樺派→柳《やなぎむねよし》宗悦→ブレイクという連想があったのかもしれない（柳宗悦はブレイクを日本に紹介した白樺派同人）。とにかくこのへんで、ちょっと海外に出てみたくなった。

岩波文庫のイギリス詩人選（4）として松島正一編『**対訳 ブレイク詩集**』がある。これは新刊ではなく、古本で入手していたようだ。本文に前の所有者の書き込みがある。

ウィリアム・ブレイクの詩文や画（銅版画や水彩画）とはまるで親しくない。とにかく手に負えないのだ。

天国とか地獄とか預言者、また幻視者といった存在に、信仰者でもなければロマン派的心情の持ち主でもない人間には、こういう世界はまったくリアリティを感じない。

ところが、妙な縁で、ウィリアム・ブレイクという名前とはかなり昔に出会い、私の周辺から消え去らないままでいる。

ファースト・コンタクトは私が横浜の夜の街をうろついていた二十代前半のころ。市役所に就職したものの学生気分が抜けないダメ新米地方公務員は、週末といえば横浜の深夜まで営業している居酒屋やJAZZ喫茶を回遊していた。

その中の一軒、伊勢佐木町より一本裏手の暗い通りの、たしか若葉町に、「DOWN BEET」という店があった（現在も同名のJAZZ BARが野毛山にある）。

その店でコーヒーやコーラ一、二杯とサンドイッチで、本を読むともなく読んだり、当時流行しだしたモダンジャズを聞いたりして深夜まで過ごしたりしていたのだが、この店の二階で一人の〝不良〟と出会った。私よりちょっと年下の、黒豹を思わせる体をした若者だった。

ラリっていたのか、酔っぱらったのか、わからないが、彼は時々、音に合わせて、当時流行しはじめた〝モンキーダンス〟を踊り出す。これがもう絶妙で、こちらはいつも呆然として眺めていた。

なにかのきっかけで彼と話すようになって、ある日一緒に別の町のJAZZ喫茶へ行こうということ

本文中の挿画「東門の太陽」（ミルトン『快活なる人』）。湧き起こるというか、燃えあがる生命の炎のような図像。

でバスに乗っているとき、彼が取り出したのがウィリアム・ブレイクだったのだ。

「オレ、これが好きでね」と示したのが、今でも覚えている、「SONGS OF INNOCENCE」（「無垢の歌」）。

　しかもページをパラパラとめくると、ところどころに文字の上にイタズラがきのような絵が描いてある。ブレイクの詩を読んでいたら何か描きたくなってかいたものだという。

（本の文字の上から絵を描いてしまうのか！）自分には経験、というか予想だにしなかったことなので、びっくりした。そしてその自由なセンスを（カッコイイ！）と思った。

　これでウィリアム・ブレイクという名は頭に入った。あのブレイクは寿岳文章訳のものだったか。

　それから十年ほど経ったころだろう。役所をやめて、しのぎで一時、美術雑誌の編集にたずさわり、院展の小松均《ひとし》の特集を企画・担当したことがある。

この、義務教育もほとんど受けていないという日本画家は、画壇の中で異端でありながら、周囲の画家に大きな影響を与えていた。

　京都・大原に仙人のような風体で隠れ棲むように暮らし、大原風景や富士、あるいは生まれ育った山形・最上川《もがみがわ》の流れを上流から下流まで大画面で描く、剛腕の画家として隠然たる存在であった。

ブレイクの描写力、また彫版家としての力量を見せつける作品。「ニュートン」（1804〜05年頃）

特集企画として、この超俗画家に哲学者の梅原猛と、作家の富士正晴《まさはる》を引き合わせ、二つの対談を仕組んだ。その対談のうち、たしか富士正晴さんとの席だったはずだ、私が話のつぎほで「小松さんが尊敬し、師と仰ぐ人は」というようなことを質問すると、やや間があって、返ってきた答えが、

「そうですねえ、ダ・ヴィンチと、ウィリアム・ブレイクかなあ」――というものだった。

これには意表を突かれた。同じ院展の先達、横山大観とか、創画会の土田麦僊《ばくせん》、あるいはさらに遡って、雪舟や宗達というのなら、不思議でもなんでもない。

失礼ながら、まともに学校教育も受けてこなかったというこの老日本画家の口から、ダ・ヴィンチ、そして、よりによってウィリアム・ブレイクの名が挙がるとは！

大原から東京に戻ると、すぐに新宿・紀伊國屋の英文学のコーナーへ行き、ブレイクに関する本を二冊入手した（今回、この稿のために心当たりをさがしたが二冊とも見つからなかった。処分してしまったのかもしれない。何が書いてあったのかも覚えていない）。

この時も、ブレイクの世界は、まったく歯がたたなかったのだろう。

三度目は――手元の図録を見れば、おう、これはもう十九年も前になるのか。日本に初めて本格的にブレイクの作品がやってきた、一九九〇年九月から国立西洋美術館で開かれた「ウィリアム・ブレイク展」である。

1990年9月から上野の国立西洋美術館で開かれていた「ウィリアム・ブレイク展」カタログ。300頁強のうちテキストが約半分を占める貴重資料。

もちろん出かけた。詩や評論では入り込めなかったブレイクでも、絵なら楽しめると思ったからだろう。〝積年の恨み〟のあるブレイク作品との直かのコンタクトである。

不可解であった。

しかし、絵の「不可解」にはそれなりに慣れているし、銅版画における〝幻視《ビジョン》〟の表現はむしろ好物なので存分に楽しめた。「理解」、は三百ページもの厚さの充実した編集の図録に頼ろう。この図録がじつに素晴らしい。今回、丸々一日かけて、この図録を堪能した。

そして岩波文庫『対訳 ブレイク詩集』。私が手にしているのは二〇〇四年六月第一刷、同年七月第二刷の本である。

この稿を書くにあたって、ほぼ一カ月ほど、ほとんどいつも鞄の中に入れて持ち歩いていた。ブレイクの詩を気ままに拾い読みする。酔っぱらっての帰りの車中では、無謀にも、(もっと俗な言葉で訳したらどうなるのだろう)と戯れに言葉を置き換えたりしたこともある。

私のように、ブレイクという特異な〝単独綜合表現者〟に難儀してきた者にとっては、じつに親切でありがたい「まえがき」「ブレイク略伝」「あとがき」にも何度も目を通した。

そして『無垢の歌』。その〔1〕序の歌

荒れた谷間を笛吹きつつ
楽しい悦《よろこ》びの歌を吹きつつ下ると
雲の上に一人の子どもが見えた。
その子は笑って私に言った。

「子羊の歌を吹いてよ」
そこで私は心楽しく笛を吹いた。
「笛吹きさん、もう一度その歌を吹いてよ」

そこで私は笛を吹き、その子は聞いて涙を流した。
「笛を、楽しい笛を捨てて
楽しい愉快な歌をうたってよ」
そこで私は同じ歌をまたうたい
その子は聞いて喜んで涙を流した。
「笛吹きさん、坐って書いてよ

『SONGS of Innocence』（『無垢の歌』）の扉。タイトル文字の中に笛吹きや子供の姿が見える。

本に、みんなが読めるように」
そしてその子は消えて見えなくなった。
私は中がうつろな葦《あし》を一本抜き
ひなびたペンをつくり
きれいな水に色をつけ
私の楽しい歌を書いた。
すべての子どもが聞いて喜ぶように。

＊

ウィリアム・ブレイク（William Blake, 1757–1827）は、今日ではイギリス・ロマン派の詩人・画家として知られているが、生存中は詩人・画家としての収入はほとんどなく、一介の彫版師として、また下絵かきとして生計をたてていた——

これは、この『対訳 ブレイク詩集』編者・松島正一による「ブレイク略伝」の、冒頭の一節である。

◎酒井忠康 編『岸田劉生《りゅうせい》随筆集』

誇大妄想狂か美の使徒か 岸田劉生の周辺逍遥

さて、いよいよ岸田劉生だ。

荷風『濹東綺譚』の挿画で、木村荘八→そして荘八自身による画文『新編 東京繁昌記』→荘八つながりで岸田劉生と続く予定だったのが、我ながらあまりにもベタな流れと感じたのか、あるいは劉生関連本を読み続けているうちに、その〝濃さ〟にモタれたのか、劉生ではなく、劉生同様信仰の世界に隣り合い、また異教的ヴィジョンを見る人――ウィリアム・ブレイクの画とテキストの世界に一時逃難した。

そして、今回、蕩児の帰還（?）、再び劉生ワールドに戻ってきました。

「絵のある」岩波文庫、劉生関係では『岸田劉生随筆集』（酒井忠康編、一九九六年八月刊）と、『摘録 劉生日記』（岸田劉生著、酒井忠康編、一九九八年一月刊）がある。まあ、美術好き、文庫好き読書人ならば、この二冊は必携でしょうね。

この二冊を楽しむのに際し、この間に手にした劉生関連本数冊。備忘のために記しておこう。

富山秀男著『岸田劉生』（一九八六年三月刊、岩波新書）

東珠樹《あずまたまき》著『岸田劉生』（昭和五十三年六月刊、中央

公論美術出版）

土方定一著『岸田劉生』（昭和四十六年九月刊、日動画廊出版部）

瀬木慎一著『岸田劉生』（一九九八年二月刊、東京四季出版社）

薗部雄作著『岸田劉生と現代』（二〇〇二年五月刊、六花社）

そして、前々回でちょっとだけふれた、

『岸田劉生随筆集』別丁口絵の劉生による自画像（1918年）。「信仰者」の雰囲気が、私には感じとれる。

中川一政著『中川一政文選』（一九九八年九月刊、ちくま文庫）

中川一政著『武蔵野日記』（昭和二十二年十一月刊、三島書房）

木村荘八著『木村荘八全集』（第七巻「自伝的随筆」、昭和五十七年十一月刊、講談社）

石井柏亭《はくてい》著『日本繪畫三代志』（昭和十七年七月刊、創元社）

神奈川県立美術館編『近代日本美術家列伝』（一九九九年七月刊、美術出版社）

といったところ。

本当は『岸田劉生全集』（岩波書店刊）や、単行本で入手していた劉生の美術論集『美の本体』に目を通すべきだろうが、全集は図書館に行くのが億劫《おっくう》であり、『美の本体』は本置場のどこかにまぎれ込んでしまったのでパス。

もっとも『美の本体』は入手した時点で、装丁は美しいものの、パラパラと拾い読みしたとき、なにか劉生の強烈な〝気負い〟にヘキエキした記憶があり、まあ、岩波文庫の随筆集に接すればいいや、と思った次第。

関連本で最初に手にしたのは岩波新書、富山秀男著『岸田劉生』。この本の「岸田劉生の絵は果たして良いのか」という小見出しのついた冒頭の四行がじつに印象的。引用する。

「岸田さんの絵は、あの人の体臭に当てられた人がみんないなくなってみないと、本当に良いのか悪いのかわからないと思うんです。」

何人目かに指名されて立ち上がり、しばらく虚空を見詰めて考えたのち、一気にこう切りだした中川一政のスピーチに、私はわが耳を疑わんばかりにびっくりした。

と、著者は、『岸田劉生』の、一「内なる美」の使徒——序にかえて、で、こう語り始める。

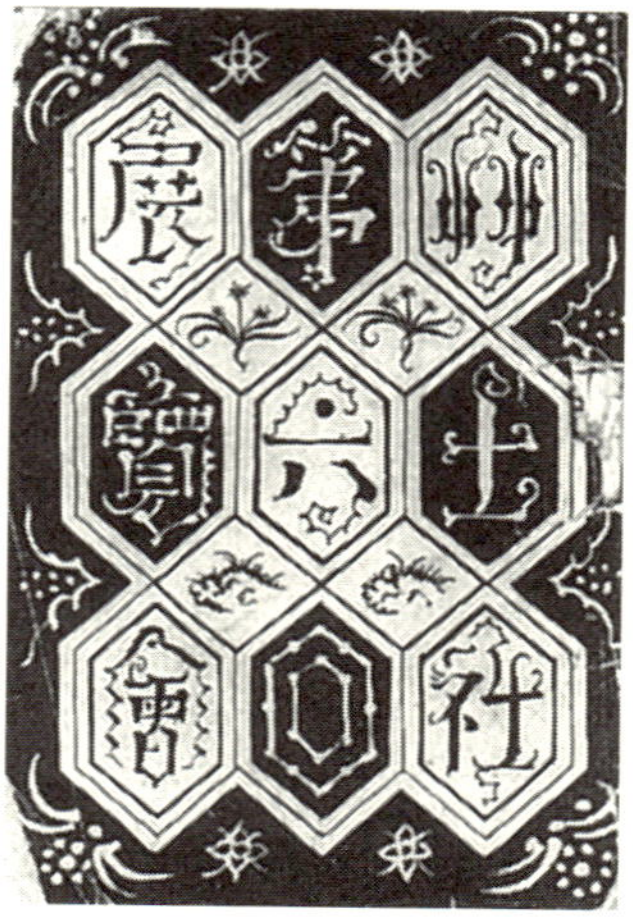

「第六回 草土社展」のカタログ。劉生のデザインワークの非凡さを伝える。(1918 年)

私が意表をつかれてハッと驚き、ひそかに周囲を見廻したのはほかでもない。岸田劉生を主人公とした長与善郎《ながよよしろう》の小説、「友情難」の冒頭が描く一場面を思い出すまでもなく、以前からこうした仲間内の会で、劉生に対する疑問や批判を口にすることはおよそタブーなのであり、もしこれを些かにでも敢えてするなら、たちまち聞き手の側から「貴様、怪しからん！　生意気だ！　ぶん殴ってやる！」という大声が挙って、追っ駈っこがはじまるのは目に見えていたからである。私自身の経験に徴しても、これまで何度、この「ぶん殴ってやる！」騒ぎを目撃してきたことだろうか。自分に向けられたのでもないこの言葉とその場の荒れ方に、私はそのつど怖れおののいてきたものである。

さらに、

　劉生を嫌悪、誹謗した画壇人の声は枚挙に暇がない。例えば洋画壇の重鎮で、良識派の代表をもって自ら任ずる石井柏亭など、その急先鋒であり、早くから彼のことを「お山の大将我れ一人」でなければ満足しない「誇大妄想狂」だ、と指弾して止まなかった。

劉生による自身（江賀海鯛先生）が軸物を「清玩《せいがん》」している図。

　といった一節に接し、本棚の一隅、美術家の随筆の群れから、先の中川一政と石井柏亭の本を取り出したわけである。

　では、劉生自身はどんな自己表出をしていたのか、『岸田劉生随筆集』を開く。

　この岩波文庫版では、第一章は劉生の挿画がふんだんに添えられた「新古細句銀座通《しんこざいくれんがのみちすじ》」。だが、これは劉生最晩年の時期の仕事で、これについては後にふれることとして、第二章の画論的随筆が年代順に（大正二年〜十二年）に配列されている部分から読んでみよう。

　トップは「自分の行く道　その他雑感」。この文章がすごい。ちょっと異様である。書き出しから引用する。

　自分は自分の行き道を本統《ほんとう》に明らかに知って来た。そうして、その行き道にある自分の現状と位置を本統に明らかに知って来た。そうして、自分は、自分の性格や素質と自分の本能や慾望との調和を感じている。自分は自分のこの道を行《ゆく》より外、この調和の得られないのを感じている。そうして、自分はこの行き道以外に真に自分を生かす行き道のないのを信じる事が深くなっている。そうして、自分がこの調和を必然に得る道を、自己の内の力によって作った事に、祝福を感じている。

どうなんですか？　この文章。呪文のように言葉がリフレインされる。とくに多出するのが「自分」。文庫本で五行半ほどの中に、「自分」が十一回も登場（他に「自己」が一回）、その他に、「行き道」あるいは「道」、「本統」「調和」「感じている」などが複数回用いられる。こうして原稿用紙に書き移しているときでも、字面が似ていて混乱する。これは冒頭の、この部分だけが特別なのではない。この一文ずっとこの調子なのだ。

　私は面白半分に、この全文の「自分」あるいは「自己」の部分をマーカーでチェックしてみたら、それは軒から絶えまなく流れ落ちる雨だれのよう

随筆集の巻末は「ばけものばなし」。リアルを見る人は、それゆえにその奥のビジョン、「怪」にも親しむのか。

に、あるいは産卵期に遡行する鮭の群のように「自分」「自分」「自分」が次々と続くのであった。
途方もない自我の肥大、いや爆発。あるいはPUNK！　といってもいいのでしょうか。

この文章が書かれたのが一九一三（大正二）年の十月。この年の七月劉生は小林（蓁《しげる》）と結婚式を挙げている。

そして十月には雑誌『生活』社主催の「生活社展」を高村光太郎、木村荘八、岡本帰一《きいち》の四人で開き、「バーナード・リーチ氏像」「包帯をした少女の顔」「自画像」他五十三点もの作品を出品している。

武者小路実篤『花咲爺』挿画。この劉生の作品、前回のウィリアム・ブレイクの版画と雰囲気が似ているとは思いませんか。

自分の作品を見に来て感動、熱烈ファンとなったという女性との結婚、また、企画展での大量展示に、意気天を衝く精神状態だったのか（前の一文はこの展覧会の図録に掲載された）、あるいは、一年ほど前に知り合った『白樺』同人、とくに武者小路実篤の影響を受けてのことだったのか、とにかく、熱に浮かされたようなマニフェストとなる。

劉生、この時、二十二歳。画家としてスタートしたばかりである。――といっても彼の画業は、ほとんどこの後の十年間に集中するのだが――。

もう少し、異能の人、恐るべき、また愛すべき劉生の画文の周辺を訪ねてみたい。

◎岸田劉生（酒井忠康 編）『摘録 劉生日記』（その①）

日比谷公園花壇を写生する荘八 その後ろに立った劉生

岩波文庫『**摘録 劉生日記**』（岸田劉生著・酒井忠康編）を開く。まず目に入るのは、日記の所々に挿入されている劉生の手による走り描きのような絵である。

つまり、『劉生日記』は『劉生絵日記』でもある。この絵がまたじつにいい。

風景の中に麗子とおぼしき子供が道にいる。別の日は、ステッキを持つ男（父・劉生）と連れ立って行く女子（麗子）の後ろ姿。また制作途中の麗子像の素描（次頁上段挿画）。

画友と、入手した絵を鑑賞する様子。あるいは盟友（後に別れる）木村荘八との散歩中の情景――。

その、友・木村荘八との関係に違和感が生じたことが日記にも登場する。大正十四年、

三月十八日（水）晴風強し

（中略）河野、春陽会賞の事にて大に不平也。余も木村のこの頃の態度をイヤに思いおりし事とて木村の事を悪くいう。

かと思うと、それから半月ほどの、四月六日の日記には

木村を拉《らっ》して自働車にてさるやに帰り、徹夜にていろいろ話す。木村はやはりいい人間也。

大正9年10月30日の日記に付された絵。左がステッキをつく本人。右は幼い麗子。

と記し、続いて

艸（草）土社をもっとしっかりしたものとして、再び建てん儀大に談すすむ。余も絶対隠世の心をやめて、艸土社に籠《こも》るもよしなど思う。暁方ねる。木村は六時頃帰った。

とある。

しかし、この時日記に記された、劉生の草土社メンバー団結強化の気持ちは、現実を認識してなかったことの証しとなる。

ことの発端は三年ほど遡る。

劉生をはじめ草土社の同人たち（木村荘八、中川一政、椿貞雄ら）は、院展洋画部の小杉放庵、山本鼎《かなえ》、森田恒友《つねとも》、長谷川昇、倉田白羊《はくよう》らによって創設された（大正十一年）春陽会に客員として入会する。もちろん劉生の意向による。

しかし、すでに記したように大正十四年三月十八日の「余も木村のこの頃の態度をイヤに思い」ある

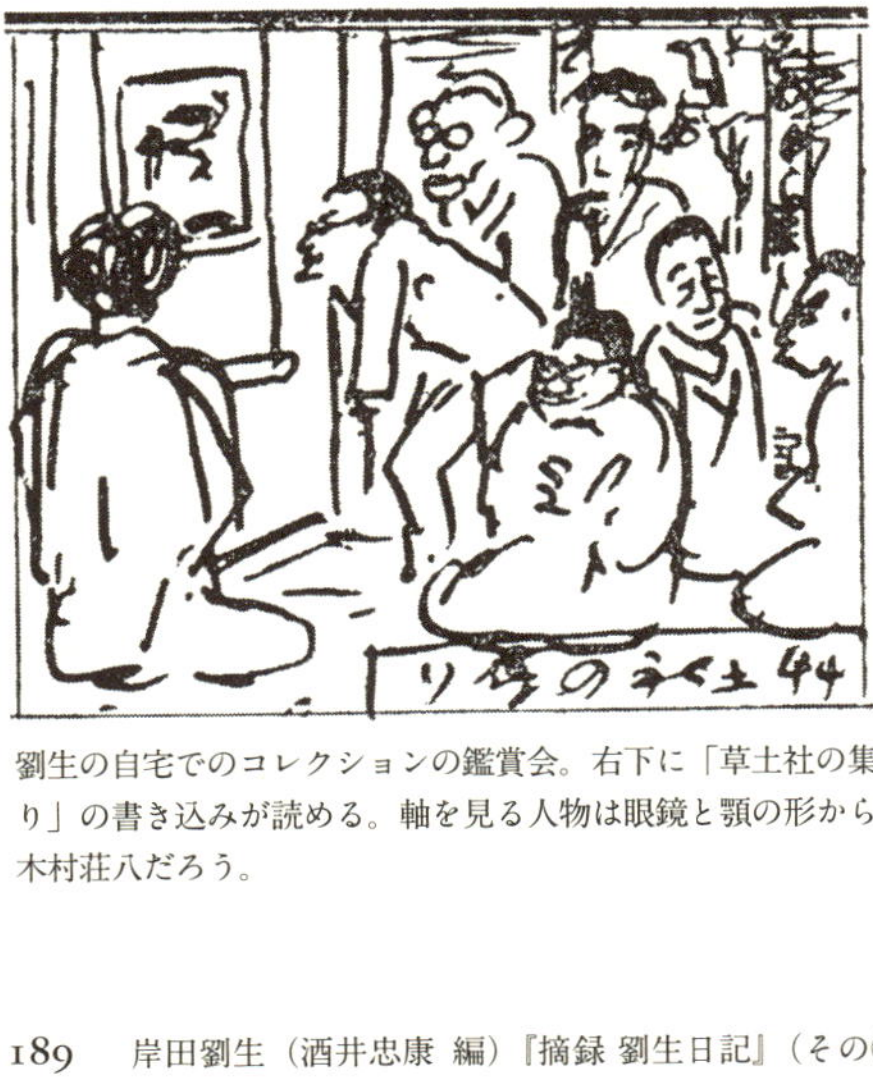

劉生の自宅でのコレクションの鑑賞会。右下に「草土社の集り」の書き込みが読める。軸を見る人物は眼鏡と顎の形から木村荘八だろう。

いは一転して四月六日の「木村はやはりいい人間也」と、心ゆらぐうちに、四月十二日が来る。

結局きれいに余は手を引くという事を話し先方も喜ぶ。

と、かねてからあった、春陽会メンバーとの摩擦から、劉生が脱会することになる。摩擦の原因は、春陽会での審査のときの劉生の、我を通す強引な態度が他の会員から嫌悪されたものという。

岸田麗子による『父　岸田劉生』（中公文庫）には「この時表面には出ていないが、川島理一郎、森田恒友氏なども、父が春陽会にいることを不快に思っておられたということをきいている」という記述がある。

春陽会脱会は、まあ、いい。劉生にしても

（自分の意見が通らぬ会など辞めてやる、自分には「草土社」という故郷があり、仲間がいる）、

と思ってのことのようだったのだが、ここに劉生の誤算があった。

（自分が春陽会を出れば、ずっと自分に従ってきた草土社の面々も共に春陽会を辞める、そこでもう一度、新生・草土社として皆で出なおせばいい。また、これによって、自分を排除した春陽会はかなりのダメージをこうむるはず）

大正10年10月15日。左上は趣味の相撲を取る劉生、相手は草土社の画家、椿貞雄とのこと。左下は制作中の土手の絵。右はもちろん麗子像。

と考えたにちがいない。

しかし、実際は、かつての友であり、また子弟とも思っていた草土社の仲間たちは、劉生にはついて行かず、ある者は春陽会に残り、ある者は別の会へと移って行ってしまったのである。

劉生は、いわば裸の王様であった。

ところで、この劉生の「春陽会脱会騒動」で内外の視線をもっとも注びたのは、画学生のころ劉生と出会い、共に草土社を支え、画業に励んできた木村荘八ではなかったか。

劉生と荘八の、まさに運命的な出会いは、こう記録されている。瀬木慎一『岸田劉生』。〈白樺〉の感化〉の項。

> ある日研究所の帰りに、木村荘八が日比谷公園で花壇の写生をしていると、いつまでも後に立って、貧乏ゆすりをしながら肩に掛けた絵具箱をガタガタ言わせて見ている「研究所の人」がある。それが劉生だった。
>
> この後、二人は連れ立って歩きながら話を交わす。引用を続ける。
>
> 話題はその時雑誌「白樺」で交わされていた武者小路実篤対木下杢太郎の美術論争であり、話は銀座二丁目の岸田の家へ来ても終わらず、木村はそのまま上がりこんで、夜遅くまで彼の室で話しこむ。そして翌日には、木村が早くも手に入れていたマイヤー・グレーフェの『ゴッホ』を借りに劉生がやってくる。（後略）

という、まさに青春の出会い。

このとき劉生、二十歳。荘八、十八歳。共に黒田清輝の指導する「葵橋《あおいばし》洋画研究所」の画学生であった。

劉生と荘八の出会いについて、中川一政はこう記している。

ちなみに、劉生の草土社の会員であり、春陽会のメンバー、当然、荘八とも親しい（荘八と同じ年生まれ）中川一政は、『劉生日記』では「中川はどうもいやな奴也」（大正十二年五月一日）などと書かれている。「春陽会」の審査会でのいきさつがあってのことだろうか。

それはともかく一政の文を引用する。

それは今から二十二三年前、劉生少年が日比谷公園を歩いている時、一生懸命写生している荘八少年の背後に立ったのである。

それが岸田劉生にも運命であったが木村荘八にも運命であったのである。

とし、続けて、この二人の出会いをラフェルが写生をしている背後にレオナルド・ダ・ヴィンチが立った時のエピソードを紹介している（ちくま文庫『中川一政文選』のうち「木村荘八傍見」）。

さらに、

森川町に住宅を移した頃は既に草土社の時代であって、彼は岸田劉生の女房役（山本鼎の言に依る）を勤めた。（中略）

されば草土社の傘下に集る我々は外に強敵を見る事は無かったが、内に至極の強敵を持ったのである。

一政の言う、ここでの「内に至極の強敵」とは、もちろんリーダーの劉生のことだろう。続けて、

草土社道場に於ける十年間は、押えるだけ押えられ続け、而も我々はそれをはねかえす事を絶えず練習したのである。（中略）

木村荘八も彼に対しては得意の手を全く封じられたのである。

此処である。自分が岸田劉生と木村荘八との邂逅を運命であると云うのは。

そして、

劉生今亡し。荘八は憮然として或時語って曰く。

草土社時代の自分の仕事の結果は全然失敗に似たるも、その体験は彼の賜なり。
うーん〝痛い〟記述である。
劉生という強力な個性と出会い、行動を共にした荘八の、表現者としての〝悲劇〟。

大正12年1月14日。絵の上に「木村と居留地散歩の図」と書き込まれている。ここでもステッキをついてますね。まだ、この頃は荘八は劉生の磁場の中に……。

荘八は、劉生という磁場から離れなければ、ついに自分の芸術を生み出せなかったのかもしれない。『濹東綺譚』や『東京繁昌記』は生まれえなかったかもしれない。

劉生と荘八――、この二人には、大きな共通点がある。それは彼らの父。

つまり、劉生には、幕末明治の文化史上重要な登場人物、銀座の目薬屋にして英和辞典などを編集した実業家にしてジャーナリストの岸田吟香《ぎんこう》。一方、荘八はといえば、これまた開化の世で東京にいくつもの牛鍋店（最大時は二十二店）「いろは」を彼の妻妾らにまかせ、子どもは男子十三人、女子十七人をもうけた一代の怪人、木村荘平。

劉生と荘八は出会うべくして出会ったのかもしれない。

いたずら好きな運命の神が、こんな二人を別々に放っておくわけがない。

◎岸田劉生（酒井忠康 編）『摘録 劉生日記』（その②）

劉生晩年、余技（？）の傑作「新古細句銀座通」

劉生の画業と、その人となりに関して「その長い劉生評のなかで冷静を装いながら、痛烈に彼の全人格を断罪している」（富山秀男著『岸田劉生』）人物――それが石井柏亭《はくてい》であった。

石井柏亭という画家にして批評家、また教育者の著書は、なぜか、目につけば入手することにしているる。

その理由は、自分でもあまり明確ではないのだが、一つは、父が石井鼎湖《ていこ》という日本画家にして、明治石版画の世界に登場する人物であり、また柏亭自身も画家としての出発は父の勧めていた大蔵省印刷局の彫版見習工としてであったこと。

つまり、明治期の石版彫版の画工としての鼎湖と、その子柏亭を無視するわけにはいかない気分からではないだろうか。

だから柏亭の美術論集、随筆集、紀行文集などは目にとまれば入手はし、「画家の随筆集」のコーナーに積んではあるものの、ほとんど読んでいない。

しかし、今回の劉生に関連して、ちょっとワクワクした気持ちでページを開いた。

石井柏亭『日本繪畫《かいが》三代志』（創元社、昭和十七年刊）。

ある、ある。劉生に言及しています。

青年畫家達の集團なるフューザン會の第一回展覽會が催されたのは大正元年の秋で、私が最初の渡歐から歸朝して間もなくのことであつた。フューザン會は岸田劉生・木村荘八・齋藤與《よ》里《り》・萬《よろず》鉄五郎・眞田久吉《さなだひさきち》・松村巽《たつみ》・硲伊之《はざまいの》助《すけ》・清宮彬《せいみやひとし》・高村光太郎等の集まりであつたが、それは大正二年其第二回の展覽會を開いて間もなく崩壊して了つた。

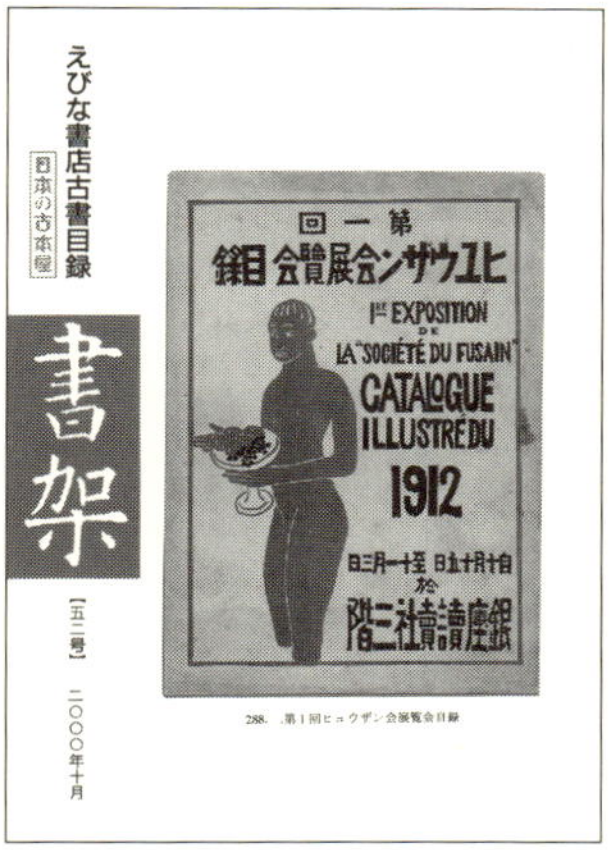

段ボール函をひっくり返していたらこんな古書目録が出てきました。「特集・北山清太郎と大正期の美術」。表紙のヒュウザン会目録は20万円。

とかなりソッけない。さらに、

アカデミズムに對する反抗の意氣はあつたけれども、其集まりは可なりに烏合であつて、なかには畫術の恐ろしく幼稚なものさへ交つて居た。簡單に云へばそれは齋藤與里と岸田劉生との分離によつて崩壊したものではなかつたか。

「烏合」とか「畫術の恐ろしく幼稚」と、柏亭の論評は相当、手厳しいが、実際、そう言われても仕方のない集まりだったのだろう。

だからこそ劉生は二年後の大正七年十月、横堀角次郎、椿貞雄、中川一政、木村荘八、清宮彬、高須光治などと草土社を結成（河野通勢《こうのみちせい》は後に参加）する。

もう少し柏亭の文章を見ていこう。「洋画の諸流」の章。

大正の初め頃から起つた美術運動の一つは、岸田・木村等を中心とする草土社であつた。これは一時中々感化力をもつて居て可なりに邊鄙《へんぴ》

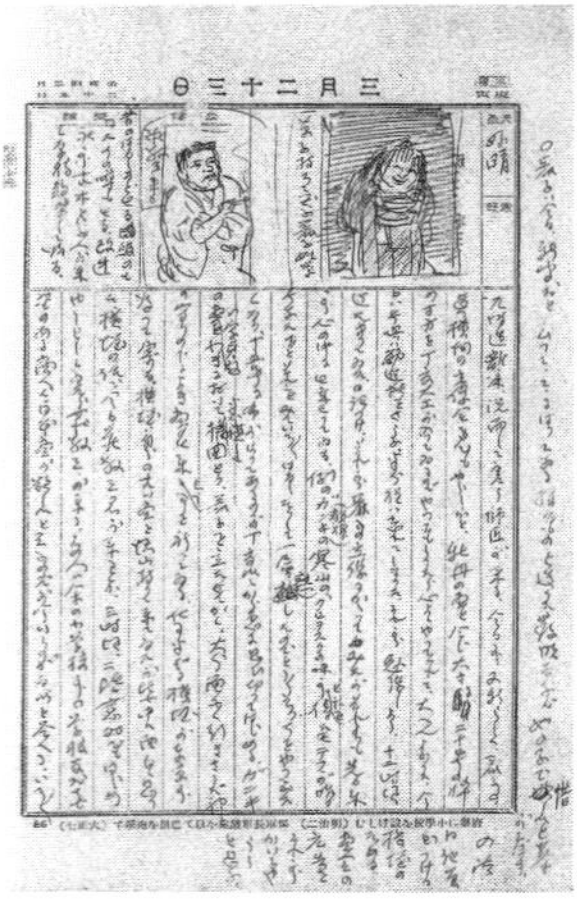

岩波文庫『摘録 劉生日記』の口絵より。上段に素描が描かれている。右側は麗子像。

な地方にまで響いた。

と、草土社の存在を認めながらも続けて、

　岸田一個の展覧會は、三笠、田中屋、流逸荘などで屢々《しばしば》催された。岸田は後期印象派の影響を脱し、次第にアクシデンタルな自然現象を見棄て丶物象の核心をつかむと云ふやうな傾向に移つたが、其反現代主義は一種臭味のある擬古體をなすに至つた。（中略）尚《なお》岸田と其一黨が後期印象派の模倣から急轉して、反印象主義的な擬古的寫實に移つたのを私が「出直し」と云つたのに對して、彼等はそれを必然的な歩みである、出直しではないと抗辯した。併《しか》し後年其著書中に岸田が上に挙げた諸作を省いて居るのを見ると、彼自身も後になつては其等のものに嫌味を感じて來たのであらうと察する。

と、時が経過した後も、劉生グループ批判の手綱をゆるめない。

　一方、劉生の方も当然柏亭の存在を意識する。**『岸田劉生随筆集』**に戻れば、「草土社今昔談」の章で（草土社の展覧会が）、

　美術シーズンを外《はず》れていつもクリスマス近くにやる事になった。「人に見てもらわなくてもいい故か」と例により石井君がいや味をいったりした。

などとある。

劉生の文章は、専門の画論や批評となると、なにか急に余裕がなくなり性急な自己主張や激しい攻撃性を発するが、たとえば、この随筆集に収められている、前回、劉生による挿画を掲げた「ばけものばなし」（P186下段挿画）などを読むと、知的好奇心旺盛な文人随筆の風味をただよわせる。

さらに『**劉生日記**』に接すると――年がら年中相撲を取っている劉生、子煩悩の劉生、あるいは「江《え》賀海鯛《がかいたい》」などというふざけた号を自らつけて、書画の収集に右往左往する劉生、そして、なにかというと「神よ守り賜え」と神にすがる気弱な劉生――といった素顔が伺えて、この唯我独尊的芸術家《カリスマ》に好感を抱いてしまう。

『岸田劉生随筆集』の巻頭は、よく知られる「新古《しんこ》細句銀座通《ざいくれんがのみちすじ》」。このタイトル、歌舞伎の外題を模した、いかにも明治の東京っ子ならではのヒネリ（縁日などで出る「しんこ細工」、知ってますか）がある。

初出は「東京日日新聞」（夕刊・市民版）の「大東京繁昌記」の連載。昭和二年五月二十四日～六月一日。

昭和二年といえば、劉生、三十六歳。翌年、この原稿は、春秋社発行の『大東京繁昌記』（「東京本」

これも『劉生日記』の素描。絵柄はもちろん麗子立像。画中に「立像修正記完成」の文字が読める。

『岸田劉生随筆集』の中の「新古細句銀座通」劉生の生家「精水」を売る楽善堂を描いた挿画。タイトルの妙、描線の達者ぶり、劉生の本領発揮。

の名著の一冊です）の一章として画文共に収録される。劉生、三十七歳。

しかしこのとき、劉生の命はもうほとんど残されていなかった。

次の年、満鉄の招きに応じ（異説もある）大連、奉天、ハルピンを旅行。大連より門司に帰港するも、なぜか家には帰らず、そのまま中国随行者の郷里・山口県に逗留。

そこで制作を続け、画会も催すが、その後、胃潰

劉生の子供のころの思い出を描いている。「きんちゃくのかんこうば（勧工場）」の文字が右端に見える。

瘍に尿毒症を併発、その地で逝去する（持病の糖尿病の悪化か、それにしてもあっけない死だ）。

思えば、劉生が自らの幼少時代の思い出の町、銀座の今昔を語り、劉生挿画の傑作として知られる銀座風俗の画を寄せたのは、彼の死の少し前ということになる。

そして、この画文の世界は、かつて画学生として出会い、熱く語らい、草土社を共に立ち上げ、作品を世に示し、そしてついには別々の道を歩むことになる盟友・木村荘八のライフワーク、東京風俗の今昔を著し続けることと相似の姿をとる。

上に「GINZA 4 chome 目 nukino basyo」の書き入れが。ほんと上手いですね劉生の挿画。

「新古細句銀座通」で劉生と荘八は再び相寄り添う——と思っていいだろう。そう思いたい。

私は勝手に想像する。荘八は劉生の死後、何度も、何度も、この「新古細句銀座通」を繰り返しその文章を読み、また、挿画に目を凝らしたのではないかと。

そして、秘かに、なにごとか劉生と対話したのではないかと。

木村荘八が荷風の『濹東綺譚』の挿画を担当し、日本挿画史の傑作として名を残すのは、「新古細句銀座通」から九年後の昭和十一年のこと。

「劉生と荘八」、ちょっと突っ込んで調べてみたら面白いテーマかもしれない。

◎清水勲 編『岡本一平漫画漫文集』

漱石も脱帽した画・文の冴え 岡本一平の世界

ここ数回にわたって、木村荘八と岸田劉生に関わる「絵のある」岩波文庫を読んできたが、思わぬ余禄があった。

それは、荘八、劉生と深い交流があった画家・中川一政の文章の魅力を、遅まきながらじっくり味わえたことである。

ちくま文庫の『中川一政文選』に収録の「釣堀の鯉」、これには参ってしまった。このところ人に会えば「中川一政の文章、いいですよぉ」と広報活動に努めている。

この文庫には木村荘八の人となりを描いた「木村荘八傍見」という一文があり、(劉生と荘八の出会いの部分についてはすでに紹介した)その文章の中には、こんな一節もあった。

彼(荘八)をもうもんが一にしたものは、彼の挿画事業と文筆であると考える。我々の交友には岡本一平というもうもんが一がもう一人いるのである。

ここからが岡本一平のこととなる。

荘八と私が千疋屋から出て来た時に、かの子夫人を連れた一平が店先にメロンを見ていた。

一平は私の顔を見ると、

暫くだったね。お前は少しも変らねえナと云い乍ら、荘八のポケットに手を入れてマッチを探り出して、片手で自分のポケットから出した煙草に火をつけた。

当然、いきなりポケットに手を突っ込まれた荘八は呆気にとられたでしょうね。

ハハハ、いました、いました、学生時代こういう人を喰った、というか図々しいタイプが。いや、自分自身だって友達に対して、これと似たような行動をとったりしていたかもしれない。

一平による戦前の新宿風景。今日の武蔵野館通りの街角を描いたもの。

というわけで、今回は岡本一平でいこうと思い立った。もちろん岩波文庫『**岡本一平漫画漫文集**』(清水勲編)。

すごいぞ岡本一平。

そのすごさは、この二百四十頁足らずの文庫本を、ペラペラとめくるだけで伝わってくる。

と、いっても密教の行者じゃあるまいし、経典をパラパラめくるだけでは霊験はない。

入念な編者、清水勲による「はしがき」から見てみよう。その冒頭から引用する。

「アルプススタンド」という言葉がある。昭和四年に増設された甲子園球場の内野スタンドを称している。この言葉を造り出したのは岡本一平だと思われる。

うん? そうか。改めて今、手にしている文庫本の表紙を見る。そこには一平による「アルプススタンド」の画文が掲げられている。

　アルプススタンド

入リ切ラヌ入場者ノタメ今年ハスタンドノ兩翼ヲ増設シタ、兩方デ八千人餘計入ル、ソノスタンドハマタ素敵ニ高ク見エル、アルプススタンドダ、上ノ方ニハ萬年雪ガアリサウダ。

一平お家芸の漫画漫文による世相探訪。

ところで、この「漫画漫文」という言葉も、編者によれば、一平が生みの親という。

さらに「はしがき」から岡本一平という創作者のプロフィールをなぞってみよう。

大正元年、朝日新聞社入社（それから二十数年にわたる）昭和十一年まで同紙に画文を寄稿。画とともに、漱石も絶賛した漫文で多くのファンをつかむ。昭和四年から五年、先進社刊『一平全集』（全十五巻）は五万セットの大ベストセラーとなる。そして一平の「漫画漫文」というスタイルは昭和初年まで漫画界の流行スタイルとなった。

一平のもとには入門希望者が殺到、その中から宮尾しげを、近藤日出造《ひでぞう》、杉浦幸雄、清水崑《こん》といった戦中、戦後の漫画界の主柱となる俊英が巣立ってゆく。

しかも、その家族——。女房が岡本かの子、息子が岡本太郎というのだから、とにかく、ただごとならぬプロフィールではないか。

「漱石先生のある図」。なるほど「硝子戸の中」にいらっしゃる。

ところで岡本一平の漫画（私には、これが漫画かぁ、ほとんど禅画ではないか、と思われるのですが）は、特別ひいきにしているわけではない。彼の絵、達者すぎませんか？ それに、あの、余裕綽々の誇張ぶり。

自他共に認める、トップランナーの気配が、ちょっとねぇ、という気持ちにさせられる。

それにしても巧ぃ。

もう二十年前ほどになるのだろうか、神保町のDN書房に『一平全集』十巻揃いが積んであった。状態をチェックすると、ほぼ極美。函も、布装の表紙も、ほとんど真っさら。月報付き。値段も、たしか一万円前後だったか。

「女房の湯治」のかの子と太郎（大正６年）。可愛いですね、太郎さん。このころはまだバクハツしてませんでした。

今回、この稿を書くにあたり、また曝書（夏の季語です）のためもあり、一巻一巻、函から出し、ページを開き、月報も拾い読みしたりしていると——「一平全集附録　美術版畫　太公望　壹葉」と題した木版刷り物が出て来た（当然、買ったときも見ていたのでしょうが、忘れていました）。

しかも、そこには、

厚き御後援に依り本全集も初期の刊了を告げました。兼ねて御約束の版畫を全十巻愛讀の皆様に差上げます。（中略）尚月報に豫告致しました本全集の追加三巻も引續き御講讀の榮を得ば錦上花を添ふる事と存じます

とあるではありませんか。

「錦上花を添ふる」はいいとしても私、『一平全集』は、手元の全十巻が、すべてと思い込んでいた。しかも、最終的には十三巻ではなく、「はしがき」に記されているように、十五巻だったとは……。などと、あれこれ思案しながら『一平全集』を楽しんだのですが、話は戻って、この文庫の編集、一平の画文のセレクト作業、とても大変だったのではないだろうか。

一平の画文が膨大で、しかも、その時代時代の気分や風俗を映す資料的な価値もあるので、この文庫収録から落とすことは、かなりのエネルギーが必要だったのではないだろうか、と拝察する。とくに一平の作品に惚れ込んでいたら、なおさらのことでしょう。

私は先に、「一平を特別ひいきにしているわけではない」などとエラソーなことを書いたが、この文庫に収められている漫画漫文の一点一点に触れると、とにかく頭を下げるしかない。一平が書き残しておいてくれた、その時代のディテールをありがたく享受させてもらうこととなる。

ざっと拾ってみましょう。

「寒い商売（十二階の番人）」（大正二年）、「夜の涼み（一）日比谷公園」（大正二年）、『漫画漫詩の東京』（大正十三年）のうち「虎の門」「吾妻橋」「向島ボートレース」……おや、「院展の見物衆」がある。

まて、まて、次のページが「二科展の椅子」。こ

「傑作小品」の中の一点。「腕時計を自慢したさの男」のアピールぶり。

の画に付された文が気になる。
どの絵も　どの絵も赤土の崖《がけ》と　赤土の道の絵
煙草《たばこ》のやにで煮締《にし》め上げたような絵
真面目に言えば現実を凝視し過ぎた嬉《うれ》しさ哀《かな》しさ（以下略）
って、これは、もしや、岸田劉生の影響をまともに受けた二科の画家達の作品に対するシニカルな指摘ではないですか（上段の画を参照）。

大正13年「二科展の椅子」。「どの絵も どの絵も赤土の崖と 赤土の絵」という二科展における一シーン。「赤土」というと劉生とその仲間たちを連想してしまうが、このころすでに劉生は居を京都に移していた。

この文の冒頭、劉生と深い交流のあった木村荘八と中川一政と、一平との一シーンを紹介したが、一平、ここに劉生の痕跡を残していたとは……。

いや、劉生に逆戻りせずに先に進もう。「新派劇――明治座について」「国技館」「花やしき」「浅草六区の歌劇」……ね、見たくなるでしょう、この文庫本。

もちろん、政界、文壇、芸能人の似顔絵がある。映画的表現法を用いての「女百面相」もある。それらがまた、その眼のつけどころ、筆勢、どうにも手に負えない技。

これら一平の画文とともに、編者、清水勲による巻末の「岡本一平小伝」、とくに「岡本一平年譜」の充実ぶり（六十四頁に及ぶ）。

この文庫本もまた必携の一冊。

柿の種 寺田寅彦著
完訳 アンデルセン童話集 1
小出楢重随筆集
影をなくした男
鏑木清方随筆集
明治の東京 鏑木清方著 山田肇編
ナンセンスの絵本
ウィーン世紀末文学選
新編 百花譜百選
サロメ
八十日間世界一周
ドン・キホーテ 前篇(一)
岸田劉生随筆集
地底旅行
ハックルベリー・フィンの冒険 上
ボズのスケッチ 短篇小説篇(上)
SKETCHES BY BOZ
新編 山と渓谷
河鍋暁斎
多情多恨
白鯨 上
河鍋暁斎戯画集
『パンチ』素描集
カフカ短篇集
続ビゴー日本素描集
にんじん
近代日本漫画百選
新編 近代美人伝(上)

Chapter IV

◎ジュール・ヴェルヌ（朝《あさ》比《ひ》奈《な》弘《こう》治《じ》訳）『地底旅行』

19世紀後半刊『地底旅行』画文の底力に呆然

前回は岡本一平の漫画漫文に舌を巻きました。

と、なると、流れからいえば、同じ清水勲編による**『近代日本漫画百選』**ということになりますね。

この「絵のある」岩波文庫も本文中に挿画満載、また巻末には清水勲ならではの、力のこもった解説と「近代日本風刺画史年表」が付されているが、例によって、気分にフェイントをかけたくなり、また、世の中は夏休みということでもあったので、ちょっとアウトドア系の岩波文庫を、ということで**『ハックルベリー・フィンの冒険』**と決めた。もちろん作者はマーク・トウェーン（私は「マーク・トウェイン」の方が目になじみがあるが）。

読書好きの男の子だったら、たいてい読んでいる、こういう作品を、私、読んでいないんですよね。ハックじゃないけど、それこそ、ほとんど家の中にいない子供だったもので、読書の習慣がない。

でも、いいじゃありませんか。この年になって『ハックルベリー・フィン』を初読。読みはじめると、そうか、この物語の、いわば前篇が、あの『トム・ソーヤの冒険』であったのか、ということを今さらながら知る。

これも、読んでなかった。では、ということで、まず『**トム・ソーヤの冒険**』から取りかかる。といっても、今日、岩波文庫は現在品切れ中らしく、すぐには手に入らない。福音館文庫の大塚勇三訳で読む。

面白い。ちょっとした悪漢小説の気配もある。満足して、読了、『ハックルベリー・フィン』に進む。マーク・トウェーンという作家に興味が湧いてくる。岩波文庫の中にはこちらも「絵のある」『**王子と乞食**』もある。

よし、マーク・トウェーンはもう少し本腰を入れて取り組もう——ということで、またまた進路変更。といっても、こちらも大冒険譚、ジュール・ヴェルヌの『**地底旅行**』を手に取った。

この本はヴェルヌのもう一冊『**八十日間世界一周**』とともに、前からチェックしていた。とにかく、本文中の挿画が素晴らしい。（いつかは）と思っていたが、時は今！

それに、私、ここしばらく前から「石」に興味を持っちゃって。火山、鉱物、岩石——いわゆる地学系の入門書を何冊も入手、知識を蓄えつつあった。

いやあ、いいですねえ、この『地底旅行』。もちろんエドゥアール・リウーによる挿画も、じつに素晴らしいのですが、ヴェルヌの物語づくりの技、構成が、とにかく私好み。

主な登場人物は、ただ三人。一人は、常に科学的

なんと美しい鐘楼、なんと美しいE・リウーによる挿画。

データのみを信じ、自分の説の実証のために突き進む、地学・鉱物学者のリーデンブロック教授。

　腰が引け気味ながらも、それに付き合わされるのが教授の甥の私（アクセル）。そうしてもう一人が、どんな事態に遭遇しようが常に黙々とやるべきことを着実にこなしてゆく頼もしきガイド、ハンス。

　この三人が、地底、というか、地球の中心に向かって、どこまでも、どこまでも下りてゆく。そして、その途中で出合う恐るべき出来事とは！　また、眼前に現れた信じがたい世界とは！

『地底旅行』を読み進むうちに、まず思い出したのは、やはり岩波文庫に収められているオーストリアの作家・シュティフターの『水晶』（岩波文庫に収録、「絵」はない）である。

　この小説も一種の地底巡り。ただし主な登場人物は、幼い兄と妹。この二人が、雪の中を迷い歩くうちに、知らず、氷河の奥へ奥へ入り込んで行ってしまう、というノンフィクション的物語。

　この『水晶』もドキドキさせられる。しかも、絶望的な危機に対して、妹を守り、なんとかそこから脱出しようとする兄の健気さが胸を打つ。

　また、そんな、人の運命とは関わりなく、透きとおり輝く、氷河の中の水晶の空間。傑作です。いままで、何冊人にプレゼントしたことか。

　ところで地球空洞説ということになると、そう、

「伯父の姿はまるで六本足のケンタウロスといったところ」（本文より）

「この地下世界のプロテウス」（本文より）は幻か現実か。

あれはもう三、四十年、いや、もっと前か、超自然、超常現象の作家・黒沼健の『地下王国物語』なども思い出される。

まあ、黒沼健の作品の場合、地球奥深くが、じつは空飛ぶ円盤の出発地という、あまりにも現代科学を無視したイリュージョンに満ちた設定ゆえ、頭脳の中に空洞ができたような快感（?）を覚えてしまうわけですが、ヴェルヌの『地底旅行』は、これとはひと味もふた味も異なる。

物語の筋は、地球の中心へ中心へと下りてゆき、そこで、なんと古生代の世界と出合う、という荒唐無稽ぶりながら、その科学的ディテールは、十九世紀後半（一八六四年刊、ということは明治維新の四年前）当時の地学知識にのっとった学術的な記述がされている。ここで示される科学知識は、今日もほとんど訂正する必要がないレベルのものと思う。

「まるでダイヤモンドのなかの空間を旅しているような心持ちだった」（本文より）

地下世界の「地中海」で水浴びをする「私」。

　というのは、じつは私、『地底旅行』を読み進めるとき、大学受験用の地学の参考書（力武常次《りきたけつねじ》他著『新地学』研数出版刊）を手元に置き、あれこれ、泥縄式に地学知識を仕入れながら、この物語を楽しんでいたのである。

　『地底旅行』という、空想科学小説が刊行と同時に多くの人々に受け入れられ、また、今日もこうして岩波文庫で読むことができるのは、ヴェルヌならではの〝楽しい科学〟的な姿勢があったからではないだろうか。

　私はひたすら、この科学知識（当然、地学が中心だが）の開陳と、ワクワク、ドキドキの冒険譚に熱中、読了してしまったのだが、訳者の朝比奈弘治による巻末の解説に接し、この作品を、もう一度読み直そうかと思っている。

　この、〝子供でも十分に楽しめる〟十九世紀後半のＳＦ冒険小説は、「精神分析的な観点からすれば、無意識の深部へと向かう内面の旅でもあるだろう」という。

　そして、

「説明のつかない現象」として語られるこの地下世界が、起源の場所としての母の胎内のイメージを伴っていることは言うまでもないだろう。そこは生命の故郷であり、地球の胎内に隠された永遠の休息の場である。

と指摘し、さらに、

このような地下世界における夢の『オデュッセイア』の物語は、全体として見ればひとつの教養小説として読むことができる。臆病で優柔不断な若者だった主人公のアクセルは、迷路の通過、暗黒と孤独の試練、怪物との出会い、火の洗礼など、危険にみちた地獄巡りを経たのちに、一人前の大人となって地上に帰還する。それは中世の騎士物語にも似たイニシエーションの物語である。

「こいつはただのキノコの森だ」(本文より)

と、『地底旅行』のもう一つの読みの解を呈示してくれている。やはり、この岩波文庫、一読ですますのはもったいない。精密な銅版画によるリウーの挿画も、何度見ても、本当に素晴らしい。

『地底旅行』が出版された、十九世紀の後半は、日本でいえば、徳川幕府による江戸時代が終わり、明治維新を迎える時代。

近代科学の世界では、いわゆる「元素周期律表」が完成(一八六四年)し、生物進化論が確立、また、古生物の発掘がさかんに行われ、古人類・ネアンデルタール人が発掘(一八六四年)される。

このような時代的背景の中での『地底旅行』。刊行当時、ライブ感に満ち満ちた〝空想〟科学小説であったはずです。そして、その魅力は、その挿画とともに今日も色褪せない。

◎ジュール・ヴェルヌ（鈴木啓二訳）『八十日間世界一周』

「科学の世紀」の幕開けの冒険譚『八十日間世界一周』

今回は、気分にフェイントをかけず、前回のジュール・ヴェルヌの『**地底旅行**』に続いて、同じ作家の『**八十日間世界一周**』（鈴木啓二訳）で行く。

『八十日間世界一周』かあ、かなり昔、映画で観ました。劇場で観たような気がするが、テレビの映画番組だったかもしれない。

ビクター・ヤング作曲の「Around The World In 80 Days」、気球にでものって、のんびりと旅をしているようなじつに美しいテーマソングも大ヒットしましたね。

手元にある、「ぴあ」発行の、電話帳のような『ぴあCINEMA CLUB'90（洋画篇）』で、この映画の項をチェックすると「一九五六年米国」とある。そうか、この映画、もう五十年以上も前の作品なんだ。それにしても、いくつかの印象的なシーン以外、映画の内容をほとんど憶えていない。

あの、テーマソングの印象のためか、なんか、のんびり、ほのぼの、お気楽な映画だったような気もしていたのだが……。

今回、この岩波文庫『八十日間世界一周』を読んで、おや、この話、全篇、こんな手に汗にぎる、上質な冒険小説だったんだと、改めて、いや初めて知った。

『地底旅行』もそうだが、ヴェルヌの作品、主な登場人物のキャラクターが、なんともユニークで、しかも品格がある。

　これは、少年少女の読者層をも想定した小説作りとしては当然のことかもしれないが、人物の性格設定は単なる絵空事によるものではなさそうである。

『八十日間世界一周』の主人公、ロンドンの謹厳な資産家にして教養人・フィリアス・フォッグ氏は、

大麻や阿片で酔わされた美女。果して彼女の運命や如何。

　昼食や夕食はクラブ内の同じ部屋、同じテーブルで、クロノメーター〔高精度時計〕で計ったようにいつも決まった同じ時間にとった。（中略）夜中の零時きっかりに帰宅するのはもっぱら床に就くためだけであった。（中略）散歩をするのは常にかわらぬ同じ場所、寄木細工の床板を張った玄関ホールか、あるいはまた、赤斑岩の二〇本のイオニア式列柱が青いステンドグラスの丸天井を支えている回廊であった。そこを彼は規則正しい足取りで歩いた。

そういえば、前回の『地底旅行』の主人公、これまた謹厳なる、そして、かなりせっかちなリーデンブロック教授は、

　以上のことに加えて、伯父の歩幅がいつもきっちり一メートルであることと、激しい気性の人によく見られるように、歩くときに拳《こぶし》をしっ

かり握りしめている
というようなタイプだった。

『八十日間世界一周』の、イギリス上流社会きっての紳士・フォッグ氏と、『地底旅行』の、ハンブルグ在住の天才的地質学者・リーデンブロック氏、一方はイギリス人、もう一人はドイツ人と、国民性によるキャラクターの描き分けも当然あるが、共通するのは、フォッグ氏が食事を「クロノメーター（高精度時計）で計ったようにいつも決まった同じ時間」にとることと、リーデンブロック氏が「歩幅がいつもきっちり一メートル」という厳格な〝定測的《デジタル》〟性格の人物である、という点である。

『八十日間世界一周』と『地底旅行』、この二つの物語の作者、ジュール・ヴェルヌのプロフィルをチェックすると、興味ぶかい人物が登場する。その人とは、他ならぬヴェルヌの父、ピエール。彼は地元、ロワール地方の弁護士、つまり名士なのだが、少々ユニークな逸話が残されている。

それは、自宅から弁護士事務所までを自分の歩数で知っていたことや、望遠鏡で教会の時計を確認！　常に正確な時間で行動していた、というものである。

どうです――ヴェルヌの小説の登場人物を連想させませんか。

ヴェルヌのプロフィルに当たっていると、家族の他に、とんでもない人物が、彼の友人にいることがわかる。

「いいでしょう、フォッグさん、4000ポンド賭けましょう」――ここから、不可能と思える旅がはじまる。

それはフェリックス・ナダール。ナダールといえば、風刺画家にして肖像写真家（ボードレール、クールベ、サラ・ベルナール等のポートレートが残る）として知られるが、また気球を発明、製作したりもしている、まあ、十九世紀後半のレオナルド・ダ・ヴィンチのような人物なのだ。

ヴェルヌは、このような友を持ち、自らも自然科学系の論文を好んで目にしていたという。しかも、時代は、まさに現代科学が産声を上げた「科学の世紀」と言われたときでもある（ヴェルヌが世間によく知られるようになったのは、『地底旅行』が発表される前年の一八六三年の『気球に乗って五週間』である）。『八十日間世界一周』は一八七三年の作。アメリカ・ヨーロッパ間に海底電線が敷設されたのが、それより少し前の一八六六年。アメリカ合衆国大陸横断鉄道が開通したのが一八六九年。また、この年にスエズ運河が開通している。

さまざまな通信、交通機関が発明、発展し、未知の世界への探検事業も活発となる（ベルが電話を発明するのは一八七六年）。そんな時代の真っただ中から生まれた『八十日間世界一周』。

「科学の世紀」のカーテンが開かれ、未知であった世界が、夜明けの陽光の下で、その顔を明らかにし始めた時代の空気を一気に吸って、この世界旅行の冒険譚は誕生した。世界一周を〝たった〟八十日で実現するというのだ。

手前の動物は虎。その先に煙を吐く列車の姿が。インドでの１シーン。

「パスパルトゥーは全くこわがることなく…」部分の挿画ですが、この写実、お見事！

この物語も主な登場人物は限られている。（これは冒険小説の一つの鉄則かもしれない。感情移入がしやすいのだ）。

まずは、驚くべき沈着冷静な貴公子フォッグ氏（なんと完璧な、なんとダンディな紳士！）。そして、主人の無謀な、誇り高き賭けに同行することになる運動量抜群のフランス青年・パスパルトゥー（ちなみに、パスパルトゥーとは、万能キー、なんにでも通用するマスターキーの意味という）。

この二人に加え、ある理由から、フォッグ氏をつけねらう、刑事・フィックス。

この三人による、ロンドン発〜インド〜シンガポール〜香港〜日本〜サンフランシスコ〜アメリカ大陸という大冒険活劇旅行。

ちなみに、この世界一周のうち、日本がどう描かれているか見てみよう。香港から出た船は横浜に入港する。

横浜は江戸の湾内に位置し、この巨大な都市からもそう遠くない場所にある。江戸は日本の帝国の第二の都であり、世俗の皇帝タイクン（大君。将軍のこと）が存在していた時代にはここにその住居がおかれていた。江戸はまた、神々の子孫である宗教的皇帝ミカドが住む大都市・メアコ（都。京都のこと）のライバルともいえる都市である。

うーん、面白い紹介だ。とくに、江戸が京都のライバルという記述がいい。『八十日間世界一周』は再三記しているように一八七三年の作、日本でいえば明治六年。徳川幕府は瓦解し、皇室は京都からかつての江戸城に居を移しているが、ヴェルヌは、日本の最新事情も、多少の時間差はあるが、ほぼ、ちゃんと押さえている。

もう少しヴェルヌが描く日本の世態風俗を見てみよう、女性風俗——。

美しいですねぇ、この挿画！　雪降りしきる中の蒸気機関車。

細工を施した木製の靴を履き、小さな足で小股に歩いていく、何人かのあまり美しいとはいえない女性たちの姿が見られた。その目尻はつりあがり、胸はくぼみ、歯は時代の好みに合わせて黒く塗られていた。ただし彼女たちは「キリモン」〔着物のこと〕と呼ばれるこの国の衣服だけは上品に着こなしていた。

とまあ、こんな調子なのだが、巻末の懇切なる解説には、これらの記述のネタ本に関する言及もある。

それはさておきこの『八十日間世界一周』、物語の冒頭からワクワク、ドキドキの Around The World なのだが、読了し、この冒険譚にすっかり酩酊したあとの頭で思えば……おやおや、このアドベンチャー物語は、フォッグス氏が三蔵法師。若き召使・パスパルトゥーが一人で孫悟空、猪八戒、沙悟浄の三役をこなす「西遊記」ならぬ、十九世紀後半のチャーミングな「世界遊記」だったのですね。

◎ワイルド（福田恒存《つねあり》訳）『**サロメ**』

ビアズレー描く「絵のある」岩波文庫、屈指の一冊

この、オスカー・ワイルドの『**サロメ**』は、ご存知のように「絵のある」岩波文庫を代表する一冊である。訳は福田恒存。本文全百十頁の薄さながら世紀末文学の傑作といわれる劇に、ビアズレーを世界に知らしめたその全挿画が収録されている。

あなたは『サロメ』を読んだだろうか。その挿画、ビアズレーの描線を見ただろうか。

岩波文庫『サロメ』を手に取る。薄くて、軽い。ユーゴーの『**レ・ミゼラブル**』やサッカレー『**虚栄の市**』あるいは全十三冊の『**完訳 千一夜物語**』のようなぶ厚い文庫も充実感があるが（と言いつつ、本心は少なからずたじろぐ）薄い文庫は上品で愛しい感じがする。

ところで、この『サロメ』のカバー、全体が淡い血の色。しかもビアズレー描くイラストレーションは、断ち切られたヨカナーンの血のしたたる首を手に、口づけをする（した）サロメが描かれている。『サロメ』のクライマックスの一場面だ。

『サロメ』の頁を開く。本文扉裏に Wilde SALOME 1893 とあり、左頁は孔雀の羽根のパターンの「未使用の表紙」。頁をめくるとカバーの再び絵があり「お前の口に口づけしたよ」というネームが添え

られている。

　そして、左頁は「サロメ　一幕による悲劇」とタイトルがあり、これは、だまし絵風の森の中、二本の長いローソクの間に立ち上がる、乳房とペニスを持つ両性具有、角のあるサタン（か）。それに跪く、やはりペニスを露出させた青年に近い？　エンジェル。

　ビアズレーの挿画に息をのみつつ、頁をめくると「わが友ピエール・ルイスにさゝぐ」とある。すっ

スックと立ち上がる、乳房とペニスを具有する角のあるサタン（？）。跪く、羽を背に持つエンジェルのペニスは半ば勃起している。

かり忘れてました。ワイルドがこの『サロメ』を、あのピエール・ルイスに捧げていたとは。

　ピエール・ルイス――ジッド、ヴァレリーまた、マラルメとも親交のあった詩人で『ビリチスの歌』、『アフロディテ』といった耽美的、エロティックな作品の作家として日本でも知られている。私も、戦前の軟派系翻訳本で二冊とも持っていたはずだが……。（英文の『アフロディテ』一冊は見つかった。また、『ビリチスの歌』は鈴木信太郎の名訳で講談社文芸文庫から、『アフロディテ』は平凡社ライブラリーから刊行されている）。

　しかし、ピエール・ルイスに引っかかっていてはスペースがいくらあっても足りない。『サロメ』の本文に進む。まず冒頭に舞台の場面説明がある。「一幕物」だから、舞台設定はここだけとなる。

　場面はエロドの宮殿の廣い露臺。宴會場より高くしつらへてある。兵士たちが手摺にもたれか

ゝつてゐる。右手に巨大な階段。左手奥にはブロンズ製の緑色の圍ひをした古めかしい水槽がある。月の光。

主な登場人物は

エロド王　分邦ユダヤの王

ヨカナーン（ヨハネ）　預言者

若きシリア人　親衛軍の隊長

エロディアス　エロド王の妃

サロメ　エロディアスの娘

ストーリーは単純といえば単純。酒に酔って、王妃の連れ子の、美貌にして肉感的なサロメに踊る（ベリーダンスのようなエロティックなダンスのよう）ことを所望した王は、つい「欲しいものをいいなさい、領土の半分でも、なんでもお前にあげよう」と言ってしまう。

　その言葉を受けたサロメは、母・エロディアスの制止も聞かず、妖艶な姿で王の前で踊る。そして、その報酬として王に対し、捕われの身でありながら自分の意のままにならぬ美しき預言者・ヨカナーンの首が欲しいと言いつのる。

「エロドの眼」と題する挿画。悪魔的にして、どこかオリエンタルなムードが。

　サロメは自分の恋情を受け入れずに恥ずかしめたヨカナーンの首が欲しいために、その蠱惑的肉体を王の眼の欲望に捧げたわけだ。

　しかしエロド王は、身柄を拘束し、幽閉はしているものの、信者も多いこの預言者の首をとることを非常におそれ、聖者・ヨカナーンの首を切るなど思ってもなく、なんとか豪華な宝石などで、彼女を説き伏せようとする。

ここからの、狂気のエロド王とヨカナーンを見染めたサロメ、そして、ヨカナーン憎しと、王のサロメに対する欲情に気づいた王妃エロディアスとの、息づまるような会話の応酬と視線の交叉が圧巻。

しかし、王は自ら言葉に出してしまった約束の手

エロディアス登場のシーン。この母も乳房をいやが上にも盛り上げ、強調する帯をつけている。右のピエロの役が、作家ワイルドか。それにしてもローソクの立つ両側の大燭台はペニスの亀頭とは！

「腹の踊り」と題された挿画。「腹の踊り」とは、ほぼ半裸で踊る、あのエロティックなベリーダンスのようなものではなかったか。

前、追いつめられ、ついにヨカナーンの首を切ることを命ずる。

そしてサロメは、そのヨカナーンの生首を手に口づけする。本文より引用しよう。

あゝ！ あたしはたうとうお前の口に口づけしたよ、ヨカナーン、お前の口に口づけしたよ。お前の脣はにがい味がする。血の味なのかい、これは？ ……いゝえ、さうではなうて、たぶんそれは戀の味なのだよ。戀はにがい味がする

ついにサロメは、自分に恥をかかせた愛しい男、ヨカナーンの首を手に入れる。この後、サロメは愛しいヨカナーンに語りかけながら口づけする。

とか……でも、それがどうしたのだい？　どうしたといふのだい？　あたしはたうとうお前の口に口づけしたよ、ヨカナーン、お前の口に口づけしたのだよ。

まさに「人を恋わば、人危《あや》めるところまで」。

一條の月の光がサロメを照らしだす。

エロド　振返つてサロメを見

殺せ、あの女を！

兵士たちは突き進み、楯の下に、エロディアスの娘、ユダヤの王女、サロメを押し殺す。

――これで「幕」である。

ストーリーはこのように単純。

王に「けがらはしい奴」と罵倒される王妃、とその娘サロメ。そして自分の王女サロメに、あられもない姿でエロティックな踊りを舞うことを望む王――そこにはただならぬ近親相姦の欲望と、どす黒い嫉妬が渦巻く。

ヨカナーンの生首を抱き口づけするサロメの狂ったような切迫する恋情は、程度の差こそあれ、恋の欲求の表出、そのものなのではないだろうか。それが恐い。恋する者は誰でも程度の差こそあれ、サロメ（男も女も）になりうる。身に覚えはありませんか、読者諸姉諸兄。

オスカー・ワイルドは一八五四年アイルランドのダブリン生まれ。一八七二年生まれのオーブリー・

ビアズレーとは十八歳の差があるが、「似た者同士」的な共感？　いや、反発があったようだ。『サロメ』においても、ワイルドはビアズレーの挿画を必ずしも気に入ってなかったという。

キューピッド的ないたずら心のあるビアズレーが『サロメ』の挿画の中に、ワイルドを嘲笑的にモデルにしたキャラクターを描いたのも、その一因か、あるいはビアズレーの絵がワイルドの作品には従わず、勝手に一人歩きして、表現されたためか。

そのビアズレーといえば、つねに、姉メイビル（女優となる）との近親相姦が噂され、一方、ワイルドは十六歳年下の二十歳をすぎたばかりの青年アルフレッド・ダグラス（ワイルドがフランス語で発表した『サロメ』を、このダグラスが英訳して出版する）と親しくなり、後、息子を心配するジョン・ダグラスから告訴され、卑猥行為の罪で投獄され、破滅する。

ビアズレー描く？（別人説あり）ワイルド。ビアズレーの死の２年後の1900年ワイルド死す。

ビアズレー、ワイルド、共に、まさしく世紀末の申し子そのものであった。

ビアズレーは一八九八年結核のため二十五歳の若さで夭折、ワイルドはその二年後の一九〇〇年、梅毒による脳髄膜炎のため死亡している。

その二人が生み出した『サロメ』。私たちは、この名作を廉価で豪華な文庫版で手にすることができるのだ。

◎ビュルガー 編（新井皓士《ひろし》 訳）『**ほらふき男爵の冒険**』

ドレーによる なんたる描写力 なんたるナンセンス！

「絵のある」岩波文庫の中の代表的一冊——という惹句《じやつく》を、いままで何回使ってしまったことだろう。同じ、形容詞、副詞の重用、多用は、鈍感な文章の証明のようなものだろうが、今回もまた……。

だって、この本もまた、その一冊なんだもの……。

とにかく、ギュスターヴ・ドレー（私には「ドレ」が親しいが、この岩波文庫表記では「ドレー」）描く挿画の傑作ぶり。

ドレーの尋常ならざる描写力については、はるか昔からの記憶がある。あれはたしか、社会思想社の教養文庫じゃなかったか。

ダンテの『神曲』。

文章など、ほとんど読まなかったのに、その細密な挿画に見入った覚えがある。

この『**ほらふき男爵の冒険**』の挿画も、そうなのだが、硬く、細い丸ペンで描いたようなドレーの絵を、ずっと銅版画によるものと思い込んでいた。じつは、——木口木版だという。

硬い材質の木の、板目ではなく断面、硬く密なる木口に彫った版画を木口木版という。私のような半可通の目には、なかなか銅版画と区別がつかない。頼りとすれば、まあ、製作された年代、ということ

この時代は「空想と科学」の時代。ナダールの発明した気球は人類に空中からの視線をもたらした。

になる。

おっと、ドレーの挿画の素晴らしさのことから書き始めようとして、例のごとく、さっそく横道にそれてしまった。軌道修正。——ドレーについて。

先日、書店をクルージングしていたら、一冊の文庫が目に留まった。『60戯画　世紀末パリ人物図鑑』（中公文庫）。鹿島茂さんの本である。

鹿島さん、といっても、親しい間柄ではない。お話したことすらない。ただ、神保町で何度か、その歩行姿を拝見していることと、あれはもう数年前になるのだろうか、北京の旧市街（胡同）の古いホテルの中庭近くですれ違っただけの関係なのだが、挿画好きの百科全書的文人として敬し、著作を楽しませていただいている。

その『60戯画』、これがまた挿画満載の、というか、貴重な戯画ありき、の珍本で、十九世紀末のパリに活躍した文士、画家、女優、著名人六十人のカリカチュアに、鹿島さんならではのコメントが添えられている。

当然、この中に、ギュスターヴ・ドレーも紹介されている。あれっ、ドレーってこんなフックラした顔——だったっけ。私のイメージでは、あのナダールが撮影した（そのナダールの戯画も『60戯画』には入っている）細面でモミ上げの長い、精悍な表情のドレーなのである。

なぜ教会のあんな高い塔の上に馬がブラ下がっている？　それを見上げる村人たちと、手前、地面に腰をおろす（抜かす？）男（じつは男爵）。

おや、また脱線しつつある。ドレー描く『ほらふき男爵の冒険』だ。くどいようだが、この挿画が本当にすごい。

ビュルガー編・新井皓士訳『ほらふき男爵の冒険』を手に取る。

まずは絵を見ていただきたい。細く描き込んでいるので、じっくり見ていただきたい（私も本に顔をくっつけるくらいにしてこの絵を見ている。傍らで人が見たら、ページの臭いでも嗅いでいるように見えるかもしれない）。

古い教会の塔の上に、なぜか、馬がブラ下がっていて、それを村人たちが集まり、（なんで、あんな高い所に馬が）と指さし見上げている。

そのわけは……大雪の道を来た〝ワガハイ〟（もちろん主人公の男爵）が、杭と思って馬をつないだところが、じつは雪に埋もれた教会の塔のテッペンで、朝になって雪が一気にとけたため、馬が塔の上からブラ下がる始末となってしまったという（ほら）話。なるほど、理屈では合っている。しかし……。

ではつぎの一話。

狩りに出たワガハイ、はっと気がつけばライオンが！　脱兎の如く逃げようとした前を見れば南無三！　巨大なワニが大口を開けている。

思う間もなくライオンが後ろから飛びかかってきた。サラバこの世よ！　と前のめりにぶっ倒れてし

なにやら大きな動物を呑み込もうとするワニ。動物はライオンの下半身。驚き見るワガハイ。

まったのだが……。

　数秒たっても、ワガハイ、痛くも苦しくもない。

「おそるおそる頭をあげ見回した、すると――」、ライオンがワガハイに飛びかかった、その瞬間、ワガハイがバッタリ倒れてしまったので、勢いあまったライオン殿、大口を開けて待っていたワニの口の中に飛び込んでしまった、ということなのだ。

　しかもワニ公、ライオンの首で窒息。ワガハイ、絶体絶命を脱したばかりか、一挙にして、猛獣二匹を仕留めたという、一席。

　どうなんですか？　こういう、ほら話。

　私は好きですねぇ。私、言語表現において、最もセンスのあるもの、価値あるものとして「ナンセンス」を挙げたいのです。

　日本にもあります。落語の世界。ここはナンセンスの宝庫。ところで、今日の文学、芸能、芸術の世界、この、ナンセンスというものが、あまりに無視、あるいは軽視されていると思いませんか。

　いや、無理に思っていただかなくても結構です。私は勝手に楽しみます。『ほらふき男爵の冒険』のナンセンスぶりと、その、恐るべきドレー、入魂の挿画を。

　これがスゴイ！

　ほらふき男爵、その本名は、ミュンヒハウゼン、

おお、ドレー描く、これはハーレム。いいですねぇ、この時代に生きて、「ワガハイ」のようにコンスタンチノープルあたりのハーレムを訪れてみたかった。

十八世紀ドイツに実在した貴族とのことです。

カール・フリードリッヒ・ヒエロニュムス・フォン・ミュンヒハウゼン――どう見たって由緒正しい貴族の名。

あの指揮者・カラヤンが「フォン」の称号を得るために大金を投じた、という話を聞いたことがある。

ま、それはともかく、このミュンヒハウゼン男爵の、大ぼら話が『ほらふき男爵の冒険』として、ギュスターヴ・ドレー描く傑作挿画とともにこの世に残されたのですが、つい先日、テレビを見るともなく見ていたら、「エエエッ！」というニュースを目にした。

な、なんと「ミュンヒハウゼン症候群」？　という言葉が耳に入り、画面を見れば、確かにテロップに、この文字が流れている。――病名？

しかし、なんというタイミング。しかも私、このとき初めてこの病名を知った（じつは、高校生のころから、ちょっとした薬品名と病名フェチなのですが）。

なんなんだ、この「ミュンヒハウゼン症候群」、つまり「ほらふき男爵症候群」？　とは。

さっそく、高校時代の同級生で、なにかと世話になってばかりいる開業医の友人に電話で問い合わせる。

なるほど、なるほど……。

「周りの人の関心を自分の方に引きつけるために、嘘の話をしたり、病気を装ったり――さらには自分の体を傷つけて訴えたりすること」という。

また、この症例には二パターンがあり、一つは、「自分自身を対象としたもの」と、もう一つは「母親が子供に対したり、配偶者や老いたる親を対象とする場合」があるらしい。

ほらふき男爵の名も、とんだところで現代に生きていたわけですね。

角と角の間に桜んぼの樹を生やした大鹿。落語の「あたま山」の主人公も頭に桜んぼの種を落とし、それが大樹となる。

で、話は本題に戻って、『ほらふき男爵の冒険』――その、ほら話の一部を紹介したが、もう一つ。もう、まるで落語の「あたま山」（こちらもやはり頭に桜の樹が生い繁るこの話のナンセンスぶりは徹底してます）そっくりのバカ話が語られる。

男爵、森で狩りをしていると――大鹿に出くわす。ところが、銃弾はすでにすべて撃ち尽くしてしまっている。

大鹿大公、男爵の銃に弾なしのことをお見通しか、馬のように平然と「ワガハイ」の眼を見ている。たしかに鹿に馬鹿にされては男爵の名がすたる。鹿は男爵の銃など、どこ吹く風と、シカトしているのだ。

「オヌシ！」と男爵、銃弾はないが、桜んぼの種はあった。これを銃に詰め、ズドン！　と一発かました。

桜んぼ弾は見事、大鹿大公の頭に当たったが、倒すことはできず、脱兎ならぬ脱鹿の如く、砂塵をたてて逃げ去ってしまった。

そして、その一、二年後、ワガハイが同じ森で狩りをしていると、なんと「頭に伸びきった桜桃の木」を生やした大鹿が！

もちろん、男爵が桜んぼ弾で撃った大公である。桜んぼの実が頭に命中し、それが芽を出し枝葉を繁らせ、桜んぼの実までつけていたというわけ。

男爵、――今度は本物の銃弾で大公を一発で倒す。で、ここからがいい。

ワガハイ、これによって「一挙にして鹿の上肉と桜桃肉汁《ソース》にありつくこととあいなった」「木にはたっぷり実がなっていて、こいつが実にもう類《たぐい》なくデリケートな、二度と味わえぬ美味だったわけで」……うおー！　美味そうですねぇ。

この場合、ワインは何だろう。鹿肉とブルゴーニュの◯◯といったオーソドックスなワイン選びだけではなく、ミスマッチすれすれの技も繰り出せる田崎真也さんに聞いてみたい。

にしても、いいですねぇ、こういう、読者にヨダレを垂らせてくれるようなホラ話。ほらふきとはいえ、さすが貴族。

ところで、この岩波文庫には、巻末に文献学的にして、じつに楽しい、訳者・新井皓士による解説が付されている。題して

海風に吹きとばされて船は月へ。そして「眼を下方に転ずれば、都会や森林、山、河、海などのある、もうひとつ別の地も見えた」とあるが、この悲しげな表情をした球体、これが地球なのである。

「ほらふき男爵を生んだ　三人の男たちについての真面目で本当の話」

このタイトルからして期待が持てる。『ほらふき男爵』という物語のバリエーションから、今、こうして「ビュルガー編」の岩波文庫として読めるまでに至る、興味津々たる経緯が記されている。

その解説の末尾近く、

大体ほらふき話がなぜこんなに人気があるのか、いささか哲学的ないし文学的詮索をしたい誘惑にかられますが、ほらにほらを重ねる事になるといけないので、ここは遠慮する事に致しましょう。

などとある。さすが、この物語を訳すにふさわしい、闊達な心ばえと文。

しかも

翻訳に当っては原文のユーモアと所々のサタイアーをなるべく生かすよう、そしてできれば日本語として朗読に耐えるものを、という欲張った意図で努力しました。

とある。「朗読に耐える」が素晴らしい。訳者の心づくしを存分に享受したい。

なんですか、この絵は。海には異様な生物が横行し波しぶきをあげている。それにも増して気味わるいのが空の怪獣。足のかわりに車輪を持つのや、気球で空飛ぶ魚もいる。ここまでグロテスクだと、一層、痛快。ドレーの想像力、描写力がスゴイ！

◎ユーゴー（豊島与志雄 訳）『レ・ミゼラブル』

『ああ無情』とも訳された、この物語は一種の超人伝説

前回の「ほら話」つながりで、では日本物では、と思いをめぐらせてみた。「絵のある」岩波文庫一ジャンルに江戸モノがあり、この中から井原西鶴作（横山重校訂）の**『好色一代男』**の挿画（西鶴自身が描いたといわれる）が頭に浮かび、これを取り上げようと心づもりしていたのですが、都合により、「ほら話」とは真逆の「悲しい」物語でいこうと心変わりした。

それは「絵のある」岩波文庫の中でも、セルバンテスの**『ドン・キホーテ』**と並んで、超弩級のボリユームを誇る**『レ・ミゼラブル』**。タイトルどおり、かなり手に汗にぎるミゼラブルな物語。

おっと、その前に――前回紹介した**『ほらふき男爵の冒険』**の傑作挿画を描いていたのが、ギュスターヴ・ドレー。

私、あらためて、このドレーの描写力、想像力に魅せられてしまって、彼が描いている『神曲』や、木口版画画集などを入手して、じっくり楽しませてもらっていたのですが、燈台下暗し、思えば岩波文庫の『ドン・キホーテ』正続計六冊の挿画も、ドレーによるものだったのです。

『ドン・キホーテ』一九四八年初版の永田寛定《ひろさだ》訳による旧版と二〇〇一年牛島信明による新訳が手元に

あるが、お目当てのドレーの挿画は新版のほうが、ぐんと豊富。

訳はといえば、語り手セルバンテスが、「私」を、旧版が「わし」と表せば、新版は「わたし」、という口調で、旧新、それぞれ趣がある。

たとえば、その序文は、こう始まる。

旧版

つれ〴〵な読者諸君、わしが脳みそをしぼって生まれさせたこの本は、美しさもけだかさも賢さも、このうえなしにおもわれたかったこと、誓わないでも信じてもらえよう。しかし、わしとても、大自然の法則には逆らえなかった。

新版

おひまな読者よ。わたしの知能が生み出した息子ともいうべきこの書が、想像しうる限り、最も美しく、愉快で、気のきいたものであれかしと著者のわたしが念願していることは、いまさら誓わなくても信じていただけよう。しかしわたしもまた、蟹は甲羅に似せて穴を掘るという自然の法に逆らうことはできなかった。

――と、まあ、こんな具合。

本来ならば「おひまな読者」である私は、この旧新二版、計十二冊を並べて、挿画、訳、それぞれ見比べ読み比べてみたい誘惑にかられるのですが、今

『ドン・キホーテ』本文中の挿画。ドレーの力量はこの一点でも明らかですね。新版の本文より。

は因果と、目の前に、ドカンと厚い『レ・ミゼラブル』が四巻、積まれている。

この四巻の総ページ数、電卓で足してみたら二千四百ページ強。

いや、これに加えて、五百ページ強の鹿島茂による、これも挿画満載の『「レ・ミゼラブル」百六景』(文春文庫)。

そして、さらに、ヴィクトール・ユゴー自身の描いた絵が挿入されている岩波文庫『**ライン河幻想紀行**』などが、私の手によってページが開かれるのを静かに待っているのだ。

しかし今は、ドレー描く『ドン・キホーテ』は脇にずらし、『レ・ミゼラブル』に集中せねば。

『レ・ミゼラブル』またの書名を『ああ、無情』、あるいは『ジャンバルジャン』——知ってますよね。少なくとも、あの、ジャンバルジャンと司教の銀の食器の、教訓的にして感動的な物語は。

しかし、『レ・ミゼラブル』全四巻、四百字ヅメ原稿用紙にして約五千枚ともいわれる全篇を誰が完全読破しますか、研究者以外に。

私だって完読、精読するつもりはなかった。一応、買ってはある。存分に「絵のある」岩波文庫だもの。まずはパラパラと、これもドレーの多くの作品と同様、木口木版の挿画をながめる。岩波本と鹿島茂の文春文庫を比べながら挿画をチェックする。楽しむ。

いや、その前に、この作品の著者、フランスを代表する大文豪の表記についてふれておこう。スペルは、「Victor Hugo」。これを岩波文庫、豊島訳『レ・ミゼラブル』では「ヴィクトル・ユーゴー」。同じ岩波文庫でも『ライン河幻想紀行』他では「ヴィクトール・ユゴー」。鹿島茂の文春文庫では「ヴィクトル・ユゴー」と三者三様、微妙に異なる。

私の頭の中では昔からヴィクトル・ユーゴーなの

だが、引用するそれぞれの表記に準じる。翻訳ものではよくあること。

それはさておき『レ・ミゼラブル』、全四冊、重ねると、ちょうど十センチの厚さとなる。今さらながらたじろいた私は、鹿島茂の『「レ・ミゼラブル」百六景』に手を引かれるように——レ・ミゼラブルという、テリーブルにしてアンビリーバブルな世界をのぞきみることにした。

『レ・ミゼラブル』といったら、この絵でしょう。冬の早朝、こんな大きなほうきを持って床を掃除する、いたいけなコゼットに同情しきり。(1巻カバー挿画)

ユーゴーの『レ・ミゼラブル』、私が子供のころ、少年少女モノの本で読んだのは——『ジャン・バルジャン』というタイトル。

もちろん、この物語の主人公——の名なのだが、この、銅鑼《ドラ》をジャンジャン鳴らすような「ジャン・バルジャン」という音が印象的で、すぐに覚えた。

原題『レ・ミゼラブル』が、『ああ無情』というタイトルの本になっていることはすでにふれたが、(まてよ……)と思って、本置場の一隅をひっくり返すと、やっぱりあった。

買っていたのですね。黒岩涙香《るいこう》・訳による『噫無情』(扶桑堂発行)。私が持っているのは——縮刷版。

もちろん読んでなんかいない。

黒岩涙香の訳ということと、布装でタイトルや表紙図柄の一部が金箔押し、という装丁の美しさで入手しておいたものだ。

奥付を見ると大正四年初版。私のは大正八年刊で

娘たちは若葉繁る森の中で歌い輪になって踊る。彼女たちの一時の青春。花開く春。

二十七版となっている。よく売れたようである。

岩波文庫に戻ろう。

『レ・ミゼラブル』の本文挿画、タイトルにいつわりなく、だいたいが暗めな絵なのだが、物語の冒頭近いシーンでは、いかにも十九世紀初頭の若者たちらしい姿が描かれる。

「第一部　ファンチーヌ」の章。コゼットの母親、女工（お針子）ファンチーヌとカルチェ・ラタンの学生の恋の物語。

女工たちと、親元から援助を受けながら学生生活をエンジョイする学生たちの恋が、どういうものだったかは想像がつく。学生たちにとっては、ただ一時のお遊びなのだ。

それにしても、森や湖で遊享する若者たちのシーンは、ここに掲げられている挿画に見るように美しい。男女、それぞれ四人。ボート遊び、森でのダンス、そしてブランコ乗り。

このブランコ乗りの情景、私はいやでもロココの

森の中のぶらんこ遊びは恋愛遊戯の象徴。ロココ派の絵画でもしばしばお目にかかる。

コゼットが重い水桶と格闘していると、突然見知らぬ男が手を貸してくれる……。

画家、フラゴナールの「ぶらんこ」を思い出さずにはいられない。たしか「ぶらんこの幸福なる偶然」とか題されたこの絵は、ぶらんこに乗る彼女のスカートが風でめくれ上がり、それを彼が見上げる一瞬が優美にしてエロティックに描かれている。

　戦前の性文化関連の雑誌などでも、好色美術の一作品として何度も登場している。

　ところで、物語は、そんな学生の一人と交際したファンチーヌが身籠もり、（当然）未婚の母として女の子を産む。その子が、この物語のもう一人の主人公、コゼットなのだ。

　ジャン・バルジャンが、このミゼラブルな女の子、コゼットとどのような縁で出会うのかは本文にあたられたし。

（かつてのミゼラブルな罪人、ジャン・バルジャンはマドレーヌと名を変え、罪を悔いた善き人として成功し、市長にまでなっていた。しかし、その後も彼の身には幾度となく危機が訪れる）。

いまや悔い改め、事業にも成功し、その名もマドレーヌと名を変えて市長にまでなったジャン・バルジャン。しかし彼の旧悪を執拗に追う男がいる。

刑事ジャヴェル。この男こそ、マドレーヌ市長がじつは罪人、ジャン・バルジャンではないか、と、付けねらっている。

とにかく波瀾万丈の人生を送るジャン・バルジャン。そして常に彼を窮地に陥れようとつけねらうジャンの旧悪を知る、過酷にして有能な刑事・ジャヴェル。

このジャヴェルもまた、じつはミゼラブルな人間なのだ。

ところで『レ・ミゼラブル』、何度も映画化されてきた。私が、うっすら覚えているのは、ジャン・ギャバンが主演のもの。

ジャン・バルジャンをジャン・ギャバンが演じるというのも面白い。いや、後にベルモンドも演じている。こちらもジャン（ポール）でした。

日本でも戦前、戦後にわたって数度、映画化されているらしい。戦前には井上正夫、戦後は（あの）早川雪洲《せっしゅう》の主演という。当然、見ていない。

（私だったら誰をキャスティングするかな）と考える。

今から二、三十年前だったら、絶対この人！ も

「薔薇は自ら武器たることを知る」——小さいころから醜いといわれてきたコゼットだが……。

う、この人しかいない。高倉健だ。

今なら……今ならねぇ、迷うなぁ。

ちょっと線が細いかもしれないけど、新境地を期待して、阿部寛。

あるいは、しぶいところで渡辺謙、とか。大穴では北野武。——見たいなぁ、たけしのジャン・バルジャン。

とにかく、寡黙で、人間的陰翳《いんえい》が感じられ、そして肉体的に驚異的とも思えるほどタフな男——。

そう、ジャン・バルジャンの物語は、罪人であり、心優しい成功者であり、しかもダイ・ハードを演じられる、いわばスーパーマンの、しかし、ミゼラブルな物語だったのだ。

「ジャン・ヴァルジャンがはいり込んだのは、パリーの下水道の中へだった」（本文より）

それにしても、このユーゴーの作品、十八世紀中葉から十九世紀の三十年代くらいまでのフランス史のあらましがわからないと、読みこなせないのでは。
著者ユーゴーの姿もつかめない。
たまたま、美しい木口木版挿画が沢山入っているだけで、とウキウキ手にした岩波文庫が、私を新たな知的世界へ誘う。
ということで、とりあえずユーゴーの時代とフランス近代史は私の自習課題として、次は……夏山が招く季節か。よし、それでは「絵のある」岩波文庫のアルプス物を取り上げることにしよう。

◎ウィンパー（浦松佐美太郎《さみたろう》訳）『アルプス登攀記《とうはんき》』（上・下）

ただの若き画家が前人未踏の「魔の山《マッターホルン》」を制覇してしまう偉業と惨事

前回のヴィクトル・ユーゴーの『**レ・ミゼラブル**』の後遺症が続いている。

ユーゴーの生涯と、作品『レ・ミゼラブル』の背景を知るには、どうしてもフランス近代史を知らなければならない、という、当然のことに今さらながら気づかされたので、泥縄式にお勉強を続けている。

まずは、世界史の受験参考書——吉岡力著『詳解世界史』（旺文社）、原真哉著『世界史年表』（聖文新社）——を二冊引っぱり出し、フランス革命の前後をチェック。素晴らしいんですよね、このての参考書。とてもコンパクトでわかりやすく編集されている。本当、頭が下がります。

また、神保町の文庫本がガッチリ揃っている古書店で、今はなき教養文庫の「世界の歴史」の「巻10」『市民革命の時代』を入手。

そして、たまたま新刊書店でパッと目についた集英社新書ヴィジュアル版の『フランス革命の肖像』をいそいそと購入。この本、新書判なのに千円プラス税。高い？ いや、いや。全ページオールカラーで、フランス革命時の主役、脇役八十名の肖像画が収録されている便利でありがたい本なのだ。

と、まあ、こんな具合に、ユーゴーがきっかけとなって、フランス革命前後の歴史を楽しんでいる。

　ところで、今回は、ぐっと趣向を変えて、アルプス行だ。目の前にはフセンがあちこちに貼られた「絵のある」岩波文庫、ウィンパー著（浦松佐美太郎訳）**『アルプス登攀記』**の上・下二冊が重ねられている。

　いや、それだけではない。『アルプス登攀記』の兄弟本ともいえる、同じウィンパーによる**『アンデス登攀記』**。さらに、これもまた「絵のある」岩波文庫のジョン・チンダル著（矢島祐利訳）**『アルプス紀行』**と、こちらは日本のアルピニズムの必読本。田部重治著（近藤信行編）**『新編　山と渓谷』**、池内紀の解説の付された藤木九三《くぞう》著**『屋上登攀者』**、小島《こじま》烏水《うすい》著（こちらも近藤信行編）**『日本アルプス』**を積んである。

　中でも私にとって看過しがたいのは、「小島烏水」という著者。学生時代の林学関連の講義で、この人の名を憶えたのだが、烏水が、日本近代アルピニズムの草分けであると同時に、後に、浮世絵、刷り物のコレクターであることを知る。

　そして彼の著作になる、表紙、見返しが木版刷り

『アルプス登攀記』本文中の挿画。著者である画家・ウィンパーは、このマッターホルンの姿を（絶対征服してみせる！）と、熱い視線で見上げつづけていた。

の造本がじつに見事な『浮世絵と風景画』(大正九年・前川文栄閣刊)とめぐり合う。そのズシリと重い本は……と小島烏水のこととなると、あれこれ書きたくなってしまうのだが、今回の主役は、ウィンパーの『アルプス登攀記』。

この文庫本もまた、じつにベラボーな来歴を持つ本なのだ。

まず挿入されている絵が、なんとも美しい。誰が描いたと思いますか? これが、アルプスの前人未踏峰・マッターホルンに挑んだウィンパー自身によるものなのです。

(登山家が、なんでこんなに絵が上手いんだ?)と驚くでしょうが(私がそうだった)、本当に驚くべきことは、じつは、まったく逆なのだ。

本文巻頭の「エドワード・ウィンパーのこと」を見てみよう。

挿画家だった男が、「写生帳と鉛筆を携え、初めてのアルプスの旅に出発」したのが、「彼の生涯に全く新しい方向を与えることになった」。「彼はこの旅行からロンドンに帰って来たとき、すっかり山の魅力に取りつかれてしまっていた」というのだ。

もともと冒険好きの若者であったに違いないのだろうが、それにしても、一介の若き挿画家が、あらゆる困難を乗り越え、もちろん生命の危機に何度も遭遇しながら、ついにマッターホルンの初登頂に成

足を滑らし、もんどりうって滑落してゆく瞬間。その先は「一千フィートも下に見える」リオン氷河。

功、その名を世界登山史に残してしまったというのだから、ベラボーな話と言わざるを得ないじゃないですか。

時代はヴィクトリア時代。ウィンパーが初めてアルプスに向かったのが一八六〇年。

「まずアルマーが、普通よりも、ロープの間隔を長くして、向う側めがけて飛んだ。彼が飛び乗ると、岩が揺れた。だがアルマーは、両手で大きな岩にしがみ付き、振り落されずにすんだ」（本文より）

ウィンパーによる序文を引用したい。

一八六〇年に、ヨーロッパ大陸へかなり長い旅行をするために、イギリスを離れようとしているとき、ロンドンのある有名な出版社から、アルプスの名山の写生をして来て欲しいと依頼された。その当時私は、登山といえば、本を読んで知っているだけで、山を見たことすらなく、まして山に登ったなどということは全くなかった。


と、……こんなことってあるんですね。

当時、アルプスの中でも、マッターホルンは、登頂不可能な山、この山に登ってはバチが当たる魔の山、と人々から恐れられていた。

それを、それまで、高い山を見たことすらなかった挿画家が、数回の挑戦、そして、たび重なる失敗ののち、ついに登頂を果たしてしまうのだ（しかし、この成功には大きな惨劇という代償が付される）。

ウィンパーのパーティがマッターホルンを征したのが一八六五年の七月十四日。まさしく、その三日後、ウィンパーの、よきライバルであり、ウィンパー同様、マッターホルンに挑みつづけてきたアントアン・カレルがイタリア側からの登頂に成功する。一八六八年に、ジュリアス・エリオットが、ウィンパーに続いて二度目の登頂を果たし、さらに同年、ジョン・ティンデールがマッターホルン縦走に成功する。

冒頭、ウィンパーの『アルプス登攀記』とともに紹介した『アルプス紀行』のジョン・チンダルとは、このティンデールのことである。

『アルプス登攀記』『アルプス紀行』ともに、挿入されている木口木版による細密な挿画が、迫真性に富み、山の冷気、霊気を伝えてくる。

『アルプス紀行』の初版は一九三四年。手元の本は一九八七年刊の増訂新版で「岩波文庫創刊60年記念リクエスト復刊」の帯がかかっている。挿画の木口木版（この本の挿画もウィンパーによる監修）は版が少々荒れている。堅い木口木版といえども、版を重ねると摩耗するのだろう。

「十分に成長していない岩溝（クーロアール）が数多く切れこんでいるので……」（本文より）

『アルプス登攀記』は一九三六年初版。手元のは一九九九年第四十九刷。こちらの木版挿画は極めてクリアー。その岩波文庫『アルプス登攀記』上・下二巻の構成は、一八六〇年の発端から一八六五年の初登頂までが、年次ごとに綴られる。

今日、人類初登頂の山を登るといったら、当然、プロが万全の重装備をして挑む、というイメージがあるじゃないですか。

仮に、生まれつき、無鉄砲で冒険好きの性格であったとしても、一度も山を登った経験のない人間が、前人未踏峰の〝魔の山〟といわれた、アルプスのマッターホルンに登ろうと思いますか。このときウィンパー、二十一歳、かけだしの挿画家。

まさに未曾有、いまだかつてあったためしのない話である。

「まるで砕ける大波が、一瞬に凍ってしまったように思われた」（本文より）

ところで、ウィンパーが、こんな暴挙（？）を思いついたアルプス登山史の大要を、訳者・浦松佐美太郎の「エドワード・ウィンパーのこと」によって見てみよう。

アルプスの歴史研究家・クーリッジによれば、アルプス登山史は一七六〇〜一八〇〇年の「黎明期」、一八〇〇〜一八四〇年の「開拓期」、そして一八四〇〜一八六五年の「黄金期」の三つの時期に分けられ、その「黄金期」の最後の年、一八六五年を、とくに重視しているという。

「黎明期」の一七六〇年、アルプスの最高峰・モンブラン（四八一〇メートル）に「勇敢にも挑戦した」ことから、アルプス登山史（ということは世界登山史）の「第一ページが開かれる」。

そして、クーリッジのとくに重視した一八六五年とは、もちろん、ウィンパーがマッターホルン（四四八二メートル）を征服した年であり、「ウィンパーのマッターホルン初登攀こそは、この花やかな黄金期の、最後を飾る最高潮の場面だった」というのである。

つまり、彼のマッターホルン初登頂によって、アルプス登山は一つのピークを迎えたのである。

しかし……この快挙は、その直後に、これまたアルプス登山史に残る大惨事を引き起こすことになる。

そのあらましは後に記すことになるが、このことによって、「登山の危険が論じられ、アルプスの登山禁止が主張」される。

ウィンパーはマッターホルン登頂の栄光と、同時に、恐ろしい遭難事件の責任者として、スイスの法廷で裁判にかけられるという立場に立たされる（結果は無罪）。

たしかに、ウィンパー自身の記録にもあるように、当時のアルプス初登頂の先陣争いは、かなりなもので、人をだしぬく、人からだしぬかれるの登山家同士の激しいレース状態であったようだ。

実際、端的な例が、このマッターホルンで起こっていたではないか。ウィンパーがヘルンリ尾根を経由してマッターホルン登頂成功した、たった三日後、アントアン・カレル率いる登山隊がイタリア側からの登頂に成功している。

繰り返すが、たった三日後、なのだ。この〝三日〟が、登山史不朽の名を残すか否かの別れ道となったのだ。

『アルプス登攀記』の文章は、アルプスの様々の表情や歴史、また山の案内人や登山家の印象が記録されているが、そこではウィンパーがかなりのユーモリストであることがうかがうことができる。

しかし、それと同時に、たびかさなる、文字どおり進退谷《きわ》まる絶体絶命状況や、ちょっとした不注意が引き起こす、恐るべき滑落の描写――。

では、『アルプス登攀記』の末尾、登頂に成功し、下山する途中で起きた七人のパーティーのうち四人が転落するという部分を紹介しよう。

その瞬間に、ハドウが足を滑らしたのだ。クローの背なかにぶつかり、彼を突き落してしまった。クローが驚きの叫び声を上げるのを聞いた。そしてクローとハドウが、飛び落ちていくのが見えた。次の瞬間には、ハドソンが引きずり落とされた。それと同時に、フランシス・ダグラス卿も落ちていった。（中略）老ペーテルと私との間は、ロープがぴんと張っていた。だから衝撃は私たち二人に、まるで一人の人間に襲いかかるように、ぐうんとやって来た。私たちは、ロープを食い止めることができた。しかし、そのロープは、老ペーテルとフランシス・ダグラス卿との間で、ぷつりと切れてしまった。ほんの数秒の間、私たちの仲間が、仰向きになり、両腕をひろげ、何かにつかまろうともがきながら、滑り落ちていくのが見えた。見えている間は、まだ一人も負傷していなかった。一人ずつ視界から消え去っていった。そして四千フィートも下のマッターホルン氷河へ、断崖から断崖へと飛ばされながら落ちていったのだ。

「巨大な雪庇からは、大きな氷柱が無数に垂れ下がり、それがときどき砕けて……」（本文より）

「魔の山」が人間四人を呑み込んだ一瞬だ。

◎メルヴィル（阿部知二《ともじ》訳）『白鯨《はくげい》』

なんなんだ、この〝悪態小説〟と〝鯨の宇宙誌的〟偉大なる合体文芸は！

ハーマン・メルヴィル『白鯨』。ちょっとした読書家だったら当然知っている作品。グレゴリー・ペック主演の映画で見た人もいるかもしれない。

では原作を読んだ人はどれだけいるのだろうか。もちろん（……自慢してはいけないが）私は読んでいなかった。しかし、本を持ってはいた。

岩波文庫全三巻。阿部知二訳。初版が一九五六年で、私のは一九九四年刊、第四十三刷。よく売れている作品だ。

よし、この機会に読了しよう。本を手に取る。なにやら、気持ちをそそる挿画（小口木版）もふんだんに入っている。

いや、まてまて、この作品が世に出た時代を、ざっとチェックしておこう。『白鯨』（Moby Dick or the White Whale）は一八五一年十月に、まず英国版が『鯨』と題して出版、少し遅れてアメリカ版が出る。

メルヴィルは一八一九年（『草の葉』のホイットマンと同年）に生まれているから（九一年没）三十三歳の時の作品となる。

この少し前、『緋文字《ひもんじ》』で、すでに名声を獲得していた十五歳年長のホーソンとの出会いがあり、『白鯨』は「ナサニエル・ホオソーンに——その天才へのわが讃仰のしるしとしてこの書は献げられる」という献辞が記されている。

一方、日本に目を向ければ、一八四六年アメリカは、まずビッドルを浦賀に来航させ、続いて五三年にはかのペリーが、捕鯨船の物資補給と太平洋横断航路の中継地として、開港を強力に迫っている。いわゆる黒船来港。

江戸末期、葛飾北斎によって描かれた「鯨突」。メルビルの『白鯨』の中にも「ニッポン」の海は鯨の出没するところとして再三登場する。幕末ペリーによる開港の要請（強請）は、アメリカ捕鯨船の物資補給のための寄港が大きな目的の一つだった。

メルヴィルが作家として身を立てようとする以前、彼が数年にわたって捕鯨船の乗組員だったことは、『白鯨』の読者には、よく知られるところである。

多少の時間的ズレはあるが、日本の開港史と捕鯨船員のメルヴィルとは無縁、どころではない。

『白鯨』の文中にも、ニッポンという地名は所々に出てくる。いや、かなり重要なエピソードの一要素となっている。

まずは『白鯨』の上巻を手に取ろう。

目次があって次の扉裏は、すでに記したようにホーソンへの「献辞」。その後にストーリーが始まるかというと、なにやら「語源部」というタイトルがある。いわゆる「鯨」の語源および各国の表記の紹介。

次が「文献部」。「語源部」は二ページだが「文献部」は十九ページにわたるボリュームで、創世記、ヨナ書、イザヤ書、モンテーニュ、ベイコン、シェイクスピア、ミルトン、シーボルト、モントゴメリ、ラム、ダーウィン、あるいは各種、捕鯨船航海記ものからの引用文が掲げられている。妙に、学術的というか、衒学的というか、気合いの入った序ではある。

　ちょっと気勢をそがれながら本文に入る。

　私の名はイシュメイルとしておこう。
これが、この長い物語の第一節である。続けて、
何年かまえ――はっきりといつのことかは聞かないでほしいが――私の財布はほとんど空になり、陸上には何一つ興味を惹くものはなくなったので、しばらく船で乗りまわして世界の海原を知ろうとおもった。憂鬱を払い、血行を整えるには、私はこの方法をとるのだ。

なるほど……なんかカッコよさそうだ。期待できる。その少し先の文章――

　さて、眼のまわりがうす暗くなり、おのれの肺臓をあまりにつよく意識しはじめるとき、私は海にゆく習慣をもっているといったが、それは乗客としてゆくのだと思われてはならない。乗客としてゆくには財布が要るわけだが、財布はその中に何か入っていなければ襤褸《ぼろ》とかわりはない。

ほう……ちょっと悪態小説（こんな文学用語はありませんが）っぽい雰囲気じゃないですか。なぜか私、あまり読んでもいないシリトーの小説を思い出

うわっ！　なんだこの絵は！　そうか、これはあの「ジョーズ」のポスターの元ネタだったのか。「ジョーズ」は『白鯨』からヒントを得ていたという。

してしまった。

この語り手である主人公イシュメイル、捕鯨船の乗組員の集まる旅籠で、蛮人にして邪教徒の文身《いれずみ》をした異形の銛手《もりうち》クィークェグと知り合う。

この二人は、ともかくも、一応めでたく、それぞれ一クセも二クセもある輩にまじって捕鯨船に乗り込み、船出するのだが、かんじんの船長（その名はエイハブ）の姿が見えない。

エイハブ船長が、その姿を甲板に現すのは、この上巻の三分の二が過ぎてから。彼はイシュメイルの前に、こう出現する。


船尾の手摺の方に眼をやった刹那、何か前兆めいた戦慄が身の内を走った。と、現実が不安の先を越した。エイハブ船長は後甲板に立っていた。

イシュメイルは乗船前、この船長について
「あの人、日本の沖で片輪になったんだがな」
と老インディアンが言っていたことを思い出す。
そして

この象牙色の片脚は、航海中に抹香鯨の顎骨を
磨いて造りつけたのだ

ということも……。

ついにエイハブ船長登場。物語は一気に暗雲湧き

『白鯨』の上巻でもっとも重要な登場人物の一人、南洋の怪人・クィークェグ。「顔はおそろしい傷だらけ」「この世のものとは見えぬ文身《いれずみ》の底に、単純高潔な心の影が見える」。荒川にほど近い町屋の、深夜からオープンする居酒屋（看板は出てない）のマスターが、このクィークェグにそっくり！

「日も落ちるころ、急に彼は舷側にきて立ちどまって、その骨脚を螺旋穴に突っこみ、片手で索条にすがりついたかと思うと、全員船尾に上らせろとスターバックに命じた」（本文より）。ところで、このエイハブ船長の外観、まるで、「宝島」のジョン・シルバーのようではないか。

起こる不吉な予感がただよう。

しかし、まだ「極悪の凶兆」である「あの怪獣」、巨大にして美しき、地獄への使者、白鯨・モゥビ・ディクは現れない。

ところで、メルヴィルの『白鯨』は作者の意気込みにもかかわらず、当時、ほとんど評判にならなかったようだ。

たしかに読めば作者メルヴィルの、この作品に対する精根傾けての気の入れようはうかがえる。しかし、本来ならば血わき肉おどる、この物語が、なぜか、わざわざ（これ、小説なの？）と思わせる構成をとる。

すでに記したが「上巻」冒頭の、本文に入る前の鯨に関する「語源部」や「文献部」といった衒学めいたスタイルは、まだ、わかる。ちょっと気取ったプロローグと思えばよい。

しかし「上巻」、物語の三分の二を過ぎたあたりの「三十二章」は、突然のように「鯨学」という項目になり、これがまさに、大真面目な鯨学（「セトロジー」というらしい）なのだ。

鯨の博物誌に興味ある人は別として、『白鯨』の息づまる物語を期待して読み進めてきた読者は、ちょっと肩すかしを食った気になるのではないか。

さて「中巻」。その巻頭「四十二章」が、題して

「鯨の白きこと。」これが、白鯨・モゥビ・ディクのその「白さが何ものにも増して私を戦慄させた」という書き出しは、まあ、物語の流れからもよしとして、それに続く文章がすぐに『白鯨』から離れて「白色恐怖考」（ヒッチコックですかぁ）ともいうべき論考が（文庫本で十四ページほども）続くのだ。

私は、こういう逸脱は好きなほうだが、たとえればサスペンス・アドヴェンチャー映画の息づまる展開が急に中断されて、黒板の前で大学教授の講義が始まったような気分にさせられる。

「白色恐怖考」だけではない。

「五十五章　怪異なる鯨の絵について」

さらに続く「五十六章　より誤謬少き鯨図及び捕鯨図」、

まだまだ続く「五十七章　油絵、鯨牙彫刻、木刻、鉄板彫り、石彫り、また山嶽や星座等の鯨について」、

も一つおまけに「七十四章　抹香鯨の頭——比較論」、

これで、どうだ「七十五章　せみ鯨の頭——比較論」

となると——これはもう、小説じゃないじゃないですか！　まさに「鯨の文化史」を読んでいる心地なのだ。

この『白鯨』、ストーリーは巨大鯨・モゥビ・ディクと、それぞれ、ひとクセもふたクセもある鯨捕りの面々の命を賭しての死闘の物語なのだが、それに強引にくっついてくるのが、このような鯨の博物誌、文化史なのだ。

これじゃ、一般の読者から敬遠されたのも当然かもしれない。小説と論考のカードがシャッフルされてしまっている。

普通の神経の編集者が、この原稿を見たら、論考の部分を全部ボツにするか、あるいは私のような物

好きなら、「小説」と「鯨の博物誌」の二部構成か、二冊の本にしたかもしれない。

それに加えて、この物語の登場人物の人物像や、その言動からは、邪教（反キリスト教）やホモセクシャル（メルヴィルご自身も?）の臭いがぷんぷんしてくる。

『白鯨』を手にした当時の〝良識ある〟優等生的な知識人や書評家がそれに気づかないわけがない。

かくしてメルヴィルの極めて風変わりな傑作『白鯨』は、一般読者からも、また当時の知識人からも無視、あるいは警戒されたようである。世に受け入れられなかった。

それはともかく、物語に戻ろう。一気にクライマックス。

ずっと追いつづけてきた白鯨・モゥビ・ディクの姿をついに認める時がやってきた。

船に飼われている怜悧な犬が、海洋の大気の中に近づいてきた蛮島を嗅ぎつけるような貌をしめした。鯨の気配がするぞと断言した。（中略）「汐吹だ！　——吹いとる！　雪山みたいな瘤だ！　モゥビ・ディクじゃ！」

そしてモゥビ・ディクの描写となる。美しい一節です。

「モゥビ・ディク」にまつわる恐怖感というものは、世に有り得る何ものともゆかりのない稀代のものとなった——この、海面から星のきらめく夜空へ頭を突き上げているのが、その白鯨。

まざまざと見える瘤の全貌は、眼にまぶしく煌めいたが、それはまるで別世界からのものかのように悠々と海波のうちを泳ぎながら、精美な羊毛のような蒼白の水沫の環に絶えずかこまれていた。（中略）おだやかな歓喜が——疾駆そのものの中にある強く和やかな安定感が、この滑走する鯨に満ちていた。

この白鯨に「偏執狂エイハブ」船長は挑みかかるが、この日は手痛い失敗に終わる。それでもなお追いつづける半ば狂ったような、いや白鯨のとりことなった彼等の前に次の日、白い海の王は再び勇姿を現わす。

測り知れぬ深淵から精根の限りを尽して弾ね上ったこの大抹香は、全巨体を澄みきった虚空に

まるで潜水艦にボートではないですか。こんな白鯨に挑むとは狂気の沙汰。いや、だからこそのエクスタシーか。

轟音とともに高騰させ、真白にかがやく山また山と水沫を湧き立たせ、おのれの位置を七マイルもっと彼方からも歴々と見えるものとしていた。この時、彼が振り散らした怒濤狂瀾はその鬣《たてがみ》とみえた。ある場合この跳梁は一つの示威行動だった。

……いよいよ終末の時は近い。いかなるシーンが展開するか。それは本文に当たられたし。

私が持っていて、そして今回読んだのは阿部知二訳（第一刷は一九五六年十一月）。ただ、ご存知（?）のように二〇〇四年八月に八木敏雄による新訳が刊行されている。私は、この新版によって『白鯨』の挿画がロックウェル・ケントという名の画工によるものと知った。図版も旧版にないものが掲載されている。八木敏雄の訳も名訳として評価が高い。

私の前に全三巻、束の厚さ六センチの、もう一頭の『白鯨』の姿が見える。

◎マーク・トウェイン(西田実 訳)『ハックルベリー・フィンの冒険』

これぞ心うつハードボイルドの萌芽 ハック少年に脱帽

メルヴィルの『**白鯨**』。この〃捕鯨の宇宙誌〃と、いいたくなるような悪夢的海洋小説には、日本近海のことが再三登場する。

捕鯨船の乗組員の経歴をもつ、著者メルヴィル自身も、鯨の回遊する日本に大きな関心を抱いていたにちがいない。

すでにふれたが、メルヴィルが捕鯨船員であったころと、ペリーが捕鯨船をはじめ、物資補給のために日本に開港を迫った時期は、いずれも十九世紀中葉、時代的に同時代と見てよい。

ところで、そのペリー提督、生まれは、アメリカ合衆国における太平洋捕鯨業の中心地の一つ、ロードアイランド州プロヴィデンス。捕鯨と深い縁のある町に生まれ、海軍に入る。

岩波文庫に、このペリーの著書がある。題して『**ペルリ提督　日本遠征記**』全四巻。(土屋喬雄《たかお》・玉城肇訳　一九四八年第一刷)。これがまた、「絵のある」岩波文庫なのだ。

そして、これとは別に、これも幕末外交史にして日本見物録『**ヒュースケン日本日記**』(青木枝朗訳　一九八九年第一刷)、これも「絵のある」岩波文庫の一冊。

ヒュースケンとは何者か？　この人、一八五八年日米修好通商条約調印のアメリカの全権使節として来日したハリスの書記兼通訳（この有能にして親日家のヒュースケンの日本滞在日記は、ある、悲劇的な出来事により突然の断筆となる）。

先のハリス、このヒュースケンの日本記、いずれも細密な銅版画（だろう）が挿入されているが、とくに『ヒュースケン日本日記』にはヒュースケン自身による不思議な雰囲気をかもしだすスケッチが収録されていてじつに興味ぶかい。

『ペルリ提督 日本遠征記』本文挿画。外国人の見た「横浜皇帝用伝馬船」。幕末から明治前期の日本の姿は、来日した欧米人の興味を強くひいたらしく、おびただしい数、描かれている。

　それにしても当時の「鯨」の、経済的、文化的存在は、今日、われわれが想像できぬほど大きい。日本が開国を迫られた大きな一因も「鯨」が理由。

　先日、文化庁のお手伝いで平戸島から生月島そして、今は無人になってしまった野崎島へ隠れキリシタン文化の調査旅行を行ったのですが、このあたり捕鯨時代の名残り、気配がそこここにただよっていたのです。

　というわけで、この開港関連二著を取り上げようかと思ったのですが、いや、まてまて、『白鯨』に登場する気高い南洋の〝蛮人〟銛《もり》打ち、クィークエグの存在感がもう一冊の「絵のある」岩波文庫を思い出させ、手に取らせた。

文明のパリを逃れ、ハワイ群島の南方、タヒチの未開文化に救いを求めた画家・ポール・ゴーガン（ゴーギャン）の『**ノア・ノア　タヒチ紀行**』（前川堅市訳　一九三二年第一刷）だ。この文庫本にはゴーガンが描いたタヒチの人々を友人のモンフレが木版画として制作し、掲載されている。

さて、どうする？

しかし私は、それらの、いずれも心ひかれる「絵のある」岩波文庫を、未練がましくそっと脇にずらし、一転、夏休みにふさわしい（?）読み物を手にすることにした。当然「絵のある」岩波文庫。

マーク・トウェイン『**ハックルベリー・フィンの冒険**』だ。

マーク・トウェインといえば、なんと言っても『トム・ソーヤーの冒険』、と、それに続く、この『ハックルベリー』。ところが（これも「絵のある」岩波文庫『**王子と乞食**』〈村岡花子改訳　一九五八年第一刷〉は手元にあるのだが）『トム・ソーヤーの冒険』（石田英二訳　一九四六年第一刷）がない。で、福音館文庫（大塚勇三訳　八島《やしま》太郎画　二〇〇四年初版）を入手、まずは「トム・ソーヤー」から読みはじめた。

もちろん、それは『ハックルベリー・フィンの冒険』が『トム・ソーヤーの冒険』の〝続篇〟といわれているからである（画のヤシマタロウは大好きだ

ポール・ゴーガンの『ノア・ノア』本文挿画。ゴーガンはタヒチの野性と出会い多くの傑作を残した。版画製作は友人のダニエル・ド・モンフレによる。

でました！　トム・ソーヤーとその仲間たち。中央がトムで、その隣り右がハックのようだ。私はこの絵を見て映画『スタンド・バイ・ミー』を思い出してしまった。

が、ここではミスキャスト？　でも同じ福音館からの『雨傘』はよかったなぁ）。

　たしかに浮浪児ハックルベリーは『トム・ソーヤーの冒険』の中で、トムに声をかけられたことから主要登場人物となる。この本の中では、タイトルどおり、ハックはトムのあいかたの位置にある。

　ところが『ハックルベリー・フィンの冒険』では、主人公はハックであり、物語は、トムの〝お遊び〟から、ハックの、身を挺しての、文字どおりの冒険（それも、ほとんどが〝逃亡〟の）となる。ハックの危機を救うのは、彼の身にそなわった天才的にして楽天的な機智と素早い身のこなし、である。

　しかも、この浮浪児ハックは、当然、不良少年だが、心根が優しい。

　ハックは行動を共にする年長の黒人ジム（彼は身分差別を受ける逃亡奴隷）を大切に思いながらも、その逃亡に手を貸す自分を責めたりもする。

　ところで、ハックの逃亡生活（ミシシッピーの流れに乗っての筏の旅）のきっかけは、飲んだくれで、なにかというとハックに暴力をふるう、人でなしの父親から、なんとかして逃れることであった。

　では、どうする？

本文から引用する。

おらの頭には、ちょうどいい考えが浮かんだ。よし、だれもおらのあとを追わねえようにする方法がわかった――おらはそう思った。

ハックの思いついた「だれもおらのあとを追わねえ」「いい考え」とは、どんな考えか。

それは――ハック自身を「この世の者」ではなくしてしまうことである。

惨劇の跡は残して、死体はミシシッピーの流れの中で藻屑として消してしまう。ハックは〝完全犯罪〟を思いついたのだ。

元気で陽気な亡者《もうじゃ》ハックの洋々たるミシシッピーを舞台とする川旅は、ここから始まった。

この、宿無しハックの冒険譚は、ヘミングウェイをして

「現代アメリカ文学はこの一作にその源を発する」

「この作品以前は、アメリカ文学とアメリカの作家は存在しなかった。この作品以降は、これに匹敵する作品は存在しない」

とまで言わせている。

ところが、このハックの物語、日本では子供向けの冒険小説と思われているフシもあるが、本場アメリカでは、出版直後から「下品なテーマと文章」との理由で各地の図書館や学校から〝禁書〟として締め出しをくらっている。

また、比較的近年（一九九〇年代）でも、「ニガー」といった人種差別的な言葉が頻発するということから学校の授業の推薦図書から除かれたりしているという。

しかし、これは作者にとって不名誉なことだろうか。なにせ、トムソーヤーやハックの物語は、当時の俗語、また方言を縦横に駆使して物語られた最初の小説というのだ。

ハックと行動を共にする、心優しい黒人ジム。

しかも、ハックの冒険の場合のように、当時のアメリカでは人とも思われていなかった〝売り物、買い物〟の、黒人が主要な登場人物の一人であり（その黒人ジムは欧米的教養こそないが、賢く、寛容で、心優しい人間として描かれている）、ハックは厳罰に値する黒人の逃亡を、良心にさいなまれながらも手助けをしようとする。

また、このハックは、保守的にして敬虔な信仰心を抱く人々に対して、後ろ足で砂をかけるような言動をする。

こうなると『ハックルベリー・フィンの冒険』が単なる、血湧き肉躍る少年向き冒険小説にとどまらず、反良識、反体制の危険な小説作品と思われても仕方がない気がしてくる。

作者、マーク・トウェインは、最初からそれをねらったのではないだろうか。それまでの微温的、予定調和的な、安心して読める物語ではなく、もっとリアルな、なまなましい世界と言葉を読者に届けたかったのではないか。

本文からちょっと引用、紹介しよう。

いや、やっぱりおらのために祈ったにちげえねえ――そういう人なんだ。その気になれば、ユダのためにだって祈る勇気があって――言いだした以上は一歩も退《ひ》かねえ人だと思う。

「よし、こうなったら地獄へ落ちてやれ」――

そしておらは、その紙を破いちまった。（中略）おらは悪者に育てられたので、悪者のほうが性に合っていて、その反対のほうはだめなんだから、また悪者に戻ろう、とおらは言った。そしてまず手はじめに、ジムを奴隷の身分からまた救い出す仕事にとりかかろうと思った

ね、かっこいいでしょ。ハック。

また、こんな表現もある。

帽子を、じつに上品にかっこよくぬいだ。まるで、箱の中に蝶々《ちょうちょう》が眠ってるから、目をさまさせたくないんで、そうっと箱のふたをあけますというように帽子をぬいで、こう言った。

ハードボイルド小説の一節みたいじゃないですか。（なるほど、帽子はこういう風に脱ぐのか）と教えてくれています。

もう一つだけ。

久しぶりに以前のように二人して釣糸たれるハックとトム。手前のオンボロの麦わら帽がハックだ。

でも、いつだってこうなんだ。正しいことをしたって、まちがったことをしたって、同じことだ。人間の良心ていうわからずやが出しゃばって、なんでも人のことを責めやがるんだ。もし人間の良心と同じわからずやの野良犬がいたら、毒を盛って殺してやりてえくらいだ。良心なんてやつは、人間のからだの中でいちばん広い場所をとりながら、そのくせなんの役にも立たねえんだ。

ハックの声なき絶叫である。感動的です。

宿無しハックが、良識ある、信仰深き、立派な大人より、どれだけ、生きる思想を持ち合わせているか、そしてそれが、どれだけ深いかが語られている。

この物語、終わり近くに、前著のトム・ソーヤーが登場、急にトムのキャラクターである夢想的、ドタバタ的ストーリー展開となるが、

「終わりです。みなさんさよなら」とネームの付された挿画。

——「そこに困難がなければ冒険が成立できない。とすれば、なんとしてでも困難な状況を自ら作り出さなくては」——

というトムの発想は、つかこうへいの作品を思い出させて笑わせる。

私、この『ハックルベリー・フィンの冒険』をこの年になって初めて読みました。

裕福な家に育った、夢想的冒険小僧、トムみたいなお山の大将的なリーダータイプは、まあ、珍しくないが、けなげで気丈なジムやハックの言動にはシビレました。偉いぞ、ハック！

「絵のある」岩波文庫が、ハックと出会わさせてくれたのです。ありがとうハック。ありがとう「絵のある」岩波文庫。

◎ディケンズ（藤岡啓介 訳）『ボズのスケッチ』（上・下）

一人の大作家が誕生する瞬間と、その作品

マーク・トウェインの『**ハックルベリー・フィンの冒険**』を読んで、ハックの行動にすっかり感銘を受けてしまったので、（よし、今度は日本の少年ものの作品を取り上げよう！）と思い立った。

鈴木三重吉や新美南吉の、いわゆる童話集ものは、すでにふれているので、ちょっと別の方面から、ということで、まず手にしたのは吉野源三郎著『**君たちはどう生きるか**』（一九八二年第一刷）。

もちろん「絵のある」岩波文庫である。描いたのは（なんと）脇田和《かず》。人気洋画家で「新制作」の重鎮。

また巻末には三十ページ以上にわたる丸山真男による「『君たちはどう生きるか』をめぐる回想」――吉野さんの霊にささげる――の一文が寄せられている。

私が、この文庫を知ったのは、つい先日、丸の内の書店で。増刷新刊。奥付を見ると二〇一〇年八月六十二刷と記されている。六十二刷⁉ 売れているんですね。

この人の本は『職業としての編集者』（岩波新書一九八九年初版）があり、今回再読した。吉野源三郎は岩波新書を創刊した名編集者で、今日のいわゆ

る岩波文化の主柱を立てた一人。

ところで『君たちは――』の中学二年生の主人公のあだ名が（なんと）コペル君（！）。もちろん、すぐに連想するのは、あのコペルニクスですよね。

この本、脇田和の挿画とともに名著の名に恥じないのだが、ハックを読んだ後だと、あまりにナイーブな少年すぎる。良き少年であり、良き世界の話なのだ。

いかにも都会風。モダンなタッチですね。こういう脇田和の画風をこの本で初めて知りました。吉野源三郎著『君たちはどう生きるか』の中の挿画。

では、ということで〝子供つながり〟の二冊の岩波文庫を手にする。柳田国男著『**こども風土記　母の手鞠歌**』（一九七六年第一刷）と無着成恭《むちゃくせいきょう》編『**山びこ学校**』（一九九五年第一刷）。

柳田の『こども風土記――』には初山滋と野口義恵の挿画が添えられている。初山滋は今日もファンの多い、ビアズレーの影響も思わせるモダンでエスプリあふれる描線と絵柄の人気童画家。野口義恵は「母の手鞠歌」の部で人物や風景を具象画のタッチで描いている。

中でも「三角は飛ぶ」と題する民家の屋根を扱った章の画文を見て、つい、もう一冊の、これまた「絵のある」岩波文庫に手をのばしてしまった。

今和次郎《こんわじろう》著『**日本の民家**』（一八八九年第一刷）。こちらは柳田国男つながりでもある。ただし今和次郎はこの民家調査の後、例の「考現学《こうげんがく》」（モデルノロヂオ）への傾斜で、師の柳田国男から破門されている。

「今から三十三年の昔、白樺派文芸などが着目されていた時代のことだった。まだ今日のように社会科学などというものが芽をふいてはいないときだった。そういう時代にかいたのがわたくしのこの本である」（今和次郎著『日本の民家』「新版の序」より。絵も著者本人による）。

〝無着先生〟の『山びこ学校』は、山形県の中学校での生活綴方運動の成果をまとめた一冊。特徴ある東北弁でラジオの人気者となった〝無着先生〟の教育者、さらにはプロデューサーとしての力量を示すこの作品が初版から四十五年の時を経て文庫に収められた。やはりスゴイ！　岩波文庫。

　おやおや、今回もまた、最初のもくろみからどんどんズレてしまいました。もとはといえば、ハックに続く、わが邦の少年ものの作品を取り上げるはずだったのに。

　手にした文庫それぞれ、じつに興味ぶかく読ませていただいたのですが、どうも、ハックの読後感とはしっくりこない。どうも……流れが。

　いわば西洋料理の後にイワシの目刺しにお茶漬けというか、スコッチやバーボンの後に甘酒というか。

　そんな訳で、今回、さんざ準備した日本ものはやめて、やはり翻訳もので行くことにしました。

　こちらも候補は、いろいろありますが、作家もメジャー、挿画家も、知る人ぞ知る、という路線で、チャールズ・ディケンズ作**『ボズのスケッチ』**（藤岡啓介訳　二〇〇四年第一刷）。

　この『ボズのスケッチ』は『クリスマス・カロル』『デイヴィッド・コパフィールド』『二都物語』等の作品で知られる作家の処女作にして出世作。

　しかも挿画が、サッカレー**『床屋コックスの日**

記』も担当しているジョージ・クルークシャンク(この本では〝クルックシャンク〟と表記)。

じつは、ディケンズとサッカレー、そしてクルークシャンク、この三人の人間関係は妙な三角形を形成している。文壇にまず登場し花形となったのはディケンズ、そのころサッカレーは挿画家として飯が食えれば、ということで、なんとディケンズの作品の挿画を書きたいと売り込みに行き、断られている。

さて、いよいよ『ボズのスケッチ』。本文挿画は当時人気のクルークシャンク。題して「折り入ってお願いがあるんですよ」。

クルークシャンクが挿画を寄せたのも、ディケンズが先。その後、サッカレーもクルークシャンクの挿画の力を借りることになるのだが、デビュー時のディケンズがクルークシャンクの絵の力をどんなに頼りにしていたかは、『ボズのスケッチ』(上巻)の「序文」を見ればわかる。引用する。

自らの処女作の刊行を「測風気球を打ち上げる」ことに例えながらの一文。

> 測風気球ではゴンドラを吊るしていない場合がほとんどですが、本書はこれと違って、著者自身が乗り込むだけでなく、名声が得られんことを、成功の機会が与えられんことをと願う、著者の願望のすべてを併せてゴンドラに積み込むことができます。

とし、

> 著者は当然のことながら、だれか人の助けを借り、同乗者になってもらい、いくらかでも安心ができればと願いました。(中略)こうした厳

しい条件を満たしているのはだれか？　ジョージ・クルークシャンク氏をおいて他にだれがいるでしょうか？　この願いはすぐさま聞き届けられ、同乗を快く承諾していただきました。

ということになる。

　ところが、この新進作家と売れっ子挿画家、後にあることの意見の相違で袂を分かつこととなる。その予兆（？）が作品に……（ま、この話はおいおい）。

『ボズのスケッチ』下巻も、上巻同様、ヴィクトリア朝時代の主に庶民の風俗や彼らの言動を活写して、まさに〝スケッチ（短篇）作家〟として、縦横の筆の冴えを披露している。

　中でも「ワトキンス・トットル氏に降りかかった難儀」で書きとめられている簡易（債務者）監獄の様子などは、ディケンズの実体験によるものというだけに、臨場感あふれる描写となり、「真似ようのない無双のボズ」という評価を得ることになる。

第10話「ワトキンス・トットル氏に降りかかった難儀」本文中挿画。恋する二人は人目を忍ぶゆえに、どんな所でも愛の空間に。このお二人は、なんと娘の家の裏台所にある食器棚の上で。

ボズ（ディケンズ）のデビューに関しては、訳者・藤岡啓介氏による行き届いた「解説」が下巻の巻末に付されている。題して「青春ディケンズ――『ボズ』の誕生」。

まず一枚の挿画に目が行く。その図版下に「処女作を投稿するディケンズ」というキャプションがある（P272挿画参照）。シルクハットにステッキ姿の若者が、郵便受けになにやら投函しているシーンが描かれている。

同じく第10話。これが債務者監獄の内部の様子。殺人や強盗といった極悪犯ではないので、ずいぶんユルイ感じの拘置所ですね。

「解説」を読もう。まず、当時の出版状況と、作家という〝職業〟のことにふれられている。

　職業作家が生まれ（中略）「出版社」という言葉がやっと現代的な意味をもつようになった時代です。当時は、ものを書くといっても大方は、それは天才の職業であり、身分のある然るべき教育を受けた者のやる趣味のようなものと考えられていて（匿名で著すのが普通で）、著述で生計を立てるのは卑しい売文であるとされていました。

やはり、そうでしたか。当時のイギリスも。日本でも「著述で生計を立てる」などということは、江戸も末期に至ってからのようです。文芸といえば、物好きの勝手な記録や文字どおり座興の〝芸〟の一種のようなものだったのでしょう。

　そういえば、私の大学生の時の研究室の師も、論文や研究発表の文章以外は、まったくといっていいくらい文章などを寄稿することはなかった。

　商業誌にエッセー、雑文の類を書くことはもちろん、入門書や啓蒙書を出すことすら自ら禁じていたフシがあります（もっとも師の御尊父は某銀行の頭取でした。さらに師は学術論文以外の身辺雑記や随筆といった文章を書く器用さ、芸、などというものは持ち合わせていなかったようにお見受けしましたが。また、そんな能力など必要なかったのでしょう）。

閑話休題。ディケンズに戻ると、この時代、やっと、職業としての物書きが登場する（できる）準備が整いつつあったようです。

速記でかせぐ議事録や取材記事ではなく、自分の関心事や心境を短篇小説《スケッチ》として書き上げ、それを雑誌に掲載してもらい、原稿料を得る――若きディケンズは自分の才能に賭けます。まさに、そのときの一シーンが、挿画に描かれていたわけです。

路地に面した窓の窓枠の一つを潰して郵便受けが作られています。日は沈み、事務所には人気がなく暗く閉ざされていましたが、あたりはまだ明るく、路地に落とす自分の影が見える時刻でした。人目をさけるようにして、不安におののきながら、黒く口をあけた郵便受けに原稿を投げ込みます。

祈るような気持ちで、雑誌社の郵便受けに投函した作品は掲載されたのです。このときのことをディケンズは後年、次のように記します。

「処女作を投稿するディケンズ」。彼のファッションは当時特別なものではない成人男子の外出時の一般的なTPO。

> このとき、わたしはウエストミンスター・ホールの方へと下っていき、半時間ほどこの大会堂にもぐり込んでいた。嬉しさと得意の思いで涙があふれ、目が霞んでいた。このままでは表を歩くこともできず、人前に出られるような状態ではなかった。

このときディケンズ、二十一歳。〝ボズ〟の誕生です。ということは、同時に、イギリスの〝国民作家〟が生まれた瞬間でもあったのです。

ところで、この岩波文庫短篇集の下巻、最後の作品は「大酒飲みの死」と題する、アル中の男の悲惨な物語です。読み方によっては〝禁酒小説〟ともいえる。

ディケンズが頼りにし、自分の作品の挿画を託したクルークシャンクとは『オリバー・ツイスト』でもタッグを組んでいたが、のちに袂を分かつこととなる。その理由がクルークシャンクの過激な禁酒運動にあったといわれているが、と、すればディケンズのデビュー作の最終章が「大酒飲みの死」であったというのも皮肉ではある。

もっとも、このクルークシャンク、ディケンズの死後、『オリバー・ツイスト』のストーリーや主な登場人物は自分のアイデア、と発言して物議をかもしたという。

かなり〝ユニーク〟な人物だったのかもしれませんね。

この逸話に接し、『濹東綺譚』における作家・永井荷風と、挿画史に残る作品を添えた画家・木村荘八の関係を思い出してしまった。

たいてい（ということは例外も、まあるということだが）作家と挿画家は、相、和して、その相乗効果で作品が人気を呼ぶことにもなるのだが（たとえば、すでに紹介ずみだが、作家・谷崎潤一郎と画家・小出楢重による『蓼喰う虫』）、永井荷風の『濹東綺譚』では、入魂の荘八の挿画を、荷風周辺の人が絶賛すると、荷風は明らかに不機嫌になったという逸話はすでに紹介した。

この場合、挿画家の側には何の不始末もなかったどころか、心血注いで取り組んだはずなのに……。

作家と挿画家――この関係もなかなか微妙で、閑文芸ならぬ閑研究としては面白いテーマかもしれない。

◎ハイネ（井上正蔵 訳）『**歌の本**』（**上・下**）

これは意外⁉　ハイネの恋愛詩には死と墓のイメージが満ち満ちていた

今回は、ハイネ・井上正蔵訳『**歌の本**』（上・下）。ハイネで、タイトルがそっけなく『歌の本』ですよ。読まないですよね、よほどのハイネ好きか、ロマンチスト？　でなければ。

私だって手に取ることすらなかったでしょう。二冊のカバーに精妙な銅版画が飾られていなかったら。つまり、この本も「絵のある」岩波文庫ということで、ともかくも入手した。

手元にあれば、当然ページをひらく。

驚きました。まず本文挿画の銅版画の魅力。そしてまた、（そうか！　あの歌詞はハイネの詩だったのか）という納得。

その歌詞についてなのですが、下巻の巻頭「帰郷」の中の第二の歌「どうしてこんなに」と題する詩。引用します。

どうしてこんなに悲しいのか
わたしはわけがわからない
遠いむかしの語りぐさ
胸からいつも離れない

……？　なじみのない詩である。しかし、二番の歌詞に

しずかに流れるライン河

しずむ夕陽《ゆうひ》にあかあかと

とある。どこかで出合ったフレーズに似ている。詩は三番、四番、五番と続き、最後の六番の結びは「ローレライの魔のしわざ」となっている。

そうか！これは「ローレライ」の歌ではないか！先に紹介した歌詞の部分。ご存知の人も多いと思うが、私たちが学校で習ったのは、

なじかは知らねど心わびて、
昔の伝説《つたえ》はそぞろ身にしむ。

Buch Der Lieder（歌の本）とタイトルのある扉。リュート（？）を弾く若者と乙女の姿。

でした。ちなみに、この訳は近藤朔風《さくふう》。

この訳者は、私も愛唱するシューベルトやウェルナーの「野なかの薔薇《ばら》」（「童は見たり、野なかの薔薇……」）や、同じくシューベルトの「菩提樹」（「泉に添いて茂る菩提樹……」）といった明治末から大正にかけての翻訳唱歌・歌曲で知られた人（といっても、私は今回、このハイネの本に関連して初めて知りました）。

これだからやめられませんね。「絵のある」岩波文庫の楽しみ。意外なところで、意外な人やものごとに出合う。

ところでローレライといえば、ヴィクトール・ユゴーに**『ライン河幻想紀行』**（榊原晃三編訳）という一冊があり、これまた「絵のある」岩波文庫であることはすでに記した。

そのユゴーは、ハイネとも親交があったようだが、この同時代の作家たちは、それぞれライン河を

旅し、それを作品に残している。

とくにユゴーの場合、ライン河の風景や廃墟を描いた挿画を、自分で描いている。このデッサンが、狂気じみた雰囲気を伝えて、かなりいい。

すでに取り上げた、大著『**レ・ミゼラブル**』の作家は絵まで描いたんですね。なんという才能なんでしょう。まったく、もう。

ハイネの『歌の本』に戻ろう。

ハイネというと、私などは、なぜか、なんか甘ったるい、ロマンチックなことばかり歌った詩人のように思っていたのだが、上巻の巻頭「夢の絵」から読み始めると、そこは失恋はもとより、死と墓のイメージに満ち満ちている。

庭園で出会った、美しい娘が白衣をせっせと洗っているのに出会ったので「お嬢さん　その白いのはどなたの着物」と問いかけると「これは　あなたの経帷子《きょうかたびら》よ」――

「お嬢さん そこに掘る穴 それは なんなの」
「おしずかに あなたの冷たい墓を掘るのよ」
（本文より）

と答えて消える。経帷子は、もちろん死装束。

ふたたび森の中で、斧で大きな箱を作っているその美しい娘と出会う。

〝ぼく〟はたずねる。

「お嬢さん　その樫の箱　だれのために作るの」。

娘は早口で答える。「急いで　あなたの棺を作るのよ」。

そう言って消えた娘とひろい荒野でまたしても出

会う。鋤《すき》で大きな穴を掘っている。ぼくは小声で聞く。「お嬢さん　そこに掘る穴　それは　なんなの」。すると娘は「おしずかに　あなたの冷たい墓を掘るのよ」。

ぼくが「その墓穴をのぞきこんだとき――」（以下、略）。

ま、そんな詩なのですが、それに添えられた挿画がまた冷々《ひえびえ》、と恐ろしい（P276下段挿画）。

これまた、男を誘う水の精がテーマ。この『歌の本』中の挿画は19世紀後半のウィーンの画家たちによる銅版画という。

「深夜彼女《ヘリン》の」という詩も、墓場と亡者の世界を歌っている。出だしの一、二番だけ紹介しよう。

深夜彼女《ヘリン》の家を出て
もの狂おしくさすらった
墓場へぼくが来かかると
こっそり墓がさしまねく

楽士《がくし》の墓石《いし》がさしまねく
月の光がゆらめいた
「きみ　いま行くよ」と囁《ささや》いて
霧のすがたが浮かび出た

愛され、裏切られ、夢遊病者のように夜にさまよう青春の詩。ライン河や北海は抗いがたき魅惑を秘める女性の比喩か。

ハイネ『歌の本』、愛読書となりそうです。

Chapter V

柿の種 寺田寅彦著
アンデルセン童話集
小出楢重随筆集
影をなくした男
鏑木清方随筆集
明治の東京
鏑木清方著
ナンセンスの絵本
ウィーン世紀末文学選
百花譜百選
サロメ
モーパッサン
ドン・キホーテ
セルバンテス作 牛島信明訳
ダフニスとクロエー
劉生日記
岸田劉生随筆集
地底旅行
ハックルベリー・フィンの冒険
上
ボズのスケッチ
短篇小説篇（上）
山と渓谷
河鍋暁斎
多情多恨
尾崎紅葉作
白
鯨
河鍋暁斎戯画集
虚栄
パンチ素描集
カフカ短篇集
続ビゴー日本素描集
にんじん
近代日本漫画百選
近代美人伝
（上）
岩波文庫

◎尾崎紅葉《こうよう》『多情多恨《たじょうたこん》』

トンデモ主人公による喜劇？　泣き男の『多情多恨』

しばらく洋モノが続いたので、我が邦の文芸に戻りたくなった。明治モノでいこう。

この、岩波文庫の尾崎紅葉『**多情多恨**』、これまた「絵のある」文庫の決定版の一冊といっていいでしょう。とにかく挿画が多彩、充実。

明治中葉から後期にかけて活躍した代表的な挿画家が、ズラリ。まるで顔見世興行のように打ち揃って登場している。

まずは、その名を掲載順に拾ってみよう。

武内桂舟《けいしゅう》、渡辺省亭《せいてい》、橋本周延《ちかのぶ》、水野年方《としかた》、筒井年峯《としみね》、尾形月耕《げっこう》、梶田半古《はんこ》、右田年英《としひで》、三島蕉窓《しょうそう》、渡部金秋《きんしゅう》、鈴木華邨《かそん》、富岡永洗《えいせん》、豊原国周《くにちか》、山田敬中《けいちゅう》、久保田米僊《べいせん》、小堀鞆音《ともと》、小林清親《きよちか》、寺崎広《こう》業《ぎょう》、村田丹陵《たんりょう》、下村為山《いざん》といったラインナップ。

ねえ、すごいでしょ。

一人で、再度あるいは再三担当した挿画家もいて、計二十名二十六点が、この文庫版『多情多恨』に収められている。

なんと豪勢な趣向！

手元の文学史年表をチェックする。『多情多恨』が発表されたのは明治二十九（一八九六）年。

その前年の二十八年には樋口一葉《いちよう》が『たけくら

べ』『にごりえ』を刊行。またこの年、木版口絵で当時の絵師がその腕を競った『文芸倶楽部』が博文館から創刊される。

『多情多恨』の翌年、明治三十年には、紅葉が『金《こん》色夜叉《じきやしや》』、島崎藤村『若菜集』。さらに次の三十一年は国木田独歩『武蔵野』、徳冨蘆花《ろか》『不如帰《ほととぎす》』を発表。

時は江戸から明治の世に変わって、ほぼ三十年、

悩める泣き男の1ショット。それにしてもファッションが決まっている。手にはステッキ。梶田半古による挿画。

文化は江戸の余韻を感じさせつつも、欧米近代の思潮がひたひたと押し寄せてきている。

それは、この『多情多恨』の挿画に関しても明らかで、先に挙げた画家のほとんどは、元浮世絵師、あるいはその弟子筋にあたる日本画家。

で、あるから、登場人物が浮世絵美人画の面立ちそのままの風情と思うと、男性はソフト帽にコート着用、ステッキを手に、というハイカラな雰囲気で描かれたりもする。

なにせ、『多情多恨』を間にはさんで、『たけくらべ』と『武蔵野』が隣り合っていた時代なのだ。

さて『多情多恨』——ときどきいるんですよね、こういう、自分に対してだけナイーブで、しかも人との関係においてはまるでイノセント（無自覚）な、困った男。

自分の感情に溺れて周りのことなど、まったく目

大八車の上の引っ越し荷物の情景。当時の風俗がうかがえる。描写は洋画風。（渡部金秋画）

に入らない〝純心《ジコチュー》な〟タイプ。

こういう人間に、周囲が巻き込まれてゆく。とくに、成熟した世間知もあり、友情にあつい人物が、〝悪気はない〟〝無垢な〟人物に結果的には侵されてゆく悲劇、あるいは喜劇？

あらすじはこうだ。

東京物理学院《ママ》（神楽坂にある今日の理科大）の教授である青年、鷲見柳之助《すみりゅうのすけ》は最愛の妻に死なれ、
我是《がんぜ》ない子供のように、「お前は何故《なぜ》死んだ。死ぬことはならん。死ぬという法はない。」と、死顔《しにがお》の被《おおい》を取っては、棺の前に座っては、墓標を揺っては、位牌《いはい》を眺めては、写真を取出しては、声こそ立てぬが、心の中《うち》では悶《もだ》え悶えて絶叫した。

と嘆き悲しむ。そして「二七日《ふたなぬか》」も過ぎても、ずっと落ち込んだままで、なにかというと妻を思い、メソメソと泣き暮らしている。

この鷲見という人物、
多く人を好かぬ、代《かわり》にはまた多く人に好かれぬ性《たち》で、男では朋友の葉山誠哉《はやませいや》、女では妻の類子、この二人の外《ほか》には世界に柳之助の好いたものはない。

というタイプ。いわゆる、徹底的に非社交的人物。ははぁ、明治にもいたんですね。平成の世の、今どき風若者の一タイプが。

そんな彼を見て、なんとか慰め、励まし、立ち直

らせようと心を配る心強い友人の葉山誠哉。

そんな葉山の心づかいに対し鷲見は、

「しかし、君は僕がこんなに思っとるのに（亡くなった妻のこと――筆者注）、少しも僕を可哀《あわれ》だと思ってくれんのだ。（中略）君はそういう不実な人物《ひと》とは思わんだった（後略）」

などとうらみごとを言いたてて、さめざめと泣いたりする。じつに、どうも、めんどくさい奴なのだ。

友人の気晴らしのため、料亭に上る一景。久保田米僊の見事な描写力。

「こんばんは」とネームのついた武内桂舟による挿画。料亭での芸者の登場シーン。

しかし、人に対し寛容で、度量もある（オトナの）葉山は、あまりに淋しげで、うちしおれている鷲見を一人ぼっちにしておくことができずに、しばらく自分の家に同居するように持ちかける。

この厚情に対しても、鷲見は、友人の葉山に対しては心を許しはするが、その妻の「お種」のことは、「好かぬ」と避けようとするワガママぶり。

しかし、結局葉山の家の世話になるのだが……ここらあたりから、ちょっと雲行きが怪しくなる。

妻を亡って、オロオロとまるで子供のように悲しみ、動揺する鷲見に、葉山の妻、お種は夫の友ということもあり、なにくれとなく世話をやく。

そんなお種に対し、ずっと「好かぬ」気を抱いてきたはずの鷲見が、お種を頼りにするようになる。

一方お種のほうも、いいオトナでありながら、その実、いたいけな児童のような鷲見に対し、最初は、とまどい、迷惑を感じながらも、やがて（母性？）愛のような気持ちを感じはじめる。

しかも、鷲見の非常識な行動が、第三者の噂にのぼることとなって……。

葉山の友情、誠意は、〝イノセント〟な鷲見というキャラクターによって、家庭の危機を呼びこむこととなったのである。

もちろん、自分の行動や心理に無自覚な鷲見は、自分がどういうことを行っているか気がついていない。

悲嘆に暮れる夫の友人を慰めんと、心を配るお種だが、自己中の鷲見は……。当時の人気絵師・寺崎広業による挿画。

困りますよねえ、こういう人間が近くにいたら。

で、さて、この結果は――。

私なら、しばらく鷲見という人間と接していたら、この人物を、多分、軽い精神病、あるいは神経症と疑うと思う。

実際に、これまでも、（なんだろう、この人の、この行動は？）と理解しがたいパーソナリティに何度か出会ったことがあるが、それを健康な人の性格や精神状態を前提とするから大いにとまどう。

なにかの理由で心に歪みがきていたり、病んでいるとすれば、それは体の病い同様、正しい診断のもと適切な治療を施さなければならない類のものなのかもしれないのだ。

ところで、この『多情多恨』の解説は丸谷才一による。これがまた、かねてからの卓見であり持論の「泣く男文学史観」を柱に、筆者ならではの見事な芸を披露する。

『多情多恨』が、あの『源氏物語』に影響を受けて生まれた作品であることは、すでに文学史的常識ではあるというが、『源氏物語』の男たちの涙を明治文学の男の涙の水脈に導いてくる。

丸谷の解説は、次のような一節から書き出される。


明治文学史の後半は男の泪に濡れてゐる——


ところで私、この『多情多恨』を、明治の人気挿画家の競作ぶりを堪能しつつ、その小説は、

(なんとバカバカしい、なんて喜劇的なドラマなんだ)

と、紅葉の手練手管に舌を巻きつつ、存分に楽しませていただいた。一種の、ドタバタ、ナンセンス文学として。

これもまたじつに達者な挿画。この村田丹陵という画家に興味がわく。

◎坪内逍遥《しょうよう》『当世書生気質《とうせいしょせいかたぎ》』

逍遥の「近代小説宣言」の実作だというのだが、はたして……

前稿は明治二十九年刊、尾崎紅葉の『**多情多恨**』。ずいぶん挿画が入っていました。

これに遡る十一年前の明治十八年。『小説神髄』で「小説の主脳は人情なり、世態風俗これに次ぐ」という、あまりにも有名な近代小説宣言をした坪内逍遥は、実作として『一読三歎《いちどくさんたん》　当世書生気質』を発表する。

岩波文庫のタイトルからは、その「一読三歎」が消え『**当世書生気質**』として二〇〇六年四月に改版第一刷が刊行される。

改版カバーには「勧善懲悪を排して写実主義を提唱した文学理論書『小説神髄』とその具体化としての本書を著し、明治新文学に多大な影響を与えた」と宗像和重による解説の一節が引用されている。

なるほど「勧善懲悪を排して」「明治新文学に多大な影響を与えた」この『当世書生気質』――とはいえ、この岩波文庫に絵が入っていなければ、私はわざわざ入手しなかったろうし、紅葉の『多情多恨』の後に、手に取って読もうとはしなかっただろう。

あるいは手にしても、すぐに投げ出してしまったにちがいない。とにかく、文体が、こんな様子ですよ。巻頭から行こう。

第一回

鉄石の勉強心も変るならひの飛鳥山《あすかやま》に
物いふ花を見る書生の運動会

とタイトルがあって、

さまざまに移れば変る浮世かな。幕府さかえし時勢《ころおい》には、武士のみ時に大江戸の、都もいつか東京と、名をあらたまの年ごとに、開けゆく世の余沢《かげ》なれや。

と、これは地の文。そして、主題たる登場人物の書生諸君の会話はというと、

須「オオ宮賀か。君は何処《どこ》へ行つて来た。」宮「僕かネ、僕はいつか話をした書籍《ブック》を買ひに丸屋までいつて、それから下谷《したや》の叔父《おじ》の所《とこ》へまはり、今帰るところだが、尚《まだ》門限は大丈夫かネエ。」須「我輩《わがはい》の時計《ウオツチ》ではまだ十分位《テンミニツ》あるから、急《せ》いて行きよったら、大丈夫ぢやらう。」宮「それぢゃア一所にゆかう。」須「オイ君。一寸《ちよつと》そのブックを見せんか。幾何《なんぼ》したか。」宮「おもったよりも廉《れん》だったヨ。」

「心の宵闇《よいやみ》に有漏路無漏路《うろじむろじ》を踏迷ふ男女《なんによ》の密談」の場の挿画。まるで歌舞伎の一場面じゃありませんか。

……うーん。和洋の言葉、入り乱れ、ときに気取った漢文調まで書生の口の端にのぼる。

地の文は七五調で妙に調子よく、しかも、洒落や掛け言葉もまじる。会話は引用した通り、芝居の台本のようで、あて字も多く、ルビ多用。

とにかく読みにくい。しかも、登場人物が多く、なかなか小説の筋がつかめない。これは「再読三嘆」、何度も頭から読み直す。ついには登場人物の名を欄外に書き留めるに至った。

そんな苦労までしてなぜ不要不急の明治の小説などを読むのか。何度もいうが、これひとえに『当世書生気質』に明治の挿画が入っているからである。また、前回『多情多恨』を読んだ流れのためでもある。

明治の小説の挿画は、今日のようにテキストを渡しあとは挿画家に一任するのとは違い、小説家自身が下絵を描いて絵柄を指定することがある。島崎藤村による挿画下絵も見たことがある。

そういえば、先の『多情多恨』の挿画を担当した一人、寺崎広業に紅葉があてた下絵が残っている（なかなか達者です）。

この『当世書生気質』でも挿画の担当の一人、長原止水《しすい》に対して示した逍遥による下絵がある。掲載作品と下絵を並べてみよう（次ページ参照）。

新潮社刊『日本文学アルバム』には逍遥の下絵の解説として

「新時代の挿絵の確立を主張し自ら担当を希望した止水だったが、洋画の画風が当時の読者に不評で二回分を描いて降板、武内桂舟に交代した」

とある。

長原止水の志は尊いものだったのかもしれないが、無念！　読者は未だ浮世絵師風の画を好んだようである。

といっても止水の画、あまりにもワーグマンとかビゴーに似すぎてません？　線のタッチも人物の表

これぞ逍遥による挿絵指定図。「塾部屋ノ体」とタイトルがつけられ「西瓜」「新聞紙」「ランプ」「ほんばこ」「年のころ23、4単衣」といったこまかな書き込みがある。

上の指定図をもとに長原止水が写実的な挿画に。しかしこれが不人気であったそうな。

情までも。

さて、そんな『当世書生気質』、読み始めてしばらくは途中で筋や登場人物がゴチャゴチャになり、前に戻って読み直すこと再三だったが、この文体に慣れてくると、おやおや、なんのことはないスイスイと進む。

ルビを読むことすらめんどうくさかった明治期特有のあて字も、かえって面白く、楽しめるようになる。

（いや、これは貴重な失われた日本語のネタ本ではないか！）とすら思えてくる。

もう一つ気づいたことがある。これは他の明治期の小説にもいえることなのだが、広津柳浪《りゅうろう》にせよ泉鏡花にせよ、その小説、芝居の舞台を見ているつもりになって接すれば納得がいく。
　登場人物も、小説の中で生きているというよりは、このテキストをもとに舞台に上らせれば、より生き生きと活動するにちがいない。また読者（というよりむしろ観客）に対してもその一人一人が容易に印象づけられるにちがいない。

同じく止水による挿画。たしかに浮世絵風から脱した達者な線だが、ワーグマンやビゴーの影響がありありではないか。

　もう少し逍遥の文に接してみよう。

　　鳥がなく。東《あずま》の京《みやこ》広しといへども、夏の炎暑《あつさ》を凌がんには向洲《むこうじま》にまされる場所は稀なり。向洲の堤ながしといへども、山媚水明《さんすいのけしき》兼ねそなはり、かつ納涼に便利《たより》よきは、彼《か》の植半《うえはん》の楼上なるべし。さればにや、風薫る夏の中半《なかば》となる頃には、市中の紳士富人《あてびとものもち》たちは、我も我もと夕暮時より、あるひは船にあるひは車に、おのがじしなる準備《ようい》をして、この旗亭《きてい》には登るなりけり。中には絃妓《げいしゃ》を携《たずさ》へつつ、月を待乳《まつち》の山を望み、夏白髯《なつしらひげ》の森をこえて、隅田《すみだ》の流《ながれ》を溯《のぼ》るもあり。

　隅田川東岸、向島周辺の一景ですね。逍遥先生、『小説神髄』で「世態風俗これに次ぐ」と述べておりますが、江戸文芸の流れをついだ世態風俗を描いているほうが、勝手知ったるスタイルだけに気持ちよさそうに見えるのですが、と、思うのは私だけでしょうか。

「小説の主脳」なる「人情」といったって、ここに登場する人物の人情なるものは、それこそ芝居の書き割り的に類型的。小説のメインの物語も、まるで因果物の人情話めいて、やはり明治物の芝居を見ている気にさせられる。

では、この作品がつまらないかというと、断然そんなことはない。逍遥の語り口、まさに軽妙洒脱、また、少々鼻もちならぬ書生の言葉遣い、立居振舞いが生き生きとつづられ、当時の考現学的記録として興味津々たる気持ちをおこさせます。

ましてや、作者の逍遥自身が、この作品を発表する前年、根津遊郭の遊女と出会い、三年越しの恋の後、結婚する身となったことを思うと、この小説、さらに興を増す。

ところで『当世書生気質』が刊行された明治十八年がどんな年かというと、

・隅田川の一銭蒸汽がはじまる
・東京大学のボートレース、審判のことから大紛争となり試合中止
・シェークスピアの『ヴェニスの商人』初演
・東京瓦斯会社設立
・神田に貸本屋開業
・トランプ発売される

そして翌十九年は、

・東京大学を帝国大学と改称
・共立女子職業学校、神田に設立
・万年筆発売される

という時代相でした。「近代」はひたひたと押し寄せてきていたのです。

◎清水勲 編『ワーグマン日本素描集』

明治の画壇に多大な影響を与えたポンチ絵師・ワーグマン

尾崎紅葉『**多情多恨**』、続いて坪内逍遥『**当世書生気質**』と二冊、明治期の、複数画家による挿画が添えられている岩波文庫を見てきた。

その『当世書生気質』の中の長原止水の挿画に関して、私、「止水の画、あまりにもワーグマンとかビゴーに似すぎてません?」などと、〝当て勘〟めいたことを書いたこともあって、ワーグマンとビゴーの画をチェックする気になった。

簡単なことだ。

「絵のある」岩波文庫のラインナップの中でも、もっともよく知られているだろう『**ワーグマン日本素描集**』、『**ビゴー日本素描集**』、『**続ビゴー日本素描集**』(三冊とも清水勲編)を手に取ればよい。

三冊まとめて読んだ。やっぱり面白い、素晴らしい。

今回は、まず『ワーグマン日本素描集』で行こう。なんと、この素描集の中に、逍遥の『当世書生気質』が発表された同じ年、明治十八年の「東京大学の学生たち」が描かれているのだ(次頁上段挿画)。

さらにさらに、「新文明との接触5、自転車」と題する絵(P294上段挿画)のキャプションには、左端の二人の志士がやがて大官になる姿を、長原孝太郎（坂崎注・号は止水）はこの絵を一部借用して二コマ漫画に仕上げている。

とある。ヤッタ！　計らずも当て勘が当たったわけだ。長原止水はワーグマンの影響、どころか〝借用〟していたということか！

『ジャパン・パンチ』の明治18年11月号に掲載された隅田川ボートレースの応援（？）に来た「東京大学の学生たち」。坪内逍遥描く『当世書生気質』の彼らの実像は、こんな様子だったのか。ちょっとトホホな感じ。

洋画家として出発した長原が挿し絵を担当する際、これまでの浮世絵の系譜の画風にあきたらず、新風を興そうとしたとき、同時代に活躍していたワーグマンやビゴーの作品を参考にするのは、考えてみれば不思議でもなんでもないことだろうが、私のような初学の人間にとっては、こんな自分なりの小さな発見が、じつに嬉しい。

というわけで『ワーグマン日本素描集』。幕末から明治三十年にかけての日本の世相を描いた作品を見ているだけで興趣つきない。

また「日本スケッチ帖」の画に添えられた画家自身の短いキャプションが、当時の日本をどう観察していたかがわかり、また、この記録者が、かなりのユーモリストであることも伝わってくる。

たとえば駕籠かきの絵のキャプションは、

この乗物は〝カンゴー〟と呼ばれる。というのは、それに乗ればあなたは〝行ける〟（キャン・ゴー）からである。しかし乗り心地は良くない。

もう一つだけ。箱根峠の「軽食堂」での一景。

悪鬼（坂崎注・臭?）とゆでたまごの豊富な山岳地帯で、おまけにお茶もあるが、トーストはない。

自転車に驚く明治初年の町の人々。乗っている人物は風貌からしてワーグマン自身？　描かれているのは正月風景。竹馬に乗る子や、子守りの子など人物描写がお見事！

といった具合い。

　ところで――「ポンチ絵」あるいは略して「ポンチ」という言葉、このワーグマンが一八六二（文久二）年に創刊した日本の時局諷刺雑誌『ジャパン・パンチ』に由来し、幕末から明治初年にかけて日本人の間にはやり出し、あっという間に今日の「漫画」を意味する言葉として日本語化しだした（編者・清水勲による巻末「ワーグマンがもたらしたもの」より）――という。

　この解説によれば、仮名垣魯文《かながきろぶん》や河鍋暁斎《かわなべきょうさい》も『ジャパン・パンチ』の愛読者であり、明治七年六月に二人は『絵新聞日本地』という『ジャパン・パンチ』そっくりの「ポンチ」入りの定期刊行物を創刊している。ちなみに雑誌名の『絵新聞』は訳せば「イラストレイテッド」で『日本地』は「ニッポンチ」となるわけだ（P305上段雑誌）。

　また明治十一年十月には、これも時局諷刺雑誌

『月とスッポンチ』（篠田仙果主筆）が創刊されている。もちろん、この誌名にも「ポンチ」が重ね合わされている。

あの「光線画」で明治の東京の情景を書き残してくれた小林清親だって負けていない。「清親ポンチ」として諷刺漫画の分野で活躍する（清親は一時、ワーグマンに弟子入りを希望するが不備に終わっている）。さらに清水勲の解説を引く。

ワーグマンは黎明期日本洋画壇の指導者で、高橋由一・五姓田《ごせだ》芳柳・五姓田義松らの師として知られるが、「ポンチ」という言葉を日本にもたらしたその大衆への影響の大きさにおいて、洋画史での貢献に勝るとも劣らないものをのこした人といえるのである。

そんな、チャールズ・ワーグマンと日本との関わりのアウトラインを改めて見てみよう。これも巻末の酒井忠康「ワーグマン小伝」による。岩波文庫の巻末の充実した「解説」は本当にありがたい。

ワーグマンは一八三二（天保三）年八月ロンドンに生まれる。一八五七（安政四）年『イラストレイテッド・ロンドン・ニューズ』の記者として広東に派遣。一八六一（文久元）年四月来日、長崎に到着。七月イギリス公使オールコック（オールコックの『**大君の都**』も「絵のある」岩波文庫）の一行とともに上京。時は騒然たる幕末、身辺、何度かの外国人襲撃事件に遭遇したりするが、

生涯の大半を横浜で過したワーグマンは、鼻の大きな愛嬌《あいきょう》のある男で、酒が入ったときには得意のジャレ歌をやり、一筆描きに興じていたといわれる。

ワーグマン、来日から二年後の一八六二年の十一月小沢カネと結婚、六四年の十一月には男子が誕生している。

『ワーグマン日本素描集』の中には、「豆をむく

(この婦人はワーグマン夫人小沢カネであろう)。」とキャプションのある作品や、「婦人像」(水彩画)、

遠景に海と断崖とが見える海辺の家での婦人坐像である。おそらくワーグマン夫人小沢カネであろう。ワーグマンはカネの像をいくつも描いているが、これは中年期のものだろう。

というように、異国の地で出会い、めとった小沢カネの姿を今日に残している。

キャプションで触れてはいないが、片肌ぬいで化粧する婦人像「最後の一筆」も、私はその髪型、顔立ちから「豆をむく」の小沢カネではないかと推測する。

「最後の一筆」と題されたスケッチ。丸顔に目鼻が中心に寄った風貌。私には、この女性も彼の妻と思える。「最後の一筆」とは彼女の化粧の「仕上げの一筆」のことだろう。

部屋の中で、食事の準備のため「豆をむく」女性。この日本女性はワーグマンの妻だろうとされている。

右の船上の人物が「パンチ氏」つまり去り行くワーグマン。左のピエロがビゴー。ワーグマンは実際に55歳のときイギリスに一時、帰国している。このときすでにワーグマンにとってかわり「ビゴーの時代」が始まりつつあった。

『ワーグマン日本素描集』の巻末「ワーグマン年譜」の最終ページ近くに「パンチ氏に別れをつげるピエロ氏」と題するポンチが掲載されている。これは一八八七（明治二十）年、フランス人画家、ジョルジュ・デュ・ビゴーが創刊した『トバエ』5号誌上の画であり、パンチ氏とは「ポンチ」のワーグマン、ピエロとはビゴー本人のこと。

その一カ月前、ワーグマンは『ジャパン・パンチ』を終刊。その中で彼は『トバエ』とその発行者ビゴーに対し讃辞を送る。自分の時代は終わり、ビゴーに取ってかわられたという自覚があったのだろう。

「我々は『トバエ』に対し、うやうやしく賞賛のお辞儀をいたします。彼（ビゴーのこと）は優秀な男であり、卓越した力を持っており、少し辛辣なところがあります。（後略）」

このときワーグマン五十五歳。その三年後（一八九一年）闘病の末、横浜で死去。横浜・山手の外人墓地に埋葬される。

ワーグマンのバトンはビゴーに手渡された。

◎清水勲 編『**ビゴー日本素描集**』(正・続)

親日家ビゴー その諷刺精神ゆえに日本滞在を困難にする

ワーグマンに続いてジョルジュ・ビゴー。この、明治十五年、日本にやってきた諷刺画家のポンチ絵と文が、岩波文庫『**ビゴー日本素描集**』と『**続ビゴー日本素描集**』に収められている。編者は『**ワーグマン日本素描集**』と同じ清水勲。

ビゴーによる、明治の日本人を見ると、時代、風俗の差こそあれ、自分の家族や親戚の恥部を見せられたような気持ちになる。

実際に、ビゴーが描いたような人物がいたというわけではないのだが、子供のころ、近所にこんなカンジの人がいた、というたうっすらとした記憶がありま す。

いやいや、うっすらとした記憶どころではない。今日、あたりまえのように洋服を着、畳の生活からフローリングの部屋で暮らし、ワインを飲み、洋楽を聴き、片言でも英語ぐらい話せないと少々具合が悪いかな、と思っている現在の日本人、つまり、私やあなたの真のルーツを目の前に差し出されたような居心地の悪さを感じる。

自分のことを「人間」と思っている犬はコッケイで、ときに可愛いものだが、自分たちのことをアジア人ではなく、なんとなく準白人、欧米の隣国の人種と思い込んでしまっているフシのあるわれわれ日本人は、他のアジアの国の人々や、また当の欧米の人々からはどう見られているのだろうか——というようなことを、ビゴーのスケッチを見ると、改めて思いおこさせられる。

閑話休題。「芸者の一日」の中に「玄関の敷居のところで涼をとっていると……」と題するスケッチがある。美形の若い芸者が、提灯の下がる店の入口に立っている。もちろん客を引くためだ。一人の紳士（?）が歩を止めて、彼女の姿にクギづけになっている。

この、好色そうで、そこそこ世俗の成功も手中にしたような四十前後の年かっこうに見える男——「世俗の成功」を別とすれば、帽子、眼鏡、そしてステッキを手にしているあたり、まるで私から年齢を二、三十差し引いた人物像ではないですか！　ヤバイですよ。だから、無理矢理（これは私ではない）と思おうとする。で、これは、そうだ！　イッセー尾形ではないか！　イッセーそのものである！と決めつけ、少しホッとする。

同じく「芸者の一日」の中の「時として芸者は意

なんとまあ、なんとリアルなこの情景。当時、あまりにも日常的な光景のためか日本人は描き残そうとは思わなかったのかもしれない。しかしこの男、なんというか、まるで、そう、イッセー尾形に……。

外な結末をつける……」と題する一点。清水勲によるコメントを見てみよう。

この図は、鹿鳴館に出入りする夫に連れられた元芸者の図である。（中略）近代の上流階級は西洋的社交術をこなさなければならなかった。その点で人慣れした芸者を妻にする者は、鹿鳴館などでは社交上手として成功を得たのではないだろうか。とくに外国人との交際において。

とあるが、それにしてもねぇ、服装はお見事！たしかに舞踏会コードのようですが、このご面相、プロポーション、姿勢は棒のようにしゃちほこばり、二人にあいさつする側は、膝を曲げ深く腰折る純日本式スタイル。

編者は別項で、当時の貴顕が花柳界の女性を妻にしている例を挙げている、引用する。

たとえば、伊藤博文の二度目の妻小梅は下関の芸者だった。陸奥宗光の二度目の妻亮子は新橋の芸者（士族の娘）だった。山県有朋の二度目の妻も新橋芸者（日本橋の大商家の娘）だった。こう見ると明治史において芸者たちの果たした役割は大きいといわねばならない。

鹿鳴館の舞踏会にやってきた貴顕と“淑女”。モデルに似た当時の“お偉いさん”にとってこの絵は嫌だったでしょうね。たしかにビゴーの作品、権威、権力の心を逆なでするものがある。

なるほどなぁ。お歴々、仲良く、目出たくも芸者さんを妻に迎えたか。それにしても、そろって「二度目」というところが興味ぶかい。社会的地位がぐんと上がったと同時に、前の妻ではなにかと力不足？　配偶者も、華やかで人前に出しても恥ずかしくない女性にバージョンアップしましたか。

客に遊女の“引き付け”の情景。左の常連らしき旦那は余裕の表情。連れは薄目で遊女を値踏み。

「芸者の一日」の後に、「娼婦の一日」の章がある。娼婦、つまり「遊女」である。

今は「芸者」と「遊女」の区別がつかない人もいるかと思うが（また、古今、温泉街などの接客業には「芸者」を名乗る遊女、娼婦がいたりすることもあるらしく混乱を生むのだが）「芸者」は文字どおり歌舞音曲に練達のエンターテナー。これに対し遊女、娼婦は、その身を提供することを業とする女性である。当然芸者と遊女娼婦とでは、本来、遊興の様式、客層もまったく異なる。

その娼婦の描かれかたを見てみよう。「好きな方をお取りなさい」の一点。

編者の文によると、このスケッチは、「吉原における馴染の客が若い連れを案内してきて遊女（花《おい》魁《らん》）と〝引付け〟している場面」という。

コロコロと太ってドテラのようなものを着ているのが「馴染み」の旦那か。なかば照れながらも(?)女性を、しっかり値踏みしているのが「連れ」だろう。上手ですねえ、ビゴーの、男たちの表情までも捕らえた描写。その臨場感。どうして、こういう「現場」に居合わせられたのかしら……ビゴーも遊廓に相当馴染んでいたということですね。

外国人登場の「英語と日本語のレッスン」という素描がある。

外国人たちは各地の遊廓に遊ぶようになったが、彼らの多くは自宅に遊女を連れ帰ることを望んだり、自宅に幾日も置いて妾のようにしたがったので、遊郭では遊女の出張制度を設けて送り迎えした。

なるほど、これは戦後の進駐軍のアメリカ兵を、身をもってもてなした「オンリー」に似たようなものだったのだろうか。

今日でもこんなポーズで、若いフランス語教師にレッスンを受けている日本のレディがいるのでは……?

この絵の女性は髪が洋髪であるから外人専門の出張遊女、いわゆる洋妾である。(中略)洋妾で有名なのは古くは駐日アメリカ総領事ハリスの妾・唐人お吉、アメリカ人通訳官ヒュースケンの妾つる、オランダ領事ポリスブルックの妾お島などである。当時の一般の人々は、彼女らを「らしゃめん」といって侮蔑した。

続刊を見てみよう。「明治の事件」の章に有名な一点がある、黒田清輝「朝妝《ちょうしょう》」事件の一景を描いたもの。明治二十八年『ショッキング・オ・ジャポン』誌に掲載された。

フランスで洋画を学び、日本絵画の革新、近代化に燃える黒田が明治二十八年、京都第四回内国勧業博覧会に出品したのが「朝妝」。

女性の（とくに異国の）全裸像に接することなどなかった当時の人々にとって、この油彩による写実的な作品は一つの騒動となる。これをビゴーは取材した。

それを見る人々の姿や表情が面白い。ポカンと口を開けたまま絵に見入る老人。作品を目の前にして目をおおう日本女性（そのご当人の下半身の裾は大きくまくられ脚は露出している）。と思えば、なにやらメモ帖に覚えを記入している学生帽の小学生——。

素描が実見を書きとめたものであったかどうかは別として、画家にして、諷刺漫画家、また秀れたジャーナリスト、ビゴーの鋭い取材力と描写力に舌を巻くしかない。

このビゴーは、その卓越した才能、諷刺精神ゆえに、やがて日本の官権当局から強い圧力をかけられることとなる。明治三十二年（三十九歳）日本人妻マスと離婚手続きをすませ、フランスに帰国。その後もビゴーを日本語風にした「美好」を号とした。

この号は彼の作品の中に残されている。

黒田清輝の「朝妝」の前に息をのむ観客。ただしビゴー描くこの「朝妝」と黒田清輝の作品の絵柄は少し異なる。

◎松村昌家 編『『パンチ』素描集』

〝パンチ〟の効いた諷刺雑誌、ご本家イギリス『パンチ』誌

ワーグマン、それに続くビゴーと、明治の日本に上陸した諷刺漫画・ポンチ絵にふれてきた。この流れでいけば、その二冊の文庫の編者・清水勲による同じく岩波文庫**『近代日本漫画百選』**と続きたいところだが、それでは芸がない、と思ったのか、あるいはフェイント癖がついてしまったのか、ちょっとパスを横に、いや、後ろに戻してみる。

ポンチ絵の本家、イギリスの諷刺週刊誌『パンチ』のアンソロジーが岩波文庫になっているのだ。題して**『『パンチ』素描集』——19世紀のロンドン**——とサブタイトルが付けられている。

ところで、この「パンチ」、日本では「ポンチ」。——念のため、その意味を手元の辞書で調べてみた。スペルはPUNCH。「穴をあける」「穴あけ器」「こぶしで打つ」「パンチ」。

スペルは同じでも、別の語源によるPUNCH、こちらは「果汁に砂糖、ソーダ等を加えた飲みもの」。そうか、子供のころデパートの食堂やパーラー（死語ですか？　パチンコ店ではないぞ）でとったフルーツポンチはここから来ていましたか。

姉たちと食べた、あのフルーツポンチの色どりや味、そしてそのころの町の情景に懐かしい思い出は

あるが、ここではその話は控える。

諷刺漫画のパンチ（ポンチ）は、もちろん前者の方で、こちらにはもともと「相手の痛いところを突く」という意味も含まれている。つまり、文字どおり〝パンチの効いた諷刺〟の意味もあるのだ。

PUNCHの言葉調べはこのくらいにしてこの岩波文庫で本家の『パンチ』を見てみよう。これが、まあ、それぞれ見事な描写力によるカーツーン満載なのだ。

第一章は「飢餓の1840年代」。

おやおや、これが日本のポンチ雑誌『日本地』（東陽堂刊明治40年1月号）NIPPONCHIというタイトルに「ポンチ」が重ね合わされている。

『パンチ』が創刊されたのは一八四一年。ヴィクトリア朝が誕生して四年目、この一八四〇年から四一年にかけて、イギリスは全国的な凶作に見舞われる。「飢餓の四〇年代《ハングリー・フォーティーズ》」という言葉が生まれたほどであった。

また、産業革命によりロンドン他の都市に人口が集中、貧富の差が激しくなり「二つの国民」に分けられる様相を呈するようになったという。

このような時代背景のときに諷刺漫画週刊誌『パンチ』は生まれた。当然、繰り出すパンチは激烈なものとなる。たとえば、
●「プリンス・アルバートの蜜蜂の巣」と題する記事。
王宮のウィンザー城内に、プリンス・アルバート殿下がたくさんの蜜蜂の巣箱を備えつけたことがニュースとなった。殿下は好奇心旺盛で知られていた。『パンチ』は、さっそくこの「巣箱」をネタにする。

小さな図版で見えますでしょうか。蜜蜂の巣の中は蜂ではなく、イギリスの労働者たち。

つまり、巣の中でせっせと「蜜」をつくっているのは、よく見ると、働き蜂ならぬ、イギリスの労働者なのであった。

画に添えられる記事は、というと——

プリンス・アルバートの蜜蜂の巣は……実に巧妙にできていて、内側の働き蜂の群（この蜂どもがまた稀代の珍種で、見たところ英国の職工や技師とそっくりの姿をしている）の苦心して作った蜜が、手際よく抜き取られる仕組みになっている。（以下略）

『パンチ』の社会諷刺はかなりキツイ。四章の「繁栄の裏側——病めるロンドン」、五章「テムズ川汚染——飲み水の危機」では、諷刺というより、社会的な糾弾活動を展開している。

●「何を食べ、何を飲み、何を避けるべきか」と題する記事。

一八五〇年代早々に、「食品・飲料・薬品等における不純物混入に関する特別調査委員会」が設立され、五四年から五五年にかけて、その第一回報告書が提出される。

産業や経済が急激に発展すると、どうやらこういうことが起こるらしい。昨今の、どこかの伸びざかりの超大国のように。

それはともかく、『パンチ』には、こんなコメントが載る。

小さい女の子「おじちゃん、お母さんにいわ

WHAT TO EAT, DRINK AND AVOID.

ポットの中からドクロが！どうやらこの時期、紅茶の中にも農薬かなにかが混入していたようですね。この恐怖今日も変わらず……。

れてきたんだけど、ネズミを退治するので一番上等のお茶を四分の一ポンドだけちょうだいって。それと、ゴキブリによく効くらしいから、チョコレートも一オンスほしいんだって。」

●「ロンドンのナルシス——または自分のきたない顔に魅せられた市参事会員」と題する画も強烈である。

もちろん、ナルシスはギリシャ神話に登場する美しい青年で、清い泉に映る自分の姿に恋し水仙と化してしまったナルキッソスのこと。ナルシシズムの語源であり、水仙そのものの学名ともなった。

ところで、「ロンドンのナルシス」——こちらの方は、工場の廃液やら都市の汚物やらで汚れきったテムズ川に自分の顔を映し、魅せられ、やがてその悪臭のために吐き気をもよおす市参事会員の姿が描かれている。

THE CITY NARCISSUS;
Or, The Alderman Enamoured of his Dirty Appearance.

汚物で死んだようなテムズ川。その川面に自らのきたない顔を映す市参事会員。一時隅田川も、このありさまでしたが、今日、よほどきれいになりました。ありがたいことです。

『パンチ』は当然のごと、風俗、流行にも諷刺の視線を走らせる。諷刺家というものは、えてして、やや保守的で、〝お先っ走り〟が嫌いなのだ。

●第七章の「女性解放への道――ブルーマー旋風」の「舞踏室《ボール・ルーム》のブルーマリズム」と題する項。

ブルーマーとは、そう、例のブルーマー。その発祥は――一八五一年万国博のロンドンにアメリカから珍客来訪。アメリカにおける禁酒運動とフェミニズム運動のリーダーとして勇名をはせたアミーリア・ブルーマーと彼女の同志がやってきたのだ。

その彼女たちの東洋風のパンタロンと短いスカートという女性解放的ファッションが「ブルーマリズム」と称された。

で「舞踏室のブルーマリズム」だが、こんなコメントが付されている。

ブルーマー「次のポルカのお相手をさせていただいていいかしら?」

もちろん、女性が男性に声をかけているから諷刺になる。現代なら、まあ、なんでもないことのようだが、当時のイギリスの常識(良識?)からすれば、考えられないことのようだった。

女性風俗関連ではもう一章ある。第八章「ファッションの季節――クリノリン・スタイル」。

クリノリンとは、一八五〇年代流行した巨大な傘のようなスカート。もちろん、日常生活には不向きだが、オシャレしてのお出かけやパーティーでは当時、必須のファッションだったようである。

●「ヤドリギの下で」と題する項。

パーティーの会場らしき部屋の壁にヤドリギが飾られている。「クリスマスの夜、ヤドリギの下では誰でも女性にキスしてもよい」という言い伝えは今日でも知る人は知っている。ま、日本ではヤドリギを飾ってあるパーティー会場やディスコなど、まず、ないけど。

ところで、その画だが美しい彼女が、せっかくヤドリギの下にいるのに、無念なるかな、例の巨大なクリノリンのために……男が傍に近寄れないのである。

『パンチ』は、なんと創刊以来百五十年の長寿雑誌となり一九九二年、その役割りを終えた。編者による懇切なる解説によると、挿画家の中に、(やっぱり)あの『不思議な国のアリス』のジョン・テニエルが! また、主要執筆者として、えっ、**『虚栄の市』**のサッカレーが!

なるほどなぁ、よし、では次回はサッカレーの「絵のある」岩波文庫で行くことにする。『虚栄の市』ですか、って? いやいや。

UNDER THE MISTLETOE.
Augustus thinks Crinoline a detestable Invention.

せっかくヤドリギの下に美しい彼女がいるのに、巨大な「クリノリン」のために、近づいてキスもできない(うーん憎っくし傘スカートめ!)といった紳士にご同情いたします。

THE GREAT RAILWAY GUY FOR 1849.

『パンチ』にはあの『不思議な国のアリス』を描いたテニエルも参加していたようです。この画がテニエルかどうかは明らかではありませんが似てますよね。

◎サッカレ（平井呈一《ていいち》訳）『床屋コックスの日記　馬丁《べっとう》粋《す》語録《ごろく》』

傑作小説も書けば挿画も描く、対する翻訳がまたお見事！

前号は日本のポンチ雑誌の本家イギリスの、パンチの効いた諷刺雑誌『パンチ』を「絵のある」岩波文庫で、存分に味わせてもらいました。

その中で、『パンチ』誌の常連執筆者の一人として、あの、サッカレーが健筆をふるっていることを知った。

このサッカレーは（サッカレ、サッカリーなどとも表記される。岩波文庫の中でも著者名としてサッカレ、サッカリーの二様あり）、「絵のある」文学と、とても縁が深い。

サッカレーといえば、**『虚栄の市』**。二〇〇四年刊の中島賢二の新訳（全四巻）には、なんと著者・〝サッカリー〟自身による挿画がふんだんに（点数を数えるのが嫌になるくらい、ぜいたくに）挿入されているのだ。

サッカレーの出世作『虚栄の市』は、その挿画の、妙と量、の点で「絵のある」岩波文庫、またまた屈指の一冊といってよいだろう。

『虚栄の市』、イギリス文学史上に虚名ならぬ令名をとどろかせてきたので、手にした読書人は多いのではないだろうか。

しかし、十九世紀のイギリス文学など、まず読まない私は、サッカレーの作品など、これが「絵のある」岩波文庫でなければ死ぬまで読まなかったかもしれない。

それはともかく、サッカレー。まいりました。じつに面白い。『虚栄の市』の悪女「レベッカ」がとても可愛いが、『**床屋コックスの日記　馬丁粋語録**』、こちらも相当にシブイ。訳が、あの平井呈一(「あの」の説明は後で)。

この「絵のある」岩波文庫(一九五一年四月が第一刷発行)、二〇〇四年に増刷されている。私は旧版を定価の二倍ぐらいで入手して喜んだ、悔しい記憶がある。

まず、本文をさしおいて、この挿画についてふれ

サッカレー『虚栄の市』(一)の巻頭扉。本文挿画も含めて、すべて著者！

「その場のようすを聞きつけて、奥から家内と娘と倅が……」の情景を、当人の人気挿画家・クルックシャンクが描いている。

ておくと、『床屋コックスの日記』の方が、すでにふれているディケンズの作品**『ボズのスケッチ』**などで当時人気の諷刺画家、ジョージ・クルックシャンク。

そして『馬丁粋語録』の方は、といえば――その挿画を描いたのが、他ならぬ〝サッカレー〟自身。どうもサッカレーという作家、挿画に関しては、なみなみならぬ思い入れと、それ相応の腕をもっていたようではある。

そんなサッカレーの『床屋コックスの日記』の文中には、

その場のようすを聞きつけて、奥から家内と娘と倅がドヤ、ドヤ、ドヤッと飛び出してくる。

とあり、続けて、

この模様、まずはクルックシャンクが描いた挿絵のとおりなり。


といった、クルックシャンクが登場する楽屋オチのような記述がある（P311下段挿画）。

ここ一カ所だけではない。

溝から這い上ったときには、いぜん床屋をしていた時分に、バラ香油をぷんぷん匂わせ、商賣

泥まみれで、ロバの背で戻った主人公に驚く狩の貴族たち。猟犬が異変に驚き吠えまくっているのが、なんともオカシイ。

柄いつも窓から見えるように盛装《めか》しこんでいた様子とは、似てもつかないざまになってしまった。その恰好たるや、ええ癪な！　まずは挿繪で御覧のごとき為體《ていたらく》である。

と、自分の作品に挿画を描いてもらっているクルックシャンクに、ちゃっかり、挨拶を送っている（P312下段挿画）。

ところで、このクルックシャンクなのだが、すでにちょっとふれたが、彼の挿画は他の岩波文庫でも味わうことができる。

それが、サッカレーの挿画を断った、ディケンズの作品『ボズのスケッチ』（全上下二巻）。ここでクルックシャンクは挿画と表紙を描いている。

彼はディケンズの『オリヴァー・トゥイスト』にも挿画を寄せているが、禁酒運動に関連して意見がくいちがい袂を分かつことになる。

もう一つ付け加えておけば、早く世に出たディケンズ（一八一二―一八七〇年）と四十近くになってやっと世に出たサッカレー（一八一一―一八六三年）は、サッカレーの方が一歳年長という年まわり。

サッカレーは『虚栄の市』一作によって、かつて挿画を断られたディケンズと肩を並べることとなったのだ。このへんのなりゆきはなかなか小説的ではないでしょうか。

『虚栄の市』では自ら挿画を描いたサッカレー。なかなか達者なものではないですか。

さて『床屋コックスの日記　馬丁粋語録』、訳者は、あの、平井呈一、とすでに記したが、平井呈一という人は、知っている人は皆知っている二つの顔を持つ。

一つは、著名なる翻訳者、また怪奇・幻想の英文学作品の紹介者。

ラフカディオ・ハーン＝小泉八雲の作品翻訳で親しんでいる人も多いのではないか。

薫陶を受けた作家に由良君美《ゆらきみよし》、紀田順一郎、荒俣宏らがいる。この三人の名前を見るだけでも平井呈一の守備範囲の想像がつくというもの。また、荒俣宏が「三度、破門された」という話も、荒俣本人による申告なのかどうかは定かではないが、麗しいエピソードではある。

こんな横道にそれていて、「もう一つ」を忘れるところだった。平井呈一の、もう一つの顔は、永井荷風の日記や『来訪者』に描かれてしまった「偽書づくり人」としての若き日の「平井某」。

これがどこまで事実だったかどうか。

荷風はもともと疑心暗鬼、思い込みの強い人ではある。

とにかく普通なら、このスキャンダルだけで再び文学、出版の世界に浮上することなど不可能だったろうに、平井呈一は、のちに翻訳者として見事、名を成す。

その翻訳が、また、なんともいえぬ名口調。『床屋コックスの日記　馬丁粋語録』でも、これは翻訳？　はたして超訳？　と思わせられる訳文で隅から隅まで楽しめる。

まずは作品名の「馬丁粋語録」。何と読みます？「ばていすいごろく」ですよね。私も実際に本を手に取るまで、そう読んでいた。しかし、目次を見ればこれが「馬丁粋語録《べっとうすごろく》」ですっと。

やられましたね。本文もすごいですよ。

これも『馬丁粋語録』のサッカレー自身による挿画。当時流行のタッチですね。

——まさか女房を日干しにするなどというつもりはケチリンもあるわけではなかったけれど
——お高く止まりの、さくいところのない人間だったのか
——足とふくらっ脛《はぎ》がむきだしなところは、久米仙ものだ。
——また、いい年齢をした後家のかすりを舐めて娯しむわけにもいかなかろう。
——あれだけの金を捲き上げて、これからパリーへ鹿島立とうという料簡になったのに——

「ケチリン」「さくい」「イタチの道」「久米仙」「かすり」「鹿島立」……。

と、こんな塩梅《あんばい》。このうちいくつ解読できます？　とにかく舌を巻く、いや巻舌的江戸弁駆使の翻訳三昧。諷刺作家、サッカレーの原作に肉迫しているのではないでしょうか。

それにしてもサッカレーの作品、面白いですねぇ。皮肉、辛辣ではあるが愛情がある。この作家を若くして知っていたら、もしかして、私にも諷刺文学の作家としてのメがあったかも……と、思いもしないことを思わせられるくらい、半端じゃなく、イカしています。

◎清水勲 編『近代日本漫画百選』

絶妙の諷刺漫画でたどる近代日本世相史

すごい一冊です。清水勲編『近代日本漫画百選』。まず、いかにも安直なようですが、実際、簡にして要を得ている紹介なので、この文庫のカバー袖コピー（担当編集者によるものでしょうか?）を引用したい。

多くの言葉を費やさずとも、一枚の諷刺画がその世相を的確に言い当てていることがある。幕末・明治の北斎、小林清親、ビゴーから、戦後の長谷川町子、手塚治虫まで、その時代の世相風俗を鮮やかに切りとった粒ぞろいの傑作百選。詳細な諷刺画史年表を付す。

その本を手に取り、さっと全頁を目でたどったとき、私は、タイトルの『近代日本漫画百選』は、もっと具体的に『近代日本諷刺漫画百選』ではないのか、という気持ちになった。

選者が「三十年以上にわたって収集した資料」の中から、百点をセレクトして紹介。解説される漫画の、ほとんどすべてが、政治、政治家、世態、風俗に対する「諷刺画」なのだから。

しかしそれを、わざわざ「諷刺漫画」と言わず、単に「漫画」としたわけが、この本の中で語られる近代漫画史を読めば理解できる。

つまり、ことさら「諷刺画」などと掲げなくても、漫画とは、そもそもが「諷刺画」だったということ。今日のようないわば長篇漫画、ストーリーコミックは、そこから派生した一つのジャンルといえるのだろう。

さて、この本の構成だが、「漫画とは何か」を概説する「はしがき」の後に、「幕末の諷刺画」「明治前期の諷刺画」「明治後期の諷刺画」「大正期の諷刺画」「昭和戦前期の諷刺画」「昭和戦後期の諷刺画」と章立てられる。

ビゴー描く日本男子（めかし屋）を諷刺。なかなかパンクですね。

そして、その後に、編者・清水勲による「近代日本諷刺画の系譜」と「近代日本諷刺画史年表」が付される。

この「絵のある」岩波文庫の中で、清水勲による編著の本は、これまですでに四冊取り上げてきた。

清水勲の、ポンチ絵さらには漫画（漫画史）の著作のありがたさは、そのコレクションの充実ぶりと、解説文の妙と量である。

『近代日本漫画百選』もまた、その巻末に、右にタイトルを示した十四頁の解説と、六十頁におよぶ年表が添えられる。

その懇切ぶりもうれしいが、じつは著者の編者、また筆者としての地力を見せつけるのは、本文の左頁で一点ずつ（ときに二点もあり）百点の作品を見せ、その解説を右頁の一頁でピタッと収めている技倆である。

たとえば、「北京夢枕」と題された明治十七年九月五日製作の錦絵（木版、二枚続）の右頁の解説は「福沢諭吉が出版した諷刺画」と見出しが付けられ、

図22は福沢諭吉の立案および文、今泉秀太郎（一瓢《いっぴょう》）の画による二枚続錦絵である。今泉はこの年（明治17年）、慶応義塾本科を卒業している。今泉の母・釖《とう》は福沢の妻・阿錦《きん》の姉にあたる。この戯画錦絵は、列強に侵略されながら、いまだ大国意識を捨てない中国を諷刺している。

と、あり、「天は人の上に人を造らず——」の福沢諭吉が（論客として当然のことではあるが）秀れた諷刺作家でもあったこと、また、それを表現した画工が、福沢と親戚関係の人であったことが明らかにされている。

今泉秀太郎「北京夢枕」（福沢諭吉・文）、明治17（1884）年。

「女子の職業」。この絵の凝っているところは、彼女の体の部分と職業の関係なのです——。とくにふくらはぎや下腹部が意味深。（明治41年）

つまり、福沢諭吉は家内工業的？に、諷刺画作品を出版していたわけである。

好きだなぁ、こういう諭吉さん。

この項に続く、次の頁の解説には、まったく頭が下がりました。「銅版刷による諷刺画」と題された一文。これが明治十年代の印刷技法の解説なんですね。

この作品もスゴイ！　今しも凶弾に倒れるのは伊藤博文。艶福家で知られたこの人の最期の影が「女」という文字の形をしていたとは！　キツイ諷刺だが、お見事！（明治42年）

明治の文芸史、また文化史の本は世にあまたあるが、その印刷に関して言及、解説しているものは、稀なのである。

江戸末期から文明開化の明治前期、そして日本も本格的近代を迎える中期から後期にかけて、その印刷技術は、めまぐるしく変遷する。

ごく大ざっぱに言えば、江戸錦絵とその伝統を受け継ぐ木版の技法、これに続くのが（一部同時並行的にも存在する）江戸末から明治初期にかけて流布する渡来の銅版画技術、さらに中期から三十年代後半までが全盛の石版画（砂目石版およびクレヨン・リトグラフ）。

そして、この石版画も、さらに、リアリズムと即時性に富み、大量印刷の可能な写真製版に追いたて

柳瀬正夢の「此の威力！」。飛び散るのは軍人、資本家か。昭和2年の『無産者新聞』より。

られるように席をゆずることとなる。ま、このくらいのことは、自分でも少し錦絵や明治石版画を収集する身としては理解しているのだが、実際の個々の作品に接すると、これがなかなか一筋縄ではいかない。

木版でありながら、堅く、密な木版の木口部分に彫った木口木版など、銅版と区別がつかない場合があるし、また、同じ木版でも、たとえば小林清親の作品にあるように、わざと銅版画や石版画に見せようとした凝った刷り物もあるので、まったく油断ができない。

このジャンル、まだまだ研究が未開の分野なのだ。だからこそ、清水勲による明治の印刷技法への言及は、とても貴重なのです。

引用させていただく。

明治15年8月より小林清親は本多錦吉郎のあとを引き継いで『団団珍聞』に諷刺画の執筆を始めた。当初は本多と同じく亜鉛凸版印刷による表現を続けていたが、明治18年5月から様々な表現法を試みるようになる。ビゴーの銅版画集や『ジャパン・パンチ』（明治16年12月号より木版刷から石版刷化）の石版漫画などに刺激を受けたものと思われる。

（中略）

……そして同じ明治18年7月18日号から新しい表現法が登場する。石版刷による漫画である。東京築地活版製造所石版部印行によるクレヨン・リトグラフという技法を使っている。当時の石版刷は砂目石版が一般的であったが、やわらかい鉛筆のタッチで描かれたクレヨン・リトグラフで表現したところは、ビゴーの指導があったように思える。

ゲオルゲ・グロッスの影響ありありだが、やっぱり上手い。岡本唐貴《とうき》（白土三平の父）の作品。

私、いまだに原稿用紙（神楽坂・山田製）に手書きなので、引用文も、こうして、書き写しているのですが、明治の印刷の技法名や印刷所名、また画家の固有名詞をなぞっているだけで妙にウキウキしてしまうのです。

と、こんなことを書いていたら、もうスペースが……。とにかくこの一冊、私にとって近代日本諷刺画史を知る大切な教科書。

いや、私ばかりでなく、高校、大学の日本近代史のサブテキストとして最適の一冊、といえるのではないでしょうか。

私が教壇に立つ立場だったら、絶対、この本を使わせてもらいますね。

◎山口静一　及川茂　編『河鍋暁斎《かわなべきようさい》戯画集』　ジョサイア・コンドル（山口静一訳）『河鍋暁斎』

近年、脚光を浴びる奇才・暁斎の二冊の岩波文庫

さて、今回は河鍋暁斎。号は、洞郁《とういく》、狂斎、暁斎、惺々《せいせい》（猩々は誤りという）。

私、ずっと暁斎を、人にただされるまで「ぎょうさい」と読むと思っていた。狂斎《きようさい》から暁斎。読みは、いずれも「きょうさい」だったのですね（手元の浮世絵人名事典でも「ぎょうさい」とルビがふってあったし）。

それはともかく、暁斎の絵、なんとなく苦手。達者すぎませんか？

そういえば北斎にも抵抗があった。たとえば「北斎漫画」。上手《うま》すぎる。腕が立ちすぎるというか、歌麿のような軟らか味、広重のような適度な湿度がない。

しかし、北斎に関しては、春画を見てから考えが変わった。気品があるのだ。

さて、暁斎——幕末から明治にかけて「狩野派と浮世絵の最終到達地点にいる」（天明屋尚氏）絵師、また、反骨と諧謔の戯画、諷刺画家。

苦手であろうが、なかろうが、無視するわけにはいかない表現者である。この異能の画家を、ありがたいことに「絵のある」岩波文庫がカバーしてくれている。

『河鍋暁斎戯画集』（山口静一、及川茂編）とジョサイア・コンドル著『河鍋暁斎』（山口静一訳）の二冊がそれ。

前著は一九八八年、後著、その八年後に岩波文庫として刊行されている。二著とも比較的最近、といっていいだろう。

これは、近年、ますます暁斎が見直されてきた一つの証しなのかもしれない。

あるいは、一九八七年、東京ステーション・ギャラリーでも「ジョサイア・コンドル展」（なぜか見逃してしまった）によって、コンドルを通して暁斎にスポットライトが当たったのか。

暁斎の印章の一部。印の中には暁斎の好んだ鴉の姿が散見される。

それはともかく、まずは『戯画集』を手に取り、続いてコンドルによる『河鍋暁斎』をじっくり読む。

コンドル――もちろん、明治のお雇い外国人。明治十年に招かれて来日、工部大学校（現・東大建築学科）で教鞭をとり、また、鹿鳴館、三菱一、二、三号館、あるいは今日に残る御茶の水のニコライ堂、西ヶ原の旧古河邸、上野・池之端の旧岩崎邸などの建築家。

コンドル教室の生徒としては、辰野金吾、片山東《とう》熊《くま》、曾禰《そね》達蔵、妻木頼黄《つまきよりなか》、といった近代日本建築界を背負って立つ錚々たる面々。

そのコンドルが、異能の絵師、河鍋暁斎について一冊の著作を残した。なぜだ。

コンドルが暁斎の弟子となったからである。

コンドルは来日から四年後、暁斎に入門し、日本画の実技を学ぶことになる。暁斎が与えたコンドルの画号は「英斎」。もちろん、コンドルが英国・ロンドン生まれに因んでの号だろう。

と、いま、このように書き進めている稿は、コンドルの『河鍋暁斎』の本文や、訳者・山口静一による巻末の「暁斎・コンドル略年譜」、また「コンドルの日本研究——訳者解説に代えて」を参考にさせていただいている。

岩波文庫の巻末に付されている年譜や解説は、例によってじつに充実したものであり、ここで語られていることに関連して、私もあれこれ冗語を添えたいのだが、ここはガマンをしてコンドル『河鍋暁斎』の本文を見てみよう。

まず巻頭に別丁でカラー口絵がある。「十七世紀大和美人図」。元禄風俗の美人画である。

この着物の柄の一部が『河鍋暁斎』のカバーに。

私もそうだが、戯画で暁斎を知った眼には、この肉筆浮世絵風の絵（実際は木版画）にはちょっと意表を突かれたような気になる。

（暁斎先生も、こんなおだやかな画趣の作品を描くんだ）という思いである。

この作品、始めはコンドルが秘蔵し、後に娘さん（ヘレン、日本名ハル）に渡るが、その後、大英博物館が所蔵、十年前の二〇〇〇年六月になぜかロンドンのクリスティーズ・オークションに登場、現在は里帰りし、日本人の個人蔵となっているという。名品流転。

骸骨も好んで多く描いた。遊女、一休の対比が面白い。色即是空？

本文目次の前に「図版一覧」が掲げられている。下絵、素描、掛物、屏風、額物、画帖などなど、これらが、ほんの一部を除き、すべて当時のコンドルのコレクションだったというのだからすごい。

つまりは、英斎・コンドルは暁斎門下の弟子とはなったが、その実、パトロンであり、暁斎作品の大コレクターであったわけだ。

コンドル著す『河鍋暁斎』は、コンドルのコレクションをもとに、暁斎の人柄と作品、さらには、その技法に言及した「暁斎考」であり、また自ずと、コンドルの暁斎コレクション目録を兼ねることになっている。

「図版一覧」の後に続くのが著者コンドルによる「序文」そして、「第一章　暁斎の生涯」「第二章　画材について」「第三章　画法について」「第四章　技法の実例」「第五章　署名と印章」「第六章　暁斎画コレクション」という構成。

その後に訳者による、「註」と、すでにのべたように「暁斎・コンドル略年譜」と「コンドルの日本研究」が付される。

「二羽の泊鴉に山水」（コンドル・コレクション）

暁斎の生涯については暁斎の自伝『暁斎画談』に多くを負うにせよ、画材、画法、技法の実例、また署名と印章に関して、著者・コンドルが暁斎の画弟子として暁斎その人と接し、その人を知り、また、暁斎の画室で師の指導を受けつつ、助手として雑用などをこなしてゆくなかで知り得たものだろう。

つまり「至近距離」での「暁斎考」なのだ。

コンドルの文章から引用する。

私の受けた指導とは、師の制作を見学すること、師の話・説明を聴くこと、そして普通弟子に回ってくる純粋に技術的な細部の仕事で師の助手を務めること、これがほとんどであった。

（中略）

共に制作に励んだ七、八年の間、暁斎が目の前で描いた絵画についてすべて私は、制作の手順方法などを記録した夥しい量にのぼるノートを作り、また描き進むに従って生ずる説明図、素描、下絵などをことごとく保存しておいた。

コンドルが暁斎の弟子となるのは、暁斎五十歳、それから五十八歳で歿するまでの約八年、コンドルはずっと暁斎の傍で、暁斎の仕事ぶりに接し、助手としての役割を果たしていた。

そして、この『河鍋暁斎』（元本書名は『河鍋暁斎——本画と画稿』）が著わされたのは一九一一年、暁斎の死から二十二年後のことである。

6歳のころ神田川で拾った生首を持ち帰り写生する暁斎。奇才、暁斎らしいエピソード。

日本近代建築に輝かしい足跡を残し、また良き教育者の偉大なるコンドルと、幼いころからなにかと騒動を起こしてきた、奇才、異端の暁斎との交流は意外なようでもあるが、コンドルの日本文化に対する強い好奇心と愛情を思えば、意外でもなんでもない。

コンドルは歌舞伎、講談、落語を愛好。日本舞踊の稽古で知り合った女性（くめ）と正式に結婚、子

「鍋釜の図」。下女のなじみの品で人物を描く。アルチンボルドや国芳に同系の作品が。

までもうけている。そして、その墓は、妻と共に音羽・護国寺にあるという。

そのコンドルの著作は、他に『日本衣裳史』『日本の山水式造園』『日本の花と生け花の技法』等がある。

私は、二冊の暁斎の「絵のある」岩波文庫をより楽しむために、別冊太陽『河鍋暁斎——奇想の天才絵師』を傍に置いて、ふんだんに収録されているカラー図版に当たった。

なるほどなぁ。暁斎の作品に関しては以前、福富太郎氏のお宅でコレクションを見せていただいて以来、実際に接してない。私の暁斎苦手意識はともかく、蕨市にある「河鍋暁斎記念美術館」に行ってみなければ話にならない。この稿のゲラが出る前にでも。（このあと、すぐに行きました。小ぶりの、好ましい美術館でした。館内、コーヒーの香りのするショップで暁斎グッズを数点求めました）。

◎志賀重昂《しげたか》（近藤信行 校訂）『日本風景論』

明治中葉にデビューした画期的 日本列島地形型録

志賀重昂著『日本風景論』。

懐かしい著者名であり、書名である。

学生時代、当時、上陸して間もないモダンジャズのレコードをかけてくれる喫茶店を求めて、珈琲園、フラミンゴ、ダンディ、イトウ、シャルマン、ビザール、木馬、キャット、スィング、ダウンビートetc、と町遊びにうつつをぬかしながらも、さすがに専攻の授業はちゃんと出席した。

授業はその学科の主任教授であり、見わたすところ、教授、助教授の中で真に教養人たる雰囲気があったのは、そのK先生ぐらいで、きわめて厳格との噂はあったが、不良学生であった私が、その講義だけは毎回楽しみにしていた。

志賀重昂という名と『日本風景論』という書物の存在は、この授業で知った。小島烏水、木暮理太郎、脇水《わきみず》鉄五郎という名も同時に覚えたはずだ。

それから、どれだけの年月が過ぎたのだろうか、いわゆる職業としての造園家の立場から脱落して、本を読む日々を重ねるようになって、改めて『日本風景論』を手にすることになる。

もちろん岩波文庫（その後、土方定一による解説をチェックすべく、講談社学芸文庫の上・下二巻も入手）。

さらに、中央線の古本屋さんめぐりをしていたときに遭遇したのが、和綴じ、樋畑雪湖、海老名明四の銅版？刷りも美しい元本『日本風景論』（明治二十九年十一月増訂七版）。

中央線沿線の古本屋には、なぜか山岳系の本の品ぞろえがよかったりするんですよね。

なぜか？って、気がついたんですが、中央線の、その、ずーっと先は、日本アルプスじゃないですか。

閑話休題。志賀重昂『日本風景論』との交渉は、浅からぬものがあるといっていいのだが、これが未だ、きちんと通読していない。いや、ほとんど拾い読みすらしていない、というありさま。

読みづらいんですよ。漢文の素養のない人間にとって、重昂の、重厚長大的、漢文くずしのような文体は。

それでも、原本を入手してからは、挿画、挿図はもちろん、その活字の大小や字型にひかれて、チラチラその文章も追ってみる。

まず感心、というか意を強くしたのが、巻頭の矧《しん》川《せん》（重昂）による大きな活字で印刷された一文。これが、本文の挿画に関わるものなのだ。引用、紹介する。

『日本風景論』中の挿画、大抵は雪湖樋畑《せっこひはた》君の揮灑《きさい》する所、君、信州松代《まつしろ》の人、年歯《ねんし》いまだ壮、酷《はなは》だ画を嗜《たしな》み、連日薄書満案、吏務鞅《おう》

雪湖による本文中挿画。こんな未知の奇景に当時の人はびっくりしたのでは。

掌《しょう》。而《しか》してこの余技あり。洋風の画は、海老名《えびな》明四《めいし》君の落筆に係る、君、参州挙母《ころも》の人、予と同郷国、居常予が家に出入す、有望の少年画家。予、特に両君の揮灑落筆を需《もと》む、両君歓諾、画皆《み》な成る、ここにこれを多謝す。

この重昂の一文からわかることは、一つは、重昂が挿画に対して、きわめて、意識的な感覚を持ち合わせていたという点。

もう一つは、文から察するところ、重昂より、かなりの若輩の二人の画家（一人は重昂の書生？「海老名明四」という名前からすると、明治四年生まれ？）を自著で起用していること。

つまり、重昂は若い才能を見出し、場を与える、活達なプロデューサー的気質の人物であることがうかがえるのである。

ところで、『日本風景論』を初めて手にし、パラパ

これまた奇景。「高さ五十尺余」の「泥柱」という。でも未だ絵柄は江戸時代の名所図絵風ですよね。

「妙義山第二石門」の奇景ですが、こんな庭石があったら、当然、立派な陰陽石でしょう。

こちらは、洋風木口木版。それにしても、このダチョウのような岩はなんなんだ。

男阿寒岳と女阿寒岳の最高点とその周辺の高山植物。

ラとページを繰って、感じたのは、——（ははん、この本は、江戸時代の名所記本に代わる、日本初の、日本列島風景カタログか）——というものであった。

この本によって、初めて日本人は、自分の住むところのだけではなく、日本列島、はるか他郷の、また、まだ見ぬ山岳、河湖の存在を知りえたのではないか、と一人合点したのでした。

苦手な漢文くずしの、なにやら威勢のいい美文調も、これまた、富国強兵の時節のお国自慢的な心情の発露によるもの？ と、今にしても、当たらずとも遠からずの了解をしたのです。

ところで、この稿を書くにあたって、先に挙げた三様の『日本風景論』と、これも重昂の明治三十一年、政教社刊による『山水叢書河及湖澤』（挿画は中村不折）や小島烏水の『浮世絵と風景画』**『日本アルプス』**などを脇に置いたが、本題の『日本風景論』よりもきちんと読んだのが三田博雄著『山の思想史』（岩波新書）であり、大室幹雄著『志賀重昂『日本風景論』精読』（岩波現代文庫）であった。

三田博雄の『山の思想史』は、つとに名著として知られるが、私が、今回、改めて通読して、改めて驚嘆したのが、もう一冊の、大室幹雄による「書き下ろし」文庫の一巻であった。

この文庫本も、いつ買ったのだろう。もちろん『日本風景論』関連図書ということで入手したにきまっているが、だからこそ、きちんと読んでいなかったようである。

しかし、今回、この機会に手に取って、一読三歎、なんたる洞察力、なんたる文章力、なんたる博引傍証の力技、と舌を巻きつつ、存分に楽しませていただいた。

とくに文章が、ただ単に〝正しい日本語〟で記述されているのではなく、いわゆる学術系図書にあるまじき？ 血肉の通った文体なのである。

「対馬の海岸」の図だが、なにか観光絵葉書的図柄。やはり名所絵の名残か。

つまり、一語一語に、筆者のリスクがかかっているんですね。ということはキトキトの生きた思想が綴られている、ということになります。貴重な考察であり、文章なのです。
たとえば、重昂の『続世界山水図説』の一文を引いたあと、一言、
空疎で、つまらない文だが、必要だから引用

した。

――これで、私は吹き出してしまった。また、詩に不可欠の抒情性が欠けていた。漢文で作詩

「芥屋の大門窟」ことごとく玄武岩という。これと同じような典型的な柱状摂理の光景を平戸沖の島の岸壁で見たことがある。

したからではない。彼は散文家だったのである。

彼は陽気で楽天的で、いつも元気いっぱいで、内向的ではなく外向的だった

と思うと、
そういう零細な文言を記憶にとどめていて、そこから先のような記述をつむぎ出している志賀の細心には注意していい。

――とまあ、重要な論旨にあまり関わりのなさそうな文言のみを引用したが、この大室の志賀重昂論に接したことによって、私にとって、志賀重昂、（と同時に、同時代に生きた、地学者としての内村鑑三や福沢諭吉も）は、ぐんと近しい人となった。

やはり重昂の『日本風景論』をきちんと通読してみるか。

いや、それよりも、まず、ずいぶん前から私の本棚にある大室幹雄著『月瀬幻影《げつらい》』（中央公論新社刊）に、今は気が向かっている。

◎赤松宗旦《そうたん》（柳田国男 校訂）『利根川図志』

読んで楽しい、見て驚きの文学的地誌『利根川図志』

さて、今回は〽利根の川風たもとに入れて――っと、季節もよし、赤松宗旦『**利根川図志**』。

前回、志賀重昂『**日本風景論**』を取り上げ、これに関連し再読した大室幹雄『志賀重昂『日本風景論』精読』によって、改めて大室の他の著作への強い関心を抱かされたことを記したが、その『日本風景論』精読』の文中、こんな一説に出くわした。

　数年まえ、大学院の一学生と『利根川図志』（岩波文庫）を読んだことがあった。学期末に彼の書いたレポートは、ほぼこちらの予期したとおりの内容だった。簡単にいえば、この本にはその題名にもかかわらず利根川についてほとんど何も書いてない、というのであった。

この院生の感想に対し、大室先生は、こう対応する。

　たしかにこれは現代風の地理学ではないけれども、

と言ったあとに、続けて、

まず第一に読んで楽しいではないか、文学であるからだ。（傍点坂崎）

と記している。

この一文に接し、（そうか『利根川図志』か、よし、今回は、この江戸本でいこう!）と決めた。

大室先生が『利根川図志』をテキストに取り上げたのは、ひょっとして先生も院生も利根川流れる千葉（房総）にご縁があったためではないだろうか（大室先生は千葉大学で教鞭を執っている）。

かくいう私も、なにかと千葉とは浅からぬ縁がある。私に限らず東京の下町で暮らす人間は、なにかの拍子で千葉方面に体が向く。

潮干刈りや海水浴も千葉。野菜、果物を背負ってくる〝かつぎ屋さん〟も千葉からだった。中学生のころの自転車での遠出だって、旧中川、荒川、そして江戸川を越えれば、そこは千葉県・市川市の国府《こうの》台《だい》の里見公園だったりする。

荒川、江戸川といえば、かつては利根川の流れ来たる末流ではなかったか。

『利根川図志』を読もう。

鈴木牧之の『**北越雪譜**』と並んで江戸、私編の地

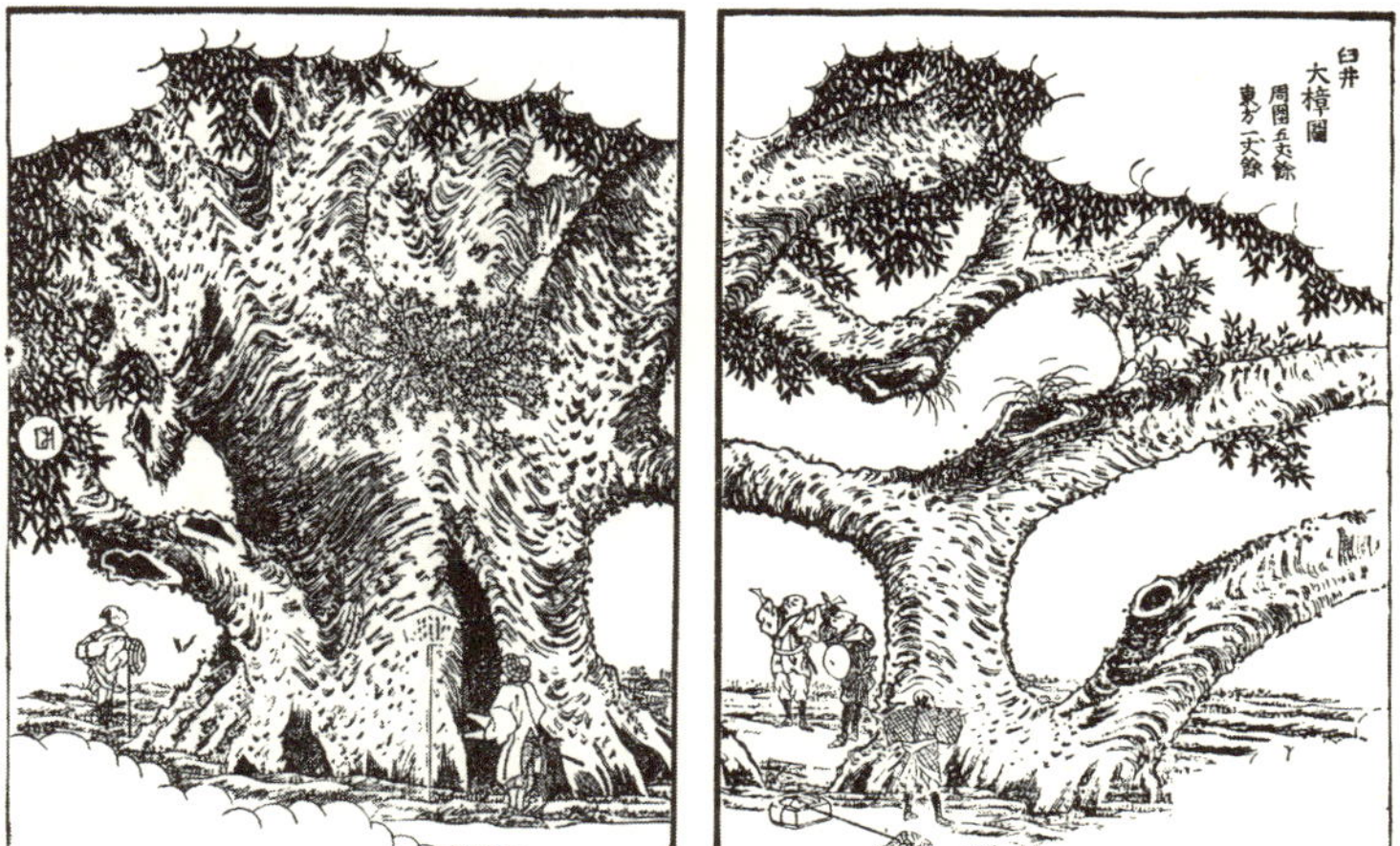

「臼井大樟圖」。地誌では巨木や異様な枝ぶりの樹は必ず記録される。江戸の人々の旺盛な好奇心の欲求に応じたものだろう。『利根川図志』でも、他に「蛇柳」（一名「妖柳」）の姿が紹介されている。

誌の傑作とされる一巻。しかも、この岩波文庫、『図志』の名のとおり、挿図、挿画が満載（八十六点）なのです。

『利根川図志』を手に取る。パラパラとページをめくる。気になる妙な絵が何点も目に飛び込んでくる。文字組みはビッシリと細かく、漢字も多く、一見、手強そうだが、読みはじめてみると、難儀するほどのものではない（文中の漢詩などは興味があるものを字ヅラだけ追う）。

よし、いける！　と心落ちつけて、巻頭から読みはじめる。まず「解題」。この『利根川図志』の校訂者である柳田国男によるもの（昭和十三年七月記）だが、これが、まさに「読んで楽しいではないか、文学であるからだ」（前出、大室幹雄の言葉）というような一文。

なんと、〝柳田国男少年のいる〟解題なのです。

その冒頭から引用する。

「利根川圖志」の著者赤松宗旦翁の一家と、此書の中心となつて居る下總の布川《ふかわ》といふ町を、私は少年の日からよく知つて居る。

柳田少年は「此書が世に公けにせられた安政五年から、ちやうど三十年目の明治二十年の初秋に」生まれ故郷の「播州」から、ここ赤松家のある布川の地で医者を開業した兄の家で暮らすことになる。

そして、この房総の地で「大いなる好奇心を以て、最初に讀んだ本がこの「利根川圖志」であつた」というのだ。

この記述によると、柳田少年が、この本を赤松宗旦ゆかりの地、布川の兄の家で手に取り読んだのは、『利根川図志』が刊行されて、たった三十年の後のことだったのだ。

〝柳田少年のいる〟解題では、赤松家や『利根川図志』に関わる印象ぶかいエピソードが語られるが、本文に進んでいこう。

『利根川図志』「巻一」は「総論」から始まる。当然のこと、その名の由来や、源流から、支流をして下流までの川の名称、河川を行き交う運輸、気候(主に操舟のための)、物産などが記述される。挿画にひかれて、まず興味ぶかく読んだのは「物産」の項で、この当時は利根川に鮭が上ってきていたという話である。

> その主《むね》たる物、江戸海に入る方は鯉を以てし、銚子口の方は鮭魚《さけ》を以てす。

とし、

> この書余《わ》が郷里を先とするを以て、爰に鮭魚《さけ》を説き、その餘の物産は粗《ほゞ》これをいふ。

と、宗旦は利根川の物産の第一として鮭を取り上げている。利根川で鮭がとれたんですね。

「利根川にて鮭魚を漁するは、毎年七月下旬より十月下旬までなり」と時期の説明から、銚子口から「小見川息栖《いきす》」あるいは「佐原」までは海水がさかのぼるので味が劣り、「利根川の鮭魚は布川を以て最とす。これを布川鮭といふ」とお郷《くに》自慢をする。

そして、この「総論」末尾で紹介されるのは、なんとカッパ。柳田少年の三十年前の利根川の地誌ではカッパは、その存在の現実的有無は別として、記述からははずせないものだったようである。

とはいえ、さすがにカッパについての言及はサラッと終わっているが「カハボタル」なる奇怪な現象

「布川魚市之光景」(部分)。利根川で鮭が獲れた。中でも布川の鮭は味が良く「布川鮭」と呼ばれたらしい。

「銚子浦濱巡　海獺嶋眺望の圖」の部分。海に突き出た岩から望遠鏡でのぞく人の姿が小さく描かれている。

（生物?）に関しては文庫本で二ページ強にわたる、かなりくわしい説明がされている。

俚言にカハボタルといふものあり。亡者の陰火なる由。形丸くして大さ蹴鞠の如く、光りは螢火の色に似たり。

この「カハボタル」、人の舟の舳《へ》さきに乗ったり、ときに大勢の人が乗っている舟にも乗り込んでくるという。その時の話。

其時は大勢ゆゑおそろしとも思はず、舟棹を以て力に任《まか》せ打たゝきし所、砕け散りて舟一面に火となり、塗付けたる如く、その腥《なまぐさ》きこと譬《たと》ふべき物なし。

とのこと。

なんだったんでしょう、この「カハボタル」。今日の利根川にはもう出てこないでしょうが、見てみたい気もする。実害はあまりなさそうだし。

これはぜひ見たいのが、印旛沼の「佐久知穴《さくちあな》」。沼の中から水が湧き出ている個所があったらしく、「水湧出づる事夥しく、水面より一二尺も高く吹き上ぐる故、遠くよりよく見ゆ」というもの。現在の印旛沼からは想像できない光景である。これもぜひ見てみたかった。

この「佐久知穴」へ、著者の宗旦先生、「或日朋友と云合わせ、三人連にて投網を携へ、小舟に棹させ」イナ漁に出たときの体験談も披露されている。
　この書の末尾は、利根川がついに海に至る銚子となるが、ここにも驚きの記述が。
「葦鹿島《あしかじま》」——銚子にアシカがいたのだ。

年中あしか此島にあがる事二三十、或は八九十、多き時は二三百疋にも及ぶ。（中略）中に大海獺《あしか》一疋、高き所に登り四方を見廻はし番をなす。もし船近よる時は、鳴きて群を驚かし悉く水中に飛入る（是をあしかの番といふ）。

望遠鏡の中の「あしか島」。岩の上にウミウのように見えるのが番をするアシカです。

とあり「海獺島眺望《あしかじまちょうぼう》の圖」や「海獺島《あしかじま》を望遠鏡《とふめがね》にて見たる圖」の挿画が添えられている。
　じつは、この「あしか島」、この本の巻頭、柳田国男の「解題」の結び部分に登場する。
　柳田少年は末弟が十四歳のとき、その弟と二人で徒歩で利根川を下り、この銚子の「あしか島」が遠望できる岬までたどりついてしまう。柳田の文を引用する。

　ところがその海鹿島には、もう「利根川圖志」のやうな海鹿は上つて居なかつた。さうして評判の遠目がねは割れて居た。

　柳田兄弟が銚子にまで遠出してしまった、この時、レンズは割れてはいたが『利根川圖志』の、「あしか島」を眺める遠めがねは、まだ残っていたのだ。柳田国男が生きていた世界は、ふとかたわらを見れば、江戸の忘れ物がそこに残っていた時代だったのですね。

◎長谷川時雨《しぐれ》『旧聞《きゅうぶん》日本橋』

これぞ明治生まれ下町女の気風　長谷川時雨にぞっこん

明治の下町の話を聞こう。物語ではない。この時代を下町に生きた人の実話だ。

長谷川時雨作『旧聞日本橋』。これがいいんです。岩波文庫には、もう一つ長谷川時雨の著作が収められている。杉本苑子編による『新編　近代美人伝』（上・下）。

こちらは「絵」はカバーだけ（上巻は清方描く樋口一葉、下巻はこちらも清方による、「築地明石町」）だが、本文には、著者、時雨のポートレイトをはじめ、マダム貞奴、平塚明子（らいてう）、柳原燁子（白蓮）、モルガンお雪、大塚楠緒子といった「近代美人」十八人の肖像写真が載っている。

『旧聞日本橋』の方にも時雨の「昭和3・4頃」とキャプションのついた写真が掲げられている。昭和三、四年といえば時雨が『女人藝術』を創刊した時期である。

眼もと、なんとも涼しげな細面《ほそおもて》、いかにも明治の商家の娘という小粋な風姿。

姿は生まれ育ちを現すのか、時雨は明治十二年、日本橋通油町一丁目（現・日本橋大伝馬町三丁目）に代言人（弁護士）を父、もと御家人の娘を母、の長女として生まれている。

下町の商家の娘らしく、幼いときから読み書き、踊り、お花、茶道など各種習い事を身につけ、母親が嫌った読書も隠れて熱中する。

十八歳（明治三十年）の春、親の意に従って鉄鋼問屋の道楽息子と結婚するが、家庭をかえりみない夫とはうまくゆかず、小説を習作するなどして気をまぎらわすうち、『女学世界』（明治三十四年十一月号）に投稿した「うづみ火」が特賞に選ばれ、作家として立つ決意をする。

明治三十八年、読売新聞の懸賞に応募した戯曲『海潮音』が坪内逍遥の目にとまり入選、これがきっかけとなり戯曲作家として「花王丸」「さくら吹雪」などを連作、初の女流劇作家にして第一人者となる。

ちなみに、今は、普通名詞のように使われている「さくら吹雪」は、このときの時雨の造語という（一九九六年、世田谷文学館刊『青鞜《せいとう》』と「女人芸

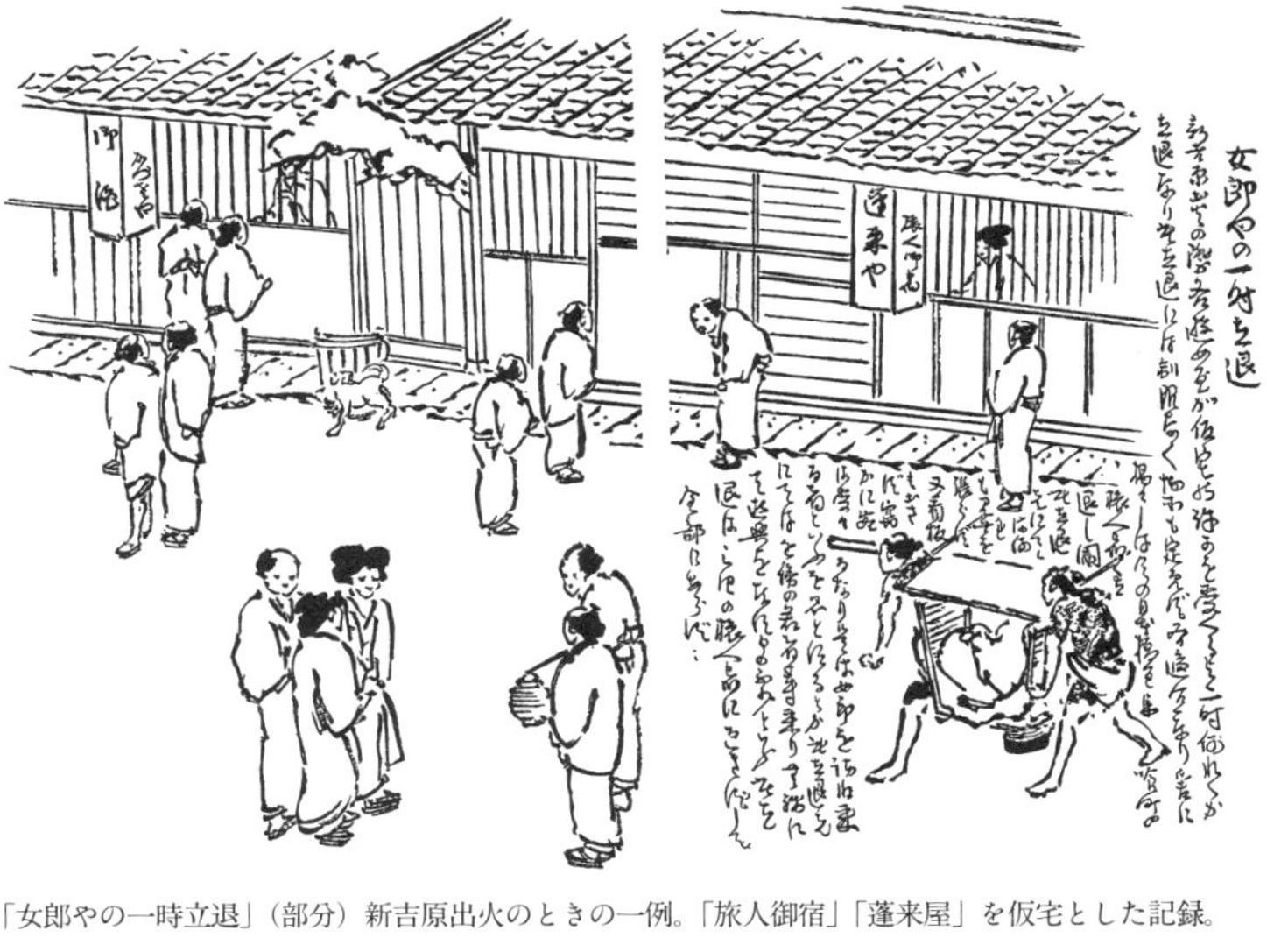

「女郎やの一時立退」（部分）新吉原出火のときの一例。「旅人御宿」「蓬来屋」を仮宅とした記録。

術』』九十五頁）。

その後、美人伝、名婦伝をテーマに諸紙誌に執筆を続け「美人伝の時雨か、時雨の美人伝か」といわれるほどの人気作家となる。

その間、大正五年、まったく無名だった三上於菟《おと》吉《きち》と知り合い、十三歳年上！の姉さん女房（ただし双方の家庭の事情のため終生内縁）として、三上の文壇出世のために〝内助〟〝外助〟の功を尽くす。

そして、昭和三年、『放浪記』の林芙美子《ふみこ》や矢田津世子他、多くの女性作家を輩出する『女人藝術』を創刊（これより前、大正十二年、岡田八千代との同人誌『女人藝術』を出したが、これは二号で終わっている）。

（第二期）『女人藝術』は女性（編集者、作家）による女性のための、本格的女性誌をめざし船出するが、この時、時雨、四十九歳。考えてみれば、すごいパワーだ。

「坊主のしゃもやと獣肉屋」。おや、「ぼうず志やも」と「山鯨」（いのしし）の「ももんじや」は今でも隅田川にほど近い両国で盛業中じゃないですか。さすが下町！

「蔵前の大睾丸に籠抜け」。いわゆる橋の周辺の見世物。どうやら右の絵の中ほど、橋の上でムシロを敷いているのが「大睾丸」で、その上、人垣ができているのが「籠抜け」のよう。

この『女人藝術』の「うめくさ」的原稿として昭和四年四月から七年五月にかけて連載されたのが『旧聞日本橋』。

岩波文庫の「解説」の前田愛によれば、

閨秀《けいしゅう》の名花がいろとりどりに咲きそろった『女人芸術』の誌面のなかでは、つつましいひかげの花のおもむきがあった。

(これを読んで私は、安藤鶴夫が、雑誌『苦楽』で『落語鑑賞』の連載を掲載したときの、地味な扱いを思い出した)。

この「旧聞日本橋」が、やたらと面白い。

時雨の幼少期の思い出や、彼女の家族や血縁や周辺の人々の人生の浮沈が、明治前後という時代を背景に、日本橋っ子、時雨ならではの口調で語られる。

一体アンポンタンは家のものから遠ざかってポカンとしてばかりいたのに、木魚の老爺《おじい》さんと

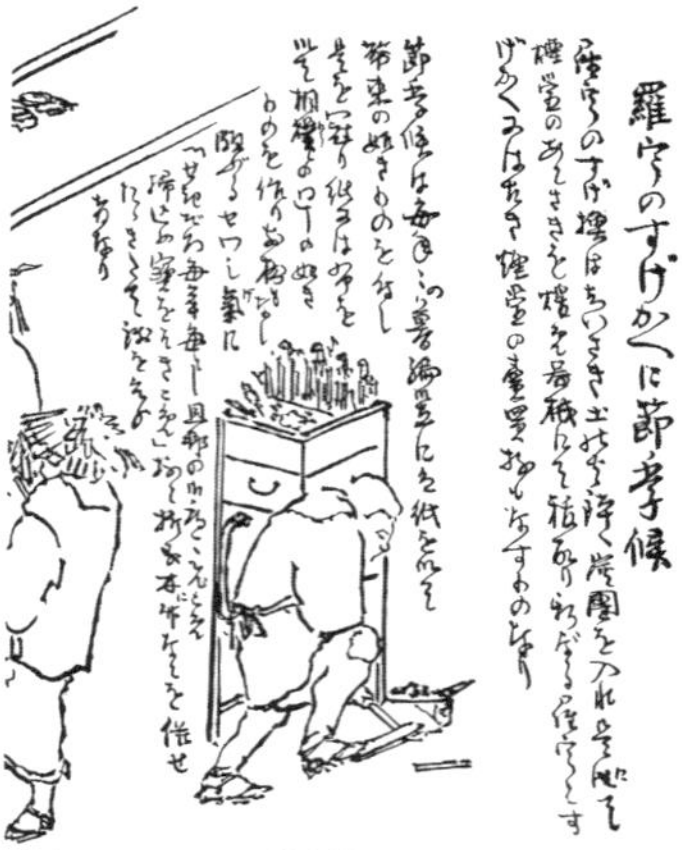

「羅宇《らう》のすげかへに節季候《せきぞろ》」（部分）。羅宇とはキセルの胴の竹の部分。このすげかえの羅宇屋は、しばらく前まで浅草・雷門の前で見られました。

だけ話をするのでよっぽど妙だったかもしれない。

「おじいさんに恐山《おそれざん》へでも連れてってもらうがいい。熊とおじいさんと三人で住むんだ。」

そんな事を大人はいって笑った。

アンポンタンとは幼いころの時雨の〝あざな〟である。アンポンタンと老爺の会話は続く。

「おじいさんの頭はどうしてこうデコボコになったの？」

「小笠原島で亀《かめ》の子の卵をあんまりたべたので、勢《せい》がついてデコボコになってしまった。」

「小笠原島の亀の子って、大きいの？」

アンポンタンは、背中に題目を彫られた大きな亀がつかまって、も一度海にはなされるとき、お酒をのませたのを覚えていて、その二尺五寸もある甲を思いうかべていた。

こんな記述もある。

貸本屋も御隠居処なのである。寒竹の垣根つづきの細道を、寒竹の竹の子を抜きながらゆくときっと何処かで藪鶯《やぶうぐいす》が鳴いている。カラカラと、辷《すべ》りのいい門の戸をあけると、踏石《ふみいし》だけ残して、いろとりどりな松葉牡丹《ぼたん》が一面。軒下に下っている鈴をならすと、切髪の綺麗《きれい》な女隠居が出てきて、両手を揃えて丁寧におじぎをした。

「夏の夜景」。銭湯の前の情景。ムシロの上で青果（？）を売る人、白玉やむぎ湯の屋台も見える。戦後の私の子供のころまでは、夏の夜は家の前に縁台を出して将棋をさしたり、うちわを手に夕涼みしていたものです。あの光景がなくなったのはいつごろからだったろう。

鏑木清方描く挿画の世界のようではないですか。『旧聞日本橋』には、二十四点の挿画が収められている。これを描いたのが時雨の父、深造（渓石）。この父のことを時雨は、

淡白で、頑固で、まけずぎらいで、鼻っぱりだけ強い、やや軽率と思われているほど気の早いところのある、粘着性のうすい、申分ないほど、末期的江戸気質《タイプ》を充分にもった、ものわかりはよいが深い考えのない、自嘲《じちょう》的皮肉に富んだ、気軽で、人情深くユーモアな彼——

と描いている。いいですねぇ、江戸気質・東京育ちの典型のようなご仁。

今でもいますよ、ごく親しい私の知人に。すぐムキになったりして……しょっちゅうは会わないけど、心懐かしい東京人が。

◎アンデルセン（大畑末吉 訳）『**絵のない絵本**』

タイトルに嬉しい裏切りあり 本当は絵のある『絵のない絵本』

「みにくいアヒルの子」「人魚姫」「マッチ売りの少女」などの童話で知られるアンデルセン。また、森鷗外の名訳として今でも、美しい文語体の一典型、と評される『即興詩人』の作家に、『**絵のない絵本**』がある。

岩波文庫、本文九十七ページの薄い本。この小さな散文詩の作品集『絵のない絵本』は、実際は「絵のある」本なのである。

手に取ってページを開くと、一話ごとにチャーミングな影絵による挿画が配されている。『絵のない――』どころか、ふんだんに「絵のある」文庫本なのだ。

ところで、この道部順提供によるという挿画が「影絵」であることには理由がある。すでに、この文庫を読まれ、また、この挿画に接せられた方は気がつかれたでしょうか。

本文を見てみよう。

物語のはじまる前、巻頭は、異郷で暮らすまずしく孤独な若い絵かきの独白で始まる。

ひとりぽっちの夜、悲しい気持ちにとらわれて窓ぎわに立った若者は、なにげなく外を見ようと窓を開く。そのとき、故郷で見たときと同じ表情の月と出会う。本文から引用する。

あのころ、沼のほとりの柳の木のあいだからぼくを見おろした時と、すこしもかわらない同じ月でした。

その瞬間、孤独な若い絵かきと月との交流が始まる。続けて引用する。

ぼくは月にキスの手を投げました。すると、月はまっすぐにぼくの部屋のなかへさしこんできて、これからまい晩、そとに出たら、ちょっとぼくのところをのぞいてゆこうと、約束してくれました。

そして、月は

たずねてくるたびに、前の晩か、そうでなければ、その晩に見てきたことを、あれこれと話してくれるのです。「わたしの話すことを絵におかきなさい」

と言う。

つまり——この『絵のない絵本』は、孤独な若い画家と月との語らいの物語なのである。つまり月明かりがあるときだけ生まれる世界なのだ。

そうです。だからこそ挿画は影絵がふさわしいことになるのです。

「わたしはインドの澄みきった空をすべりながら、ガンジス河にわたしのかげをうつしていました」（本文より）——この影絵による挿画はドイツ文学者・道部順所有のものという。古い版に付された挿画だろうか。

さて、月が夜毎訪れて（といっても雲の出ているときは月は隠れたままとならざるをえないのだが）月が若い絵かきに語る話は世界各地の見聞である。なぜなら月は天から世界をのぞき見ることができるから。しかも月は過去の情景も記憶している。

作者アンデルセンは「旅することは生きること」と言うほど旅を愛したという。とすると、月による世界各地の古今のできごとの報告は、アンデルセンの旅の経験から生まれたエピソードやイマジネーションの伝達でもあったのだ。

作家はさらに未知の国の未知の風景、情景にも想像力の翼をひろげる。

インドのガンジス河、ドイツの馬小屋を改装した芝居小屋、パリのルーヴル宮の部屋部屋、スウェーデンのストックホルムの古い町、グリーンランドの東海岸、イタリア・ポンペイ、ドイツのリューネブルクの荒野、水上都市・ヴェネチア、ローマ、北アフリカのフェザン地方、オーストリアのチロル地方、あるいは中国のある町などなどと、月の光はあまねく世界各地の夜を照らし、その光の中で浮かび

これはフランスはパリ・ルーヴル宮の中でのお話。中央に描かれているのは玉座。物語はフランス革命のときのあるできごとの回想。

上がったドラマを〝ぼく〟に語りかけてくれる。

そして、その物語の登場人物は、むじゃきな少女であるかと思うと、美しい花嫁となった女の哀れな末路。また、なんと、皮肉な編集者や詩人までもが

アルプスの一地方、チロルの山の中腹の尼僧院とその断崖の下をゆく馬車。この影絵、素朴でロマンチックな作品ですね。私は日本の版画家・谷中安規を思い出しました。あ、それと、日本が生んだ影絵作家の第一人者、藤城清治の世界。子供のころ憧れました。

顔を出す。

話のトーンも子供向けのメルヘン風の話もあれば、ヴェネチアを「都市死骸」とする印象記もある。そうかと思うとフランス革命時の歴史的瞬間の一情景もある。かなり複雑な模様のつづれ織りなのだ。

その一話一話のあらすじなどを紹介してもあまり意味がないだろう。

訳者・大畑末吉による「解説」の力を借りよう。

月の語る一つ一つの物語は真珠のように完全で、全体は万華鏡のように多彩で美しい。しかも、その間には、体験からにじみ出た悲痛な、あるいはイローニッシュな話が点綴され、全体が単調におちいるのを救っている。

ということになるのですが、私が、月のこの報告に接して得た印象は、この月が、とにかく、人々の姿、ありさま、行動を〝そっと人知れずのぞき見る〟ことに大きな意義を感じている、というもので

一見して水の都、ヴェネチアの風景とわかります。イタリア好きのアンデルセンですが、彼はなぜかこのヴェネチアの街を「都市の死骸」、「都市の幽霊」といっています。そういえば、映画『ヴェニスに死す』も、官能と老いのヴェニスが描かれていました。

ある。

つまり作者・アンデルセンは、月に仮託して、熱烈に、世界を、人を〝見たい人〟だったのだなぁ、と思い知ったわけです。

一般に、「童話作家」と思われているアンデルセン、じつは相当手強い創作者であるかもしれない、ということが今回初めて『絵のない絵本』を手にして、うっすらとわかりかけています。

さて、このアンデルセンに、すでに少しふれたように『即興詩人』があります。鷗外の名訳によって今日も文語体好きの読者を魅了しつづけています。ちょっとだけ紹介しておきましょう。はたして、この鷗外による文語体をお楽しみいただけるか否か。少なくとも明治中期の文体の雰囲気を知ることは可能です。

まずは鷗外による「初版例言」の書き出しから。

一、即興詩人は嗹馬《デネマルク》の人 HANC CHRISTIAN《ハンス クリスチアン》 ANDERSEN《アンデルセン》（1805–1875）の作にして、原本の初板は千八百三十四年に世に公にせられぬ。

二、此《この》譯は明治二十五年九月十日稿を起し、三十四年一月十五日完成す。殆ど九星霜を經た

り。（以下略）

では、『即興詩人』の本文の一節。「わが最初の境《きやう》界《がい》」と題する巻頭の章。

羅馬《ロオマ》に往《ゆ》きしことある人はピアツツア・バルベリイニを知りたるべし。こは貝殻持てるトリイトンの神の像に造り做《な》したる、美しき噴井《ふんせい》ある、大《おほい》なる廣こうぢの名なり。貝殻よりは水湧《わ》き出《い》でてその高さ數尺《すしやく》に及べり。羅馬に往きしことなき人もかの廣こうぢのさまをば銅板畫にて見つることあらむ。かかる畫にはヰア・フエリチエの角なる家の見えぬこそ恨なれ（後略・訳文にある欧語に付された傍線等は略した）。

アンデルセンは世界の中でも、とくにイタリアに憧れを抱いていたというが、この作品は最初のイタリア旅行がかなった感激から生まれたという。

鷗外の訳によって明治の日本の読者もまた、遠い異国、イタリアの風土・建築・文芸に熱い思いを馳せたにちがいない。

岩波文庫には、他に、これも「絵のある」、『**アンデルセン童話集**』（大畑末吉訳　全六巻！）と、こちらは「絵」はないが自ら「私のすべての作品の最上の注釈となる」だろうと語っている『アンデルセン自伝』（大畑末吉訳）がある。

有名な「おやゆび姫」や「人魚姫」が収録されている『アンデルセン童話集』⑴「野の白鳥」本文中挿画。

◎［あとがき］の前に……

目の前には積み残された「絵のある」岩波文庫が

ところで、いま、私のデスクの横には、プラスチックケースが五つ積まれている。この中に背を見せて並べられているのは、すべて、今回本文中では紹介できなかった「絵のある」岩波文庫なのだ。

私自身の心おぼえのためもあり、また、読者の方々のなんらかの用には立つかもしれないと考え、ザッと著者・書名等を列記しておくことにする。

まずは日本のものから。

江戸版本関連は、ほとんど手つかずのままとなってしまった。井原西鶴『**好色一代男**』については、本文の中でほんのひとことふれているが、これまた挿画が西鶴自身によるものと伝えられている『**好色二代男**』と、こちらは吉田半兵衛・挿画による『**好色一代女**』『**好色五人女**』『**本朝二十不孝**《ほんちょうにじゅうふこう》』『**日本永代蔵**《にっぽんえいたいぐら》』の西鶴本四冊。

遊里関連では酉水庵無底居士《ゆうすいあんむていこじ》作『**色道諸分**《しきどうしょわけ》 **難波鉦**《なにわどら》』と上野洋三校注『**吉原徒然草**』。前者は書名にあるように大阪もの。タイトルの『難波鉦』の鉦《どら》は遊女にうつつをぬかすドラ息子にかけている。この二冊も当時の廓《くるわ》のうちそとを描いた挿画あり。

かと思うと三遊亭円朝作『**塩原多助一代記**』と、これはつい最近（二〇一〇年十一月）刊行された坂崎紫瀾《しらん》作『**汗血千里《かんけつせんり》の駒――坂本龍馬君之伝**』の明治ものにも明治の絵師による挿画満載。『**雑兵《ぞうひょう》物語　おあむ物語**』、『**御伽草子《おとぎぞうし》**』（上・下）、尾崎雅嘉《まさよし》著『**百人一首一夕話《ひゃくにんいっしゅひとよがたり》**』（上・下）もすべて挿画入り。

駒込「六義園《りくぎえん》」の造成時の図絵の入った正親町《おおぎまち》町子（柳沢吉保《よしやす》の側室）の『**松蔭日記《まつかげにっき》**』も貴重。

本棚に入れたままの喜多川守貞『**近世風俗志――守貞謾稿《もりさだまんこう》**』（全五冊）を忘れていた。（また利休の茶道美学の真髄を伝えるという『**南方録**』は、ずっと頭の片隅にはあるものの未入手）。

『江戸怪談集』（上）の中、「猟人、名もしれぬものをとる事」の木版画による挿し絵。センザンコウのような怪物が妙に可愛い。

江戸の音曲関連では『**松の落葉**』『**声曲類纂《せいきょくるいさん》**』。『**山家鳥虫歌《さんかちょうちゅうか》**』の中のお国がらの短評はすべてこの本と指摘されているのが『**人国記《じんこっき》・新人国記**』。大蔵永常《おおくらながつね》著『**広益国産考《こうえきこくさんこう》**』、中江藤樹《なかえとうじゅ》著『**鑑草《かがみぐさ》**』、『**近世笑話集**』（上・中・下）、『**江戸怪談集**』（上・中・下）等にも、それぞれ木版挿画入り。

東海道上りものといえば十返舎一九《じっぺんしゃいっく》『**東海道中膝《ひざ》栗毛《くりげ》**』（上・下）がなじみ深いが、こちらは藪《やぶ》医者「竹斎《ちくさい》」が面白おかしく東海道を下るという『**竹斎**』はご存知？

近代から現代ものでは二冊とも挿入されている銅版画が素晴らしい『**特命全権大使　米欧回覧実記**』（全五冊）と、『**幕末維新パリ見聞記**』。とくに後者の前半は、あの『**柳橋新誌《りゅうきょうしんし》**』（こちらには挿画はなし）の成島柳北《なるしまりゅうほく》による「航西日乗《こうせいにちじょう》」を収録。

他に松原岩五郎著『**最暗黒の東京**』（挿画・久保田

金僊《きんせん》)、柳宗悦《やなぎむねよし》著『**手仕事の日本**』(挿画・芹沢銈介《せりざわけいすけ》)、キャサリン・サンソム著『**東京に暮す**』(挿画・マージョリー西脇)などをチェックにした。

もちろん中国ものにも「絵のある」岩波文庫がある。中国怪異小説の傑作としてよく知られる蒲松齢《ほしょうれい》作『**聊斎志異**《りょうさいしい》』(上・下)や、葛飾戴斗《かつしかたいと》の版画が存分に楽しめる、『**完訳 三国志**』(全八冊)。こちらは中国版好色一代男ともいわれるが全巻読破は最初からあきらめている『**金瓶梅**《きんぺいばい》』(全十冊)。

翻訳ものに移ろう。

その代表的存在『**完訳 千一夜物語**』(全十三冊)は手元にあるのは「巻1」のみ。生きているうちに全巻読破の機会が訪れるのだろうか。こちらも「完訳」、チョーサー作『**カンタベリー物語**』(上・中・下)。

中南米ものでは「古代マヤ・植民地時代の信仰と伝説が力強く痙攣する蠱惑《こわく》的な夢の精髄」――とそれこそ蠱惑的なコピーがカバーに付された、アストゥリアス作『**グアテマラ伝説集**』。

ロシア文学にも「絵のある」本は、まだあった。魚の挿画が釣人にはたまらないだろうアクサーコフ著『**釣魚雑筆**《ちょうぎょざっぴつ》』。こちらは力強いリアリズムで動物の姿が描かれている『**完訳 クルイロフ寓話集**』。また、プラハ生まれのハシェク作『**兵士シュヴェイクの冒険**』(全四冊)。

ドイツ関連の「絵のある」岩波文庫も本文では積み残している。ゲーテ作『**ヘルマンとドロテーア**』、ハウフ作『**盗賊の森の一夜**』。ケラー作『**七つの伝説**』。ドイツの「イーリアス」と称される『**ニーベルンゲンの歌**』。どうやら本好きの主人公が登場するらしいジャン・パウル作『**陽気なヴッツ先生**』。「暦話《こよみばなし》」という独特のジャンル、ヘーベル作『**ドイツ炉辺ばなし集**』。蝶好きにはたまらない挿画満載のシュナック著『**蝶の生活**』。そして、蜘蛛が苦手な人は絶対に手にしない方がいいゴットヘルフ作『**黒い蜘蛛**』。

イタリア文学ではタッソ作『**愛神の戯れ**』。スペインはヒメーネスの傑作『**プラテーロとわたし**』。

英米文学ももちろんある。博物誌の気配のあるハドソン著『**はるかな国 とおい昔**』。イギリスミステリの源といわれるウィルキー・コリンズ作『**白衣の女**』（上・中・下）。最近（二〇〇九年十一月）本邦初訳となったアーヴィング作『**ブレイスブリッジ邸**』。

岩波文庫のうちフランス文学には魅力的な挿画が添えられている作品が多い。本の厚さも挿画も可愛らしいアナトール・フランス作『**少年少女**』。中世の木版画の挿画による『**結婚十五の歓び**』。「民間伝承のすぐれた採取者でもあった」というジョルジュ・サンド著『**フランス田園伝説集**』。『青い鳥』のメーテルリンク作『**ペレアスとメリザンド**』。「革命下の民衆」とサブタイトルのつけられたレチフ・ド・ラ・ブルトンヌ著『**パリの夜**』。すべてが悪夢のような挿画の『**ノディエ幻想短篇集**』。

アンドレ・ブルトン『**ナジャ**』も「絵のある」一冊としていいかしら。そして、もう一冊、これはつい先月（二〇一〇年十一月）神保町の信山社店頭で出合った新刊、プルースト作『**失われた時を求めて**』の「巻1」は、なんとプルースト自身の描いたデッサンがカバーに配されていた。最近の岩波文庫の「挿画意識」はますます頼もしく、ありがたい。

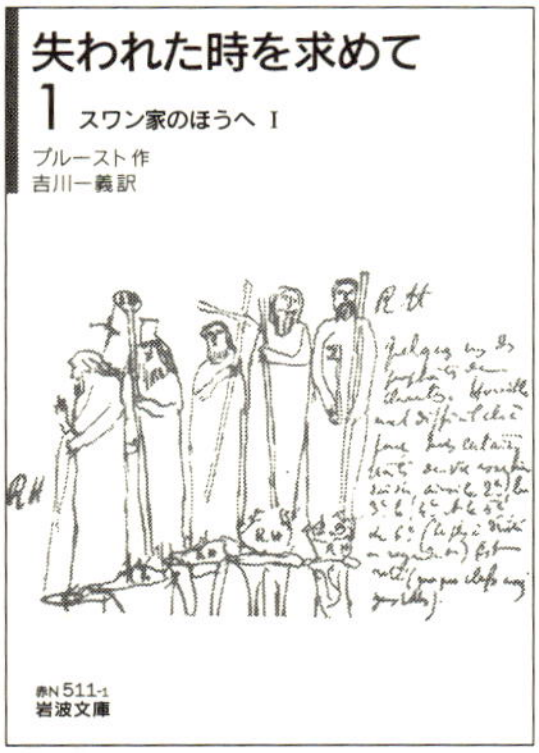

図版満載の新刊・プルースト作『失われた時を求めて』。このカバー挿画がプルースト自身のデッサンによるもの。巻末の「図版一覧」にその解説がある。

あとがき

ちょっとした思いつき、発見が、こんなことになろうとは……。

「絵のある」岩波文庫、目に止まれば買いそろえ、ページを開いて、まず、挿し絵や図版をチェックする。それからおもむろに本文を読み始める。

読書というものは、ふつう、そのテキストを読むものでしょう。当然、それを目的として本選びする。ところが、この、私の思いついたゲームでは、まず「絵のある」ということをルールと決めた。これが、予期せぬことを呼び込んだ。

（こんな機会がなければ、まず一生読まなかっただろうな）と思われる作品との、うれしい出会いが、このルールの設定によって、待っていたのです。まるでトランプの「神経衰弱」のように、カードをめくっては、（おや、これが出たか。だったら、これに合うカードは確かあのへんに）と、偶然と記憶のともずれで本を選び、読み進めてゆく。

それにしても、こんな耐久レース的なゲームになるとは……。

しかし、このゲームはこれまでにない、新しい読書体験となりました。そして、一冊の本における、挿し絵・図版の重要性をつくづく知らされることとなりました。

挿し絵は本の花であり、果実なのでした。

岩波文庫は、文字による内容の伝達だけではなく、挿し絵や図版のビジュアルを供することによって、未知の、貴重な世界を私たちに開示してくれていたのです。

この、お気に入りのゲームは、本好きの人の雑誌「彷書月刊」に連載されました。「七痴庵」こと田村治芳編集長、皆川秀デスク、毎月お世話になった担当の目時美穂さんの名を記し残させていただきます。

また、このクレージーな連載を「本にしましょう、追加原稿はWeb版（芸術新聞社〈アートアクセス〉で」と単行本化への機会を与えて下さった相澤正夫社長、そのWeb版での月二回の構成を担ってくれた濤川美紀さん、そして、この人なくしては永遠に〝ヘンな連載のファイル〟のままであったかもしれない作物を力技で一冊の書物としてまとめ上げてくれた渡辺俊彦氏——の皆様に心から謝意を表します。

また、カバー挿画として遊び心に満ち満ちた銅版画を創作していただいた山本容子さん、達意の装本造型の十河岳男さん——、本当にうれしい本となりました。

私の妙な思いつきが一冊の本として世に出るために、ずいぶん多くの人のお力をかりることとなってしまったわけです。

二〇一一年一月

坂崎重盛

モネ , クロード　58
百田宗治　100
森鷗外　74, 346, 350, 351
森田恒友　73, 189, 190
モルガンお雪（加藤ユキ）　340
モンフレ , ダニエル・ド　260

■や

八木敏雄　257
矢島祐利　243
八島太郎　260
矢田津世子　342
柳原燁子（白蓮）　340
柳田国男　267, 336, 337, 339
柳宗悦　176
柳瀬尚紀　76, 81
柳瀬正夢　320
山口孤剣　166
山口静一　323, 324
山崎英介　170
山田敬中　280
山田肇　48, 50
山田美妙　99
山本鼎　73, 189, 192
山本松谷　167
ヤング , ビクター　214
ユイスマンス , ジョリ = カルル　122
ユーゴー（ユゴー）, ヴィクトル　17, 140, 141, 220, 236, 237, 241, 242, 275, 276
由良君美　314
ユンク , M　25
横堀角次郎　195
横山大観　179
吉井勇　73
吉野源三郎　266
吉屋信子　108
吉行淳之介　163
依田学海　49
与田準一　96

■ら

ラボルト , シャス　16
リア , エドワード　76, 77
リウー , エドゥアール　209
リカルツ = シュトラウス , M　25
ルイス , ピエール　221
ルソー , ジャン = ジャック　97
ルドン , オディロン　24, 28, 29
ルナール（ルナアル）, ジュール　16, 52-56, 64, 82, 85
ルノアール , ピエール = オーギュスト　58
レーノルズ , ジョシュア　68
レニ , ギドー　68
レフラー , B　25
ロートレック , トゥールーズ　17, 52, 54-56, 64
ロゼッティ , クリスティナ　98
ロラー , A　25
ロンゴス　16, 57, 58

■わ

ワーグマン , C　288, 292-298, 304
ワイルド , オスカー　220, 221, 224, 225
若松賤子　108
脇田和　266, 267
脇水鉄五郎　328
渡部金秋　280, 282
渡辺省亭　280
渡辺千萬子　34

樋口一葉　280, 340
ビゴー, ジョルジュ　288, 292, 293, 297, 300, 317
土方定一　183, 328
樋畑雪湖　329
ヒュースケン, ヘンリー　259, 302
ビュルガー, モラトリアム　228, 233
平井呈一　17, 311, 314
平塚明子（らいてう）　340
平山蘆江　46
広津柳浪　289
深沢紅子　106
深沢省三　18, 19, 102, 103, 105-108
蕗谷虹児　100
福沢諭吉　108, 109, 318, 319, 333
福田恆存　220
藤岡啓介　268, 270
藤木九三　243
富士正晴　179
二葉亭四迷　136, 140
フリーデル, E　25
プルースト, マルセル　62
ブルーマー, アミーリア　308
ブレイク, ウィリアム　176-182
プレートリウス, エミール　20, 30
フローベル, ギュスターヴ　121, 131
ベーア＝ホフマン, R　27
ベーメル, G　17
ペリー, マシュー　251, 258
ヘルツマノフスキ＝オルランド　25
ベルナール, サラ　217
ホイットマン, ウォルト　250
ホーソン, ナサニエル　250
ボードレール, シャルル　217
細川雄太郎　101
ボナール, ピエール　16, 52, 56-58, 61-64, 69
ホフマン, E　23, 28, 34
堀内敬三　96
ボンフィス, ロベール　128

■ま

前川堅市　260
前川誠郎　70, 71
前田愛　343
正岡子規　141-148, 150-153
益田勝実　94, 95
松尾芭蕉　90
松平千秋　58
松島正一　176, 181
松村昌家　304
マラルメ, ステファヌ　62, 221
マリーナ, E　25
丸谷才一　285
丸山真男　266
三上於菟吉　342
右田年英　280
三木露風　100, 101
三島蕉窓　280
三島由紀夫　57
水島爾保布　40
水野年方　41, 49, 280
水野亮　120
三田博雄　331, 332
道部順　346, 347
三苫やすし　101
水上滝太郎　109
三宅克己　74
宮沢賢治　109, 112
ミルトン, ジョン　177
椋鳩十　109
武者小路実篤　187, 191
無着成恭　267, 268
棟方志功　35, 41, 113-116
峯村敏明　62
村岡花子　260
村田丹陵　285
室生犀星　108, 112
メルヴィル, ハーマン　250, 251, 254, 256, 258
モーザー, K　25
モーパッサン, ギー・ド　16, 120-122, 126-131

武内桂舟　280, 283, 288
武内俊子　101
竹久夢二　108, 111
橘茂世　95
辰野金吾　323
巽聖歌　101, 119
谷崎潤一郎　18, 34-45, 114, 115, 152, 153, 273
谷中安規　18, 112-115, 118, 349
谷文晁　95
田部重治　243
俵屋宗達　179
ダンテ　226
チェーホフ , アントン　130, 131
千葉俊二　109, 113, 114
千葉省三　109
辻昶　52
土田麦僊　179
土屋喬雄　258
筒井年峯　280
椿貞雄　189, 190, 195
壺井栄　109
坪内逍遥　286, 288-293
坪田譲治　109, 112
妻木頼黄　323
ツルゲーネフ , イワン　129-133, 136, 137, 140
ディケンズ , チャールズ　268-273, 312, 313
ティンデール（チンダル）, ジョン　243, 246
テニエル , ジョン　309
寺門静軒　166
寺崎広業　280, 284, 288
寺田寅彦　64-70, 75
天明屋尚　322
トウェイン（トウェーン）, マーク　208, 209, 260, 263, 266
徳冨蘆花　281
富岡永洗　280
富山秀男　182, 184, 194
豊島与志雄　109, 112
豊原国周　280
トルストイ , レフ　130, 131
ドレー , ギュスターヴ　226-230, 233-236

■な

永井荷風　18, 126, 141, 152-159, 163, 164, 182, 199, 273, 314
中川一政　159, 160, 164, 165, 183-185, 189, 191, 192, 195, 200, 205
中島賢二　310
中条省平　24, 28
永田寛定　234
長原止水　288-290, 292, 293
中村不折　142, 147, 331
中谷宇吉郎　94
ナダール , フェリックス　217, 227
夏目漱石　64, 65, 68, 147, 152, 153, 202
成島柳北　166
新美南吉　109, 113, 114, 266
西田実　258
野口雨情　100
野口義恵　267
野田宇太郎　71, 73, 75
野村太郎　26, 27

■は

ハーン , ラフカディオ　→ 小泉八雲
ハイネ , ハインリヒ　274-277
芳賀徹　34
萩原乙彦　166
橋本周延　280
長谷川時雨　340-345
長谷川雪旦　166
長谷川雪堤　166
長谷川昇　189
バタイユ , ジョルジュ　24, 28
服部誠一　166
初山滋　17, 267
浜田広介　109
林芙美子　342
ハリス , タウンゼント　259, 302
ビアズレー , オーブリー　220, 221, 225, 267

小島政二郎　105, 108, 112
小杉放庵　189
小杉未醒　19
ゴットヘルフ, イェレミアス　17
小林永濯　110
小林清親　51, 75, 280, 295, 316, 320
小堀鞆音　280
小松均　178
小宮豊隆　70, 105
近藤朔風　275
近藤信行　243
コンドル, ジョサイア　18, 19, 323-327
今和次郎　267, 268

■さ

西條八十　98, 100, 101
斎藤昌三　48
斎藤幸雄　166
斎藤幸孝　166
斎藤幸成（月岑）　166
酒井忠康　182, 188, 295
坂本四方太　144, 145, 150
佐佐木信綱　99
笹沼源之助　41
サッカレ（サッカリー）, ウィリアム　17, 220, 268, 269, 309-313, 315
サトウ・ハチロー　101
佐藤春夫　108, 112
佐藤義美　101
山東京山　92-95
山東京伝　92-95
シェンク, ジィギー　22
志賀重昂　328-334
式亭三馬　95
ジッド, アンドレ　221
篠田仙果　294
島崎藤村　105, 108, 281, 288
島村抱月　111
清水勲　18, 19, 201, 205, 208, 292, 294, 295, 298, 300, 304, 316, 317, 320
清水かつら　100
下村為山　142, 280
シャオカル, R　25
シャガール, マルク　63
釋迢空 → 折口信夫
シャミッソー, アーデルベルト　20, 30, 34
シューベルト, フランツ　275
寿岳文章　178
十返舎一九　19, 95
シュティフター, アーダルベルト　210
条野採菊　49
シーレ, エゴン　25
神西清　137
杉本苑子　340
杉山二郎　71
鈴木華邨　280
鈴木啓二　214
鈴木淳　102, 104, 107, 108
鈴木信太郎　17, 221
鈴木すず　106
鈴木牧之　91-95, 335
鈴木三重吉　100, 102-108, 111, 112, 114, 266
清宮彬　195
瀬木慎一　183, 191
雪舟　179
セルバンテス, ミゲル・デ　234, 235
相馬御風　100
曾禰達蔵　323
薗部雄作　183
ゾラ, エミール　121, 131, 148

■た

ダ・ヴィンチ, レオナルド　179, 192, 217
高木健夫　159
高須光治　195
高浜虚子　143-145
高見沢茂　166
高村光太郎　187, 195
高山鉄男　130
滝沢馬琴　92, 93, 95

尾崎秀樹　159, 164
大仏次郎　46
小沢カネ　295, 296
押川春浪　108, 111
折口信夫　47

■か

風間完　17
梶田半古　280, 281
鹿島茂　227, 236, 237
鹿島鳴秋　100
片山東熊　323
勝尾金弥　102, 107
葛飾北斎　90, 95, 169, 251, 322
加藤まさを　100
仮名垣魯文　294
金子春夢　166
カフカ, フランツ　22, 31-34
鏑木清方　18, 39-42, 45-50, 73, 152, 164, 340, 345
亀田鵬斎　95
カレル, アントアン　246, 248
川上貞奴（マダム貞奴）　340
川島理一郎　190
河鍋暁斎　294, 322-327
河東碧梧桐　143, 144
河盛好蔵　129
上林暁　174
菊池寛　108, 112
岸田吟香　193
岸田国士　52, 54, 82
岸田劉生　165, 175, 176, 182-200, 205
岸田麗子　190
喜多川歌麿　322
紀田順一郎　314
北野恒富　45
北原白秋　73, 74, 100, 105, 106, 119
木下杢太郎　70-75,191
木村荘八　17, 18, 158-176, 182, 183, 187, 193, 195, 199-201, 205, 273
木山捷平　174
京山人百樹 → 山東京山
金田一春彦　101
クービン, アルフレート　23, 25, 27
クーリッジ, ウィリアム　247
クールベ, ギュスターヴ　217
クーン, E　25
陸羯南　149, 150
国木田独歩　108, 137, 281
クノップフ, F　25
久保田米僊　280, 283
久保田万太郎　173
倉田三郎　160
倉田白羊　189
クリムト, グスタフ　25
クルックシャンク（クルークシャンク）, ジョージ　269, 270, 273, 311-313
呉文聡　108, 110
黒岩涙香　237
黒田清輝　191, 302, 303
黒沼健　211
桑原三郎　109
ケント, ロックウェル　257
小泉八雲　108, 111, 112, 314
小出楢重　18, 35-40, 273
幸田露伴　108, 110, 168
河野一郎　79
河野通勢　195
ゴーガン（ゴーギャン）, ポール　58, 260
木暮理太郎　328
ココシュカ, オスカー　25
小島烏水　243, 244, 328, 331
児島喜久雄　69

【人名索引】

※50音順に配列。本文中、表記の複数あるものは基本的に岩波文庫に準じているが、慣用となっている表記も一部採用した。

■あ
青木枝朗　258
アオヘンタラー, J　25
赤松宗旦　334, 336-338
秋田雨雀　108
芥川龍之介　55, 105, 106, 108, 112
浅井忠　142, 147
朝比奈弘治　212
東珠樹　182
阿部知二　250, 257
新井皓士　228, 232
荒俣宏　314
有島武郎　108, 112
安西愛子　101
アンデルセン, ハンス・クリスチャン　346-351
安藤鶴夫　46, 164, 167, 343
池内紀　22, 23, 25, 28-33, 243
池田健太郎　133
石井研堂　108, 110
石井鶴三　17
石井柏亭　73, 183, 185, 194-196
石川淳　91, 94
石田英二　260
磯田光一　152
一立斎広重　51, 90, 322
伊藤銀月 166
伊藤桂司　170, 171
伊藤博文　300, 319
井上正蔵　274
井上武士　96
井上正夫　240
井上洋介　115
井原西鶴　19, 234
井伏鱒二　174
今泉秀太郎　318
岩田専太郎　17, 159
岩本和三郎　48
巌谷小波　108, 110
ヴァレリー, ポール　221
ヴァロトン, フェリックス　82
ウィンパー, エドワード　243-248
上田三四二　151
ウェブスター, ジーン　82, 86
ウェルナー, ハインリヒ　275
ヴェルヌ, ジュール　209, 211, 212,214-217, 219
牛島信明　234
内田百閒　18, 26, 109, 112, 114
内村鑑三　333
宇野浩二　109
梅原猛　179
浦松佐美太郎　243, 247
海野厚　100
江口渙　108, 112
海老名明四　329, 330
エリオット, ジュリアス　246
遠藤寿子　82
及川茂　323
王城肇　258
太田正雄 → 木下杢太郎
大塚楠緒子　340
大塚勇三　209, 260
大畑末吉　349, 351
大室幹雄　332-336
オールコック, ラザフォード　295
尾形月耕　280
岡田武松　94
岡田八千代　342
岡本一平　200-205, 208
岡本帰一　187
岡本唐貴　321
小川未明　108, 111
尾崎紅葉　280, 281, 285, 286, 288, 292

『日本繪畫三代志』 183, 194
『日本児童文学館解説』 104
『日本児童文学名作集』 18, 108, 112, 114
『日本唱歌集』 96, 97, 100, 102
『日本叢書 子規隨筆 續編』 146-149
『日本耽美派の誕生』 71
『日本童謡集』 96, 100-102
『日本の唱歌』 101
『日本の民家』 267, 268
『日本風景論』 19, 328-334
『人魚の嘆き・魔術師』 40
『にんじん』 16, 53, 54, 82, 83, 85
『ノア・ノア　タヒチ紀行』 260

■は
『白鯨』 250-259
『博物誌』 17, 52-56, 62, 64, 82, 85
『八十日間世界一周』 16, 209, 214-217, 219
『ハックルベリー・フィンの冒険』 16,208,209,260-266
『「パンチ」素描集』 304
『ビゴー日本素描集』 18, 292, 298
『緋文字』 250
『ヒュースケン日本日記』 258, 259
『病牀六尺』 149, 151
『ビリチスの歌』 221
『瘋癲老人日記』 34, 35, 41, 114
『不思議な国のアリス』 309
『フランス革命の肖像』 242
『文学論集』(トルストイ) 130
『ペルリ提督 日本遠征記』 258, 259
『ボヴァリー夫人』 121
『北越奇談』 95
『北越雪譜』 91-96, 335
『墨汁一滴』 149
『墨水別墅雑録』 49
『濹東綺譚』 18, 156-164, 176, 182, 193, 199, 273
『濹東綺譚画譜』 163
『ボズのスケッチ』 268-270, 312, 313
『不如帰』 281
『ボナール』 61
『ホフマン短篇集』 20, 22-24, 27, 28, 32, 33
『ほらふき男爵の冒険』 226, 228-234

■ま
『マダム・エドワルダ／目玉の話』 24
『武蔵野』 137, 281
『武蔵野日記』 165, 183
『明治事物起原』 110
『明治・大正・昭和 値段の風俗史』 145
『メゾン テリエ(他三篇)』 16, 120, 126, 129, 130
『眼玉のひっこし』 28, 29
『モーパッサン短篇選』 130

■や
『柳小紋』 48
『柳橋新誌』 166
『山びこ学校』 267, 268
『山の思想史』 331, 332
『幼少時代』 39-42, 45, 152
『吉野葛・蘆刈』 45

■ら
『ライン河幻想紀行』 17, 140, 236, 275
『落語鑑賞』 46, 343
『落花流水』 34
『猟人日記』 131
『レ・ミゼラブル』 220, 234-242, 276
『「レ・ミゼラブル」百六景』 236, 237
『連翹』 48
『60戯画　世紀末パリ人物図鑑』 227

■わ
『ワーグマン日本素描集』 18, 292-298
『若菜集』 281
『吾輩は猫である』 66, 147

『好色一代男』 234, 352
『告白』 97
『こしかたの記』 18, 47, 51
『孤独な散歩者の夢想』 97
『こども風土記　母の手鞠歌』 267
『金色夜叉』 281

■さ
『さかしま』 122
『サロメ』 220, 221, 225
『三四郎』 65
『山水叢書河及湖澤』 331
『散文詩』 132, 133, 137, 140
『潮騒』 57
『志賀重昂『日本風景論』精読』 332, 334
『子規を語る』 143
『脂肪の塊』 120-122, 125-127, 129, 130
『ジャン・バルジャン』→『レ・ミゼラブル』
『小説神髄』 286, 290
『職業としての編集者』 266
『食後の唄』 71, 73
『諸國畸人傳』 91
『神曲』 226, 234
『新撰東京名所図会』 167
『新編 近代美人伝』 340
『新編 東京繁昌記』 18, 164-170, 176, 193
『新編 百花譜百選』 70-72, 74
『新編 山と渓谷』 243
『水晶』 210
『随筆集 明治の東京』 45, 50, 51
『随筆　女性三代』 162
『随筆風俗帖』 168
『鈴木三重吉童話集』 18, 19, 102, 106-108, 111
『葱南雑稿』 71, 75
『続現代風俗帖』 168
『続こしかたの記』 18, 47, 51
『続世界山水図説』 332
『続ビゴー日本素描集』 18, 292, 298
『即興詩人』 346, 350, 351

■た
『大君の都』 295
『褪春記』 48
『大切な雰圍氣』 35, 38
『大東京繁昌記』 166, 197
『対訳 ブレイク詩集』 176, 180, 181
『たけくらべ』 280, 281
『多情多恨』 280, 281, 285, 286, 288, 292
『蓼喰う虫』 18, 35-40, 273
『ダフニスとクロエー』 16, 57-59, 61, 62
『父 岸田劉生』 190
『地底旅行』 209-217
『築地川』 47, 48
『デイヴィッド・コパフィールド』 268
『摘録 断腸亭日乗』 152-158
『摘録 劉生日記』 176, 182, 188, 192, 196, 197
『寺田寅彦随筆集』 64, 70
『寺田寅彦全集』 64
『東京おぼえ帳』 46
『東京開化繁昌記』 166
『東京開化繁昌誌』 166
『東京景物詩 及其他』 74
『東京新繁昌記』 166
『東京繁昌記』 167
『当世書生気質』 286, 288, 289, 291, 292
『東都新繁昌記』 166
『童蒙教草』 109, 110
『床屋コックスの日記　馬丁粋語録』 17, 268, 311-315
『利根川図志』 19, 20, 334-337, 339
『トム・ソーヤーの冒険』 208, 209, 260, 261
『ドン・キホーテ』 234-236

■な
『中川一政全文集』 165
『中川一政文選』 165, 183, 192, 200
『新美南吉童話集』 18, 113, 114, 118
『新美南吉童話の世界』 119
『にごりえ』 281
『二都物語』 268
『日本アルプス』 243, 331

【書名索引】

※50音順に配列。ゴチック体は「絵のある」岩波文庫。
「［あとがき］の前に……」でピックアップした58冊の
「絵のある」岩波文庫は索引に入れてない。

■あ
『噫無情』→『レ・ミゼラブル』
『あひゞき・片恋・奇遇他一篇』 137
『赤い鳥・童謡集』 104
『赤い鳥の本』 104
『あしなが おじさん』 16, 82, 85
『油繪新技法』 35, 38
『アフロディテ』 221
『雨傘』 261
『アルプス紀行』 243, 246
『アルプス登攀記』 243, 244, 246, 248, 249
『アンデス登攀記』 243
『アンデルセン自伝』 351
『アンデルセン童話集』 16, 351
『イギリス民話集』 79-81, 102
『居酒屋』 121
『一平全集』 202-204
『ウィーン世紀末文学選』 20, 22, 25, 27, 33
『浮世絵と風景画』 244, 331
『失われた時を求めて』 62, 355
『歌の本』 274-277
『江戸繁昌記』 166
『江戸名所図会』 166
『絵のない絵本』 346, 347, 350
『王子と乞食』 209, 260
『岡本一平漫画漫文集』 201
『屋上登攀者』 243
『オリバー・ツイスト』 273, 313

■か
『改訂版 鈴木三重吉への招待』 103, 106
『鍵』 41, 114
『柿の種』 64, 66, 69, 70
『影をなくした男』 20, 22, 27, 30-33
『彼方』 122
『カフカ寓話集』 22, 27, 30-33
『カフカ短篇集』 20, 22, 23, 33
『鏑木清方随筆集』 18, 39, 45, 48, 49
『河鍋暁斎』 19, 323-326
『河鍋暁斎戯画集』 323
『感情教育』 121
『完訳 千一夜物語』 220
『完訳 ナンセンスの絵本』 76, 78, 80
『岸田劉生』（東珠樹） 182
『岸田劉生』（瀬木慎一） 183, 191
『岸田劉生』（富山秀男） 182, 184, 194
『岸田劉生』（土方定一） 183
『岸田劉生随筆集』 176, 182, 183, 185, 196-198
『岸田劉生全集』 183
『岸田劉生と現代』 183
『木下杢太郎全集』 70, 71, 75
『木下杢太郎の生涯と藝術』 71, 75
『木下杢太郎―ユマニテの系譜』 71
『君たちはどう生きるか』 266, 267
『木村荘八・人と芸術』 160
『木村荘八全集』 183
『旧聞日本橋』 340, 343, 345
『仰臥漫録』 141, 142, 146, 149, 151, 152
『暁斎画談』 326
『虚栄の市』 220, 309-311, 313
『銀砂子』 48
『近代挿絵考』 18
『近代日本美術家列伝』 183
『近代日本漫画百選』 18, 19, 208, 304, 316, 317
『クービンの素描』 26, 27
『草の葉』 250
『クリスマス・カロル』 268
『黒い蜘蛛』 17, 355
『藝林閒歩』 71, 75
『月瀬幻影』 333
『現代風俗帳』 161
『小出楢重随筆集』 18, 35, 36-39

著者略歴

坂崎重盛（さかざき・しげもり）

1942年東京生まれ。千葉大学造園学科で造園学と風景計画を専攻。卒業後、横浜市計画局に勤務。退職後、編集者、随文家に。著書に、『神保町「二階世界」巡り及ビ其ノ他』（平凡社）、『東京文芸散歩』（角川文庫）、『東京読書』『東京本遊覧記』（晶文社）、『東京煮込み横丁評判記』（光文社知恵の森文庫）、『東京下町おもかげ散歩』（グラフ社）、『TOKYO老舗・古町・お忍び散歩』（朝日文庫）、『「秘めごと」礼賛』（文春新書）、『一葉からはじめる東京町歩き』（実業之日本社）、『超隠居術』（ハルキ文庫）、『蒐集する猿』（ちくま文庫）などがある。俳号は「露骨」。

「絵《え》のある」岩《いわ》波《なみ》文《ぶん》庫《こ》への招待《しょうたい》

2011年 2月 25日　初版第1刷発行
2011年 8月 18日　初版第4刷発行

著者　坂崎重盛
発行者　相澤正夫
発行所　株式会社 芸術新聞社
〒101-0051 東京都千代田区
神田神保町2-2-34 千代田三信ビル
電話　03-3263-1637（販売）
03-3263-1623（編集）
FAX　03-3263-1659
印刷・製本　シナノ印刷 株式会社

ISBN978-4-87586-294-9 C0071